|文治堂|

贾 飞 著

郑利华 审订

松间鸣玉

王世贞传

上海交通大学出版社

SHANGHAI JIAO TONG UNIVERSITY PRESS

内容提要

王世贞（1526—1590），字元美，号凤洲，又号弇州山人，明朝苏州府太仓州（今江苏太仓）人，先后任刑部员外郎、山东按察副使、湖广按察使、郧阳巡抚等职，累官至南京刑部尚书。逝世后，朝廷追赠其为太子少保，以彰功绩。

在文学领域，王世贞堪称一代巨擘，他与李攀龙、宗臣、徐中行等人组建"后七子"阵营，积极倡导文学复古运动，力图重振古典文学之风。在李攀龙离世后，王世贞独主文坛二十载，其文名远播，声震寰宇。他一生笔耕不辍，著作等身，留下了《弇州山人四部稿》《弇州山人续稿》《弇山堂别集》等鸿篇巨制。更有甚者，坊间传言，诸如《金瓶梅》《鸣凤记》这般脍炙人口的佳作，亦可能出自他的笔下。

在官场和日常生活中，他与严嵩、徐阶、张居正、申时行等权臣名相，以及戚继光、王锡爵等武将重臣皆有往来；与文徵明、范钦、归有光等文人雅士交情匪浅；就连医药学大家李时珍，也与他有着千丝万缕的联系。

由此可见，无论是研究明代文学，还是探寻明代历史，王世贞都是一位无法绕开的重要人物。他久居官场，同时又身为文坛盟主，其传奇的一生，犹如一部波澜壮阔的史诗，蕴含着许多引人入胜的话题，值得后人去发掘、品味。

图书在版编目（CIP）数据

松间鸣玉：王世贞传 / 贾飞著. — 上海：上海交通大学出版社，2025. 8. — ISBN 978-7-313-32639-3

Ⅰ．K825.6

中国国家版本馆CIP数据核字第2025LX3622号

松间鸣玉：王世贞传
SONG JIAN MING YU: WANG SHIZHEN ZHUAN

著　者：贾　飞		审　订：郑利华	
出版发行：上海交通大学出版社		地　址：上海市番禺路951号	
邮政编码：200030		电　话：021-64071208	
印　制：苏州市越洋印刷有限公司		经　销：全国新华书店	
开　本：880mm×1230mm　1/32		印　张：10.625	
字　数：227千字			
版　次：2025年8月第1版		印　次：2025年8月第1次印刷	
书　号：ISBN 978-7-313-32639-3			
定　价：88.00元			

惠崇詩僧也畫品不能當荊關半而今
所觀平湖小嶼汀荇水禽漁舟茅舍便
媚暎帶褉褉天趣却非南渡後人二及
昔老米謂五季以來風江南景稍清遠者
輒以為王摩詰而實非使不作惠崇題誠
惜無以為摩詰即此卷自楊先生應寧
而歸之陳從訓從訓亦京口人也春時喚
小刀泥隻山水圖間出閣而歌張志和老
苍流水按之當與江山俱響應矣

弇山人王世貞題

王世贞

字元美，号凤洲，又号弇州山人，太仓人，

明代文学家、史学家。

1526 年—1590 年

王世贞

（出自凌祖诒辑《太仓乡先贤画像》）

目 录

目录

目录

引子

一

广袤无垠、源远流长的历史长河，恰因屈原、司马相如、陶渊明、李白、杜甫、白居易、欧阳修、王安石、苏轼、辛弃疾、关汉卿、施耐庵、罗贯中、吴承恩、曹雪芹等璀璨星辰的闪耀，才得以永不干涸，并持续焕发着勃勃生机与无限活力。要论其中的集大成者，恐怕非苏轼莫属，他以通透豁达的人生态度，积极乐观的精神风貌，不仅在诗词歌赋上造诣深厚，样样精通，更在琴棋书画中展现非凡才华，同时，他还精通天文、地理、饮食、医学等多个领域知识，真正做到了博学多才，全面发展，成了后人仰慕与效仿的典范。苏轼在宋代文学领域矗立起了一座巍峨难越的丰碑，令元、明、清三朝的文人墨客们难以比肩，他们将能接近或达到苏轼这样的文学造诣视为无上的荣耀。

在明代，有这样一位文人，他频繁地被当时及后世的人们与苏轼相提并论，因为二者之间存在着许多惊人的相似之处，仿佛是历史长河中一次奇妙的呼应或重演。就家庭结构而言，苏轼的家庭以苏洵、苏轼、苏辙为核心，构成了"父亲加两子"的温馨模式，且这三位成员均相继高中进士，荣耀满门。巧合的是，这位明代文人的家庭也恰好是"父亲加两子"的组合，并且同样都取得了进士的功名。更有趣的是，苏轼作为家中长子，这一身份在这位明代文人身上也得到了重合。更惊奇的是，苏轼生于 1037 年，卒于 1101 年，享年六十五载春秋，而这位明代文人的寿命同样跨越了六十五个年头，二者在生命的长度上也不谋而合。谈及个人成就，苏轼无疑是宋代文坛的璀璨明星，其光芒穿越时空，至今依然熠熠生辉，而黄仁宇先生在《万历十五年》一书中，更是直接将这位明代文人誉为"文苑班头"[1]，并且多次提及和叙述，足见其在文学领域的卓越贡献与非凡地位，其成就之辉煌，自不待言。

这位明代文人叫王世贞。他对苏轼的推崇，贯穿了整个人生轨迹。从懵懂孩童时期初读苏轼文集，到青春年少时沉浸于其中，再到垂暮之年仍手不释卷，直至生命的最后一刻，苏轼的文集始终是他案头的常客。在当时国内的文人笔记、文集之中，多处记载了他对苏轼文集的痴迷；就连远在朝鲜的文人许筠，也在其文集中提及此事。更为重要的是，这段佳话后来还被郑重地写进了《明史》，成为后世研究王世贞与苏轼文化渊源的重要史料。

---

[1] 黄仁宇：《万历十五年》，中华书局 2013 年重印版，第 165 页。

基于这一深厚的历史渊源，后世学者在评价王世贞时，纷纷认为他深受苏轼的影响。其中虞淳熙的观点尤为引人注目，他将苏轼比作天上的奎宿——二十八宿之一，被古人视为主管文章兴衰的神祇。虞淳熙认为，奎宿自天而降，化身为四位杰出文人，而王世贞有幸得到了奎宿的"斗背"之气运，从而在文学领域取得了非凡的成就。如此看来，王世贞仿佛是苏轼的化身，承载着苏轼的文学精神与才华。再结合王世贞与苏轼在文学风格、人生境遇等方面的诸多相似之处，人们便赋予了他"明代苏轼"的美誉。

苏轼的传奇一生，早已为世人所熟知。那么在苏轼离世五百年之后，这位被誉为"明代苏轼"的王世贞，又将书写出怎样一段传奇呢？这无疑是一个令人充满期待与遐想的话题。

王世贞（1526—1590），字元美，号凤洲，又号弇州山人，明朝苏州府太仓州（今江苏太仓）人，嘉靖二十六年（1547）进士，先后任刑部员外郎、山东按察副使、湖广按察使、郧阳巡抚等职，累官至南京刑部尚书，卒后赠太子少保。王世贞与李攀龙、宗臣、徐中行等人组建"后七子"阵营，倡导文学复古运动，并在李攀龙逝世后，独自主盟文坛二十年，文名响彻宇内，拜访者络绎不绝，只要得到王世贞的赞赏，那声价就会飙升。如《明史》言其"才最高，地望最显，声华意气笼盖海内。一时士大夫及山人、词客、衲子、羽流，莫不奔走门下。片言褒赏，声价骤起"[1]。

王世贞以文鸣世，一生著有《弇州山人四部稿》《弇州山人续稿》《嘉靖以来首辅传》等文集，成为后世争相学习和取法的对象。

---

[1] 张廷玉等：《明史》卷二百八十七《文苑》，中华书局1974年版，第7381页。

在具体的文学理论总结和文学创作中,他屡有新变,既恪守格调、学习古人,推崇秦汉古文、汉魏古诗和盛唐近体诗,又能做到"师古"和"师心"的统一,注重格调、才、思、情、气等创作要素的相融,突出主体情性,走向自然,带有性灵说的意味,成为复古派到晚明性灵文学的桥梁。所以要了解明清文学的发展历程,把握胡应麟、袁宏道、沈德潜、袁枚等人的文学思想,就不能绕过王世贞。

在文学之外,王世贞还不满明代史学家对历史的撰写方式,指出国史、家史、野史的诸多不足,他甚至有撰写《明史》之心,其史学著作《弇山堂别集》《嘉靖以来首辅传》成了后人编纂《明史》时的重要参考资料。如孙卫国教授通过研究发现,《明史》中严嵩、张居正等传记就是以王世贞的文章为依据的,建文帝、廖永忠等的明史疑案也遵从王世贞之论,他对王世贞的史学价值和地位做出了全面评析:"一是王世贞的史书给清人提供了基本可信的史料;二则,《明史》中的有关人物传记是以王世贞所撰史传为蓝本,加以节略而成;三则,有关史实的论定,是以王世贞的考辨为基础,《明史》依从王世贞的论断;四则,《明史》的有关体例参考了王世贞的史书。"[1]

作为当时的名人,王世贞可谓自带顶级流量,他的朋友圈非常强大,除了张居正外,还有先后官至首辅的徐阶和王锡爵,抗倭英雄戚继光,一代药圣李时珍,吴中盟主文徵明,吴门画派钱穀、张复,等等。朋友虽多,但在日常的仕宦生活中,王世贞却从来不打感情牌,如张居正屡次有意拉拢他,让他给老家多多关照,而王世

[1] 孙卫国:《清官修〈明史〉与王世贞》,《史学史研究》1999年第2期,第13页。

贞不仅没有如此做，还在郧阳任上，借着地震一事，隐晦地指责张居正败坏朝纲。王世贞能够不畏强权，做到刚正不阿，他曾经直接跑到时任锦衣卫指挥使陆炳的家中捉拿罪犯，还屡次拒绝权臣严嵩的好意，不与之同流合污，直至与之发生冲突。

当然，在王世贞身上，也有平凡的一面。如在少年时的学习中，他为了科举考试，要学习四书五经，但私下里喜欢阅读野史、古文，并时常背着父亲和老师偷看。在仕途上，虽然他从一介进士，最终做到了官居二品的刑部尚书，但其过程充满着坎坷和艰辛，他有过原职将满九年未升而要被罢免的困境，有过多次被言官弹劾而赋闲的险境，有过遭遇父难而远离官场的绝境，古代文人经历过的官场遭遇，他基本上都有切身体会。在家庭生活中，他是爱家的，即使多地为官，只要他一有时间，就回到太仓小住，赋闲在家时，构造弇山园，怡然自得，多年来，他有过子孙满堂的幸福，也有过十年丧两子、白发人送黑发人的痛苦，"十年空抱两麒麟，依旧天涯一病身"[1]，他始终是家里的顶梁柱，也是琅琊王氏在太仓发展的新希望。

传奇与平凡构成了王世贞的立体形象，其安逸闲适的园林生活让人羡慕，弇山园是江南园林建筑的典型代表，和上海的豫园齐名，都经明代造园名家张南阳设计。当然，王世贞的不朽志业更是令人钦佩，四库馆臣在翻阅其文集时，都由衷地感叹道："考自古文集之富，未有过于世贞者。"[2]

---

[1] 王世贞：《弇州山人四部稿》卷四十八《于鳞慰余哭子，有答》，美国哈佛大学燕京图书馆藏明刻本。

[2] 永瑢等：《四库全书总目》卷一百七十二《弇州山人四部稿》，中华书局 2008 年版，第 1508 页。

王世贞多有模拟他人之作，他曾经仿照王维《山居秋暝》而写《宿香山寺》，该诗曰："白云深锁上方幽，蹑屐无劳问惠休。竹里布金千月至，松间鸣玉片泉流。谈经石听蟾蜍转，卓锡天回罔象愁。坐久忽惊心地净，向来西竺在南州。"[1] 通观全诗，宛如在欣赏一幅幅美丽的画卷，其意境和《山居秋暝》有异曲同工之处，充满旷达感，并蕴含着自己的人生追求。尤其是"松间鸣玉"之语，不仅是自然美景，同时也是王世贞自身品性的体现，即无论生活、仕宦如何坎坷，自己始终会像松树一样坚韧，像美玉一样纯洁。

人的生活离不开他所在的时代，王世贞的志业和时代紧密联系在一起，又是那样的璀璨夺目。2022年10月至12月期间，台北"故宫博物院"精心策划并推出了一场以"写尽繁华——晚明文化人王世贞与他的志业"为主题的特展，引起了海内外学界和民众的高度关注。该展览共展出133件（组）院藏珍品，这些珍品涵盖了书画、古籍、器物等多个领域，全方位、多角度地展现了王世贞精彩纷呈的一生。展览还以他为切入点，生动呈现出晚明时期的文化盛况和内在底蕴，那是一个充满创意与多元竞争的时代，文人雅士们在文学、艺术、思想等诸多领域百花齐放、百家争鸣。这种独特的文化氛围在展览中得到了淋漓尽致的展现，让观众能够真切地认识到当时文化生活的丰富多彩与蓬勃生机。

---

[1] 王世贞：《弇州山人四部稿》卷三十五《宿香山寺》。王世贞著述丰富，且刊刻的版本众多，《弇州山人四部稿》《弇州山人续稿》是其主要的文集，也是相关文献的重要来源和校对底稿，书中会多次提及和引用。不过，需要特别说明的是，笔者曾于2014年在美国访学时搜集了《弇州山人四部稿》《弇州山人续稿》等王世贞著述文本，虽然《弇州山人四部稿》《弇州山人续稿》在国家图书馆、上海图书馆等国内各大馆也有所收藏，但是这些文本只能现场查阅，不能拍照，所以笔者还是用之前自己搜集的文本，以方便校对和研究。

传统文化贯穿古今，滋养着一代又一代华夏儿女的心灵。随着时间的推移，关于王世贞志业与时代关联的内容愈发丰富多元，宛如一座蕴藏无尽宝藏的文化宝库，不断释放出跨越时空的现代价值。他的一生，是一部波澜壮阔的史诗，其中蕴含着的人生智慧、文学造诣以及精神追求，都值得我们以全新的视角再次认知、深入感悟与深刻反思。与此同时，当我们深入探寻王世贞所处的中晚明时代，那段社会生活与文化的独特魅力，也将如一幅徐徐展开的绝美画卷，呈现在我们眼前。那是繁华与落寞交织、传统与创新碰撞的时代，市井的喧嚣、文人的雅集、艺术的璀璨，都交织成一幅绚丽多彩的历史图景，等待着我们去细细品味、领略其中的无穷韵味。

引子

卷一

一 京闱登科酬壮志

在历史上，许多著名人物的出生，往往伴随着一些新奇的故事，如伏羲的母亲华胥氏，她在雷泽游玩时，由于无意间触碰到一只巨大的脚印，竟然奇迹般地怀孕了，而且这一怀，就怀了十二年，才最终生下伏羲；再如王阳明，其母怀孕十四个月才生下他，并且在出生前，他的祖母岑氏梦见上天阳光璀璨，祥云缭绕，许多穿着绯红色衣服的神仙在击鼓吹箫，其中一位脚踏祥云，将怀中抱的婴儿送至府中。

至于我们的传主——王世贞，其出生也有些

故事，虽然不如上述的那么神奇，但是也有几分趣味，可做饭后谈资。那是在嘉靖五年（1526）十一月初五日下午的一点到三点之间，一个新生婴儿的叫声响彻江苏太仓州城东四十里的牌楼市，家人都为之高兴，因为这是王忬结婚成家后的第一个孩子。据说当时王世贞的母亲郁太夫人梦到两只燕子齐聚在她的两肩上，家人便询问占卜先生怎么解释这一现象，占卜先生在掐指一算后，便说她会生两个儿子，都有贵人相，并且都将以文章名世，青史留名。这也让家人悬着的心，多了几分喜悦之情。十年之后，王世贞之弟王世懋出生，更加印证了占卜先生所言。

虽然王世贞出生时没有非常奇异的现象，家人也没有梦到仙境、仙人，但是就其家族历史而言，是足以让大多数人梦寐以求的，恨不得自己就是这个家族中的一员。因为在其祖上，有助秦建国的王翦、卧冰求鲤的王祥、官至丞相的王导、擅长讽谏的王缙等，这些人的丰功伟绩，使其家族成为历史上赫赫有名的"琅琊王氏"，这的确是一个光环璀璨，充满历史底蕴，让人仰望的同时也让人羡慕的豪门望族。以至王世贞在《先考思质府君行状》《吴江吴氏家乘序》等文章中，追溯自己的家室渊源时，对此也是浓墨重彩，其内心的自豪感跃然纸上。他甚至专门撰写了《琅琊先德赞》，以称赞先人的德行，从而让他们成为后人学习的榜样。

由于时代环境的不同，古人结婚时的年龄一般比今人更小，男性通常在15—20岁之间，女性则在13—17岁之间，因此在王世贞出生时，他的父亲王忬才二十岁，也是可以理解的。王忬走的是传统的科举之路，当时已经小有文名，精于经术，"少以文学名三吴"[1]，十九岁就成为了州试第一，暂补为州诸生。其实，苏州昆山和太仓一脉的"琅琊王氏"，其地位和成就是远不能和王翦、王祥等时期相提并论的，如王辂为王世贞的曾祖父，虽家有良田三千亩，但是他不喜做官，喜欢行善做好事，乐意施舍救济贫困，再加上自己喜欢喝酒，经常在家中设宴款待他人，以至每年的收成都十分微薄，他只是因为儿子王侨、王倬对朝廷有功，才获朝廷赠封官职，累赠南京兵部右侍郎。王侨为成化十一年（1475）进士，最终官至奉政大夫，因老致仕时，享受朝廷荣恩，进阶为四品，王倬则是王世贞的祖父，成化十四年（1478）进士，累官至南京兵部右侍郎，为正三品。所以王忬并没有什么爵位继承，而是要通过科举之路，一步一步地前行。

放眼当年文坛，文徵明五十七岁，他从翰林院待诏任上致仕，回到了吴中地区，由于他享有盛名，德才兼备，喜欢交游，并提携王宠、彭年、周天球等后起之秀，而与他同时期的唐寅等人，早已离世，没有人能出其左右，他自然而然地成为了吴中地区的文坛盟主。此时，谢榛二十八岁，吴维岳十三岁，俞允文十四岁，归有光二十一岁，李攀龙十三岁，汪道昆两岁，吴国伦三岁，这些人后来均与王世贞有着紧密联系，甚至直接关系到王世贞的人生选择。

王世贞出生后，各种史书上都没有其天赋异禀的记载，也没有任何惊人之举的书写，他终究不像宋代蔡伯俙那样，三岁就高中进士，也不像明代李东阳那样，三岁能作径尺大书法。王世贞家人没

---

[1] 李春芳：《贻安堂集》卷七《资善大夫都察院右都御史兼兵部左侍郎思质王公墓志铭》，《泰州文献》第四辑第23册，凤凰出版社2015年版，第323页。

有刻意加强对他某些方面的训练，因此他的童年和大多数人一样，平稳、顺畅，不起波澜。直到五六岁时，王世贞开始记事，这也符合正常小孩的成长轨迹。

在王世贞六岁时那年的五月十八日，妹妹王氏出生了，自此，王家算是儿女双全的幸福家庭，接连来的喜讯是，在八月时，父亲王忬参加郡试，获得了第一名的优异成绩，后被推荐参加应天乡试，他还先后被郡守大司马聂公、御史丘养浩等人所欣赏，从而使自己的声名大涨。王忬一直刻苦学习，努力追求功名，他也注重为王世贞塑造一个良好的读书环境，鼓励儿时的王世贞多多读书。虽然王忬攻读四书五经，但是王世贞在开蒙读书之后，喜欢看稗官野史和明畅易晓的古文辞类之书，居然慢慢地积累了好几万字。王忬对王世贞之举感到惊奇，不过幸运的是，王忬还是开明的，并没有完全制止王世贞的这种读书行径，从而使王世贞从小的学识视野就不局限于四书五经，这为他后来的博学多才奠定了基础。有时，我们还真要承认，兴趣是孩子最好的老师，要尊重孩子的选择。即使在王忬赴京参加会试，因病不能进入考场，导致未能高中进士之时，他也没有过多干预王世贞的日常学习。正是有了这样的家庭氛围，再加上王世贞勤奋阅读，到七岁时，他读书就多达几十万字了，王锡爵曾说道："公幼称为圣童，六七龄已能读父书至数十万言。"[1]据胡应麟所载，王世贞九岁时能作《咏凤凰》一诗了。

王忬为了使王世贞能够更好地接受系统教育，他便开始规划其

卷一

---

[1] 王锡爵：《王文肃公文集》卷六《太子少保刑部尚书凤洲王公神道碑》，上海图书馆藏明刻本。

学业，不仅聘请姜周讲授句读，以增强王世贞的阅读能力，还聘请陆邦教作为私塾老师，教授王世贞《易》，从而为以后的科举考试做准备。科举制度自隋唐以来，多有变化，到了明朝，考试一般分为三场：第一场考经义，其取题源自《论语》《孟子》《大学》《中庸》《诗经》《尚书》《礼记》《周易》和《春秋》，即通常所谓的四书五经，第二场考实用文体写作，第三场考时务策论。其实对四书五经的选择，也是有所讲究的，毕竟《论语》《大学》等书中的内容有所差别，每位学子所擅长的科目也不尽一样，当代学者钱茂伟在对明代家族文化和科举进行深入研究后，指出："家族教育准备充足与否，特别是能否找到擅长的一经，应是形成科举家族的一个直接因素，明代宁波杨氏家族凭借《易》经屡屡中举，再现了东汉以来'一经传家'的神话。科举竞争的高度激烈，也是影响家族中举率的核心因素。晚明以后，杨氏家族科举竞争力明显下降。对那些科举准备不足的小家族来说更是困难，如晚明嘉兴平湖的赵维寰经历了十科会试，均以失败告终。"[1] 其实王世贞家族也是有这个传统的，其祖父王倬科举学的就是《易》，父亲王忬学的也是《易》，后来他们都是以此高中进士的，所以王忬让王世贞也学《易》，这包含了其良苦用心。然而学《易》并非易事，且多抽象思维，至今人们一谈《易》，大多认为这是玄之又玄之学，王世贞刚学《易》的时候，就不知道里面的具体内容，理解不了书中所言，学了一年后，陆师就离开了。可见，世上根本没有那么多的天才。

---

[1] 钱茂伟：《明代的家族文化积累与科举中式率》，《社会科学》2011 年第 6 期，第 142 页。

在陆师离开后，王忬为了王世贞的学业，也是绞尽脑汁，他一直在寻找合适的老师。有一天，他对王世贞说道："儿子啊，我为你找到了一位愿意教你的良师，你能改变之前的学习习惯，好好听从教导吗？"王世贞当然遵从了父亲的教诲，他对新老师周道光行了拜师之礼，还是学《易》。周师对王世贞的学习要求尤为严厉，他不仅当面指责王世贞日常行文之间的小错误，还在发现王世贞学习偶有松懈的时候，就扬言要拂袖而去，不再教他。如此一来，弄得王世贞诚惶诚恐，丝毫不敢分心，因为周师真的走了的话，肯定免不了父亲的一顿训斥。真所谓严师出高徒，如此学习了一年，王世贞就达到了一般的科举水平。

其实，对于父亲的科举规划，王世贞内心最初还是有所抵触的，毕竟他从小的阅读十分广泛，但这都与科举考试的书目没有太大关联，然而父命又不敢违，父亲对他喜欢古书的习惯也是非常头疼，担心这会影响他最终的科举考试，于是父子俩就开始斗智斗勇。王世贞表面上遵循父亲的要求，私下却想尽各种办法去阅读自己喜欢的野史、古文辞类等书，如他会携带《论语》《中庸》等书去学习，不过在这之外，他还私自夹带自己喜欢的书，一有时间，就将四书五经置于一旁，专心致志地阅读自己私带的书籍，甚至帐中、厕所都成了他美好的阅读场地，也因此，他经常比别人晚睡，在厕所的时间也比别人长。这些举动，似乎也勾起了我们的美好回忆，真是有时历史事件没有改变，只不过是主角换了而已。

王世贞十一岁时，该年的五月二十六日，又一阵婴儿的哭喊声响彻了王家，是其弟王世懋出生了，王忬在之前儿女双全的基础上，又得一子，非常高兴，并寄予厚望，在取名时更是详加斟酌，他说道："之前听闻东海有凤麟洲，你的才能以后和兄长应该不相上下，兄长已叫凤洲，那你读书的房间就叫麟洲。"凤麟洲是中国古代神话传说中的洲名，它在西海的中央，地方一千五百里，洲四面都有弱水绕之，并有山川池泽，以及多个仙家和百种神药。这样一来，王世贞和王世懋各取凤麟洲的一字，且凤、麟又能单指祥瑞之物，两字合在一起又代表着神仙之境，真是寓意深远，也体现王忬学识的渊博。

此时，王世贞之妹王氏已经六岁了，她聪慧质仁，由于受到家庭读书氛围的熏陶，她就跟从母亲读书《孝经》《列女传》等书，每天竟能读上千字而不知疲倦，且很快通晓书中所言。王忬对女儿也是疼爱有加，他曾经抱着她时，对王世贞戏说道："如果你妹妹是男孩子的话，她以后的成就当不在你之下。"不过，受制于特殊的时代环境，王氏再长大一点后，便开始学习针线、纺织、刺绣、缝纫等技术，没有王世贞那样的读书时间，然而她在学习针绣纩刺等技术时，常常能够快速地悟透要领，并且做出来的作品富有创意，往往超出人们的想象。因此，王忬当时的戏言，也不一定全是无心之语，而是有一定事实依据的，甚至有一份期盼，又带有一份惋惜。他在对子女寄予厚望时，自己也在努力，只不过没有那么多顺遂之事罢了，如他参加会试，虽然"其文奇甚"[1]，高于一般的考生，并得到了考官的赞许，但他最终还是名落孙山，只能遗憾地回到太仓。由于别人对他文章的高度评价，使其名声大振，以至愿意跟从他治学的人络绎不绝，然而这根本治愈不了其内心的悲伤和失望。

---

[1] 王世贞：《弇州山人四部稿》卷九十八《先考思质府君行状》。

由于在科举学业之外，王世贞长期喜爱古文，年少时他便能够有目的性和选择性地去阅读，其最初的文学认知和文学主张的形成也就在此时，他曾回忆道："我在十四岁时，从别人那得到王阳明文集，一读起来，便沉醉其中，不管白天和黑夜，都爱不释手，直至废寝忘食的地步，我此时对王阳明的喜爱，要在苏洵、苏轼、苏辙三人之上。后来，随着自己转向对秦汉以下古文辞的学习，自己也慢慢地疏远了王阳明文集，但是我始终认为王阳明的书不能不读，从中可以学习到很多知识。"从中可知，王世贞一直喜欢王阳明和三苏的文集，即使后来从事文学复古运动，其文学主张有所变化，他也不会全盘否定王阳明和三苏的文学成就，这种精神难能可贵。从另一方面而言，王阳明开创"心学"，注重真情的抒发，三苏也是注重创作中情感的流露，可见，此时王世贞真性情的种子已经种下，并开始萌芽[1]，而没有被科举之业遮蔽内心的选择。

　　王世贞年少时，最被他人议论和令他颇感自豪的事情，恐怕就是他在十五岁时创作的《宝刀歌》。当时他已经到山阴（今浙江绍兴）骆行简处学《易》，有一天，骆师在对他进行正常的教学时，突然有一个卖刀的人经过，骆师饶有兴趣，便让他以这个场景当即创作一首诗歌。王世贞在思索片刻之后，就开始吟诵，当创作出"少年醉舞洛阳街，将军血战黄沙漠"之语时，骆师为之一惊，并大为赞赏，认为他以后定有所成，自己甘拜下风。对于此事，王世贞也颇为得意，他在《艺苑卮言》《奉寿广州司理容山骆翁尊师九十序》中多有提及，不过最完整地记录此事的，当为他后来特意回忆时进

---

[1]　贾飞：《复古派领袖王世贞："性灵说"的先驱》，《求索》2016年11期，第139页。

一步完善的《宝刀歌》，诗前还写有百余字的小序，如全诗为：

> 予十五时，目不知诗，会经师骆先生为人作宝刀歌，戏以
> "漠"字命韵，予辄应曰：少年醉舞洛阳街，将军血战黄沙漠。
> 先生大激赏，谓予他日必以诗名。予谢不敏。又三载，举应天
> 荐，将计偕，有鬻刀者，因据旧语补之，存一时故事耳，不必
> 计其词之工拙也。

> 昆吾精铁光灼烁，不论风胡手中作。涪江水淬明月寒，汉
> 冶风回赤蛟跃。锋尖七曜隐芙蓉，匣里双环吐龙雀。少年醉舞
> 洛阳街，将军血战黄沙漠。记取衔恩一片心，扶君直上麒麟阁。[1]

这首诗作，不仅因为被骆师赞赏而令王世贞满心欢喜，还在于
此诗是王世贞少年时的代表作，是其才情的自然流露超出了诗作本
身具有的格律限制，"不必计其词之工拙也"。该诗抒写了一个热
血男儿内心渴望建功立业的远大志向，不顾战场厮杀的惨烈，在于
做到"扶君直上麒麟阁"，赢得生前身后名，这是何等的荣耀。关
于此事，屠隆也有所记载[2]，可见，此事不虚也！

王世贞勤奋刻苦，积极上进，转益多师，他在师从骆师后，还
师从王材，到十六岁时，又拜季德甫为师。当时季师不到三十四岁，
后来任职刑部郎中时，还与王世贞成为了同僚，两人也形成了亦师

[1] 王世贞：《弇州山人四部稿》卷十六《宝刀歌》。
[2] 如屠隆在《大司寇王公传》中言曰："十五已淹纬如宿学，然未尝为韵语。属有鬻
宝刀者，其师戏令公咏之。公应声曰：'少年醉舞洛阳街，将军血战黄沙漠。'师大诧赏，
以语司马公，知异日必为命世才。"（屠隆：《大司寇王公传》，王士骐、屠隆、王锡
爵撰：《王凤洲先生行状》，上海图书馆藏明刻本。）

松闻鸣玉：王世贞传

亦友的关系，这自然是一段佳话。毋庸置疑，王世贞前后所学的都是《易》，未曾改变过。

看到王世贞能够如此学习，王忬感到欣慰，同时，他也没有停止前进的步伐。继上次科举失败后，王忬在嘉靖二十年（1541）再次向科举发起了挑战，此次他终于如愿以偿了，高中进士，并进入了礼部，被授予行人司行人一职，这极大地鼓舞了备考的王世贞，让他看到了前进的希望。王世贞也感叹父亲这些年以来的种种不易，由于伯父王愔不喜欢科举之业，家族的科举传承和家庭的发展重担就全部来到了王忬身上，所以王忬不仅要一边操持家里大大小小的事情，还要一边努力准备科举考试。此次科举高中，也算是对他辛苦付出的回报。

又学习了一段时间后，王世贞便要开始走出书斋生活，去参加贡举及学政、府县的考试。由于之前的刻苦学习，再加上自身的才华，王世贞很快脱颖而出，引起了众人的注意。当时的州大夫冯汝弼、督学使者杨宜都对王世贞赞不绝口，甚至称他为奇童，使得王世贞名声大振。不久之后，王世贞因成绩优异而成为了州学附学生。"附学生"这种称呼源自明朝，这可是有一定渊源的，在明朝洪武初年，由于生员名额有限，为了鼓励大家学习，便增加了一定的名额。可别小看生员身份，因为有了这个身份，不仅可以参加乡试，进而博取功名，还享有一些特权，如免除徭役、见到知县可以不下跪等。到了宣德年间，朝廷又开设廪膳生员、增广生员，名额是有所限制的，不过都能享受到朝廷的供给。直到正统元年，在这些之外，再额外增收的，就放置于后，称为"附学生"。此例后来被清朝延续，不过又有所变化，即以童生身份入学的都叫附生，也就是大家熟悉的"秀才"之称了。

有了一定的身份和名气后，王世贞便出去游学，以拓宽视野。到山东时，王世贞结识了张逊业。此人可不简单，他是前内阁首辅张璁之子，后来以恩入太学，授中书舍人，累官至太仆寺丞。在交游中，王世贞也反思了如何更好地学习古文辞，他认为学习前人之作，就是要向处于鼎盛的时代学习，西京、建安时期的成就最高，有司马相如、司马迁等人，其文章之法无疑最值得后人取法了。谁曾想，这种认知不仅直接影响到他后来诗文体系的形成，还关系到整个文坛的发展动向。

嘉靖二十二年（1543）秋天，王世贞才十八岁，就通过了在南京组织的乡试，并且在所有的考生中，他的年龄是最小的。在这次考试中，还有一个小插曲，就是王世贞在考试交卷后，当时由午塘的闵公和鸿山的华公阅卷，他们对王世贞的试卷推崇有加，认为他的论、表写得非常好，令人拍案叫绝，再看对策，更是纵横上下，每条都答得无懈可击。于是他们便认为能够写出如此文章的考生，肯定是久经考场且学识渊博的老生了。经此一想，他们便将考生的名次往后排了排，分数自然压了压。后来王世贞经过别人引荐，闵公和华公与之相见后，他们才知道之前认为的老生，居然是如此年轻的少年，于是他们对之前之举颇感懊悔，否则王世贞的名次肯定居于前列，"两公始大悔恨，不以冠多士"[1]。

松闻鸣玉：王世贞传

---

[1] 王士骐：《明故资政大夫南京刑部尚书赠太子少保先府君凤洲王公行状》，王士骐、屠隆、王锡爵撰：《王凤洲先生行状》，上海图书馆藏明刻本。

转眼间，到了冬天，王世贞要前往京师参加会试了，碰巧父亲处理完公事准备回朝，于是父子俩便同行。一个是新进进士，在朝为官，一个是未来可期，将要高中，如此父子俩，自然成为众人羡慕的对象。王世贞前段时间还与魏氏订婚，更可谓是人生得意，如他这时期的诗作：

> 神都亘天北，长河万里开。文星起吴会，熠煜凌金台。朔气日夜深，我行何壮哉！君看孤舟去，应驱驷马来。丈夫但有足，迹当遍九垓。长揖辞故知，肯为儿女怀。[1]

该诗境界宏阔，将宇宙与世间浑然一体，颇有盛唐气象之味，蕴意深远，且王世贞自比文星，"文星起吴会"，这是何等的高度自信、意气风发啊！对未来，他踌躇满志，认为必定能够名垂青史。这是他当时内心真性情的抒发，比起《宝刀歌》，更进一筹。

卷
一

考试前的自信，对未来的憧憬，都是可以理解的，如王世贞的好友袁尊尼还赠诗共勉，全诗近三百字，有"少年有余勇，万里足长驱。登坛拔汉帜，定霸在须更。……三月长安陌，腾绰谁能羁。香风生后陈，花满曲江迷。光尘倘相假，努力共享衢"[2]之语，这和王世贞之诗有共同之处，都充满了年轻人的热血和气概。毕竟学而优则仕，他们如果此次能够科举高中，那就可以直接做官了，这和现在的高考还有些不一样，一般而言，现在高考后，是上四年大

---

[1] 王世贞：《弇州山人四部稿》卷十四《将赴计偕呈同志》。
[2] 袁尊尼：《袁鲁望集》卷一《赠同年王元美》，沈乃文主编：《明别集丛刊》第三辑，第 19 册，黄山书社 2016 年版，第 6 页。

学，最早到临近大学毕业的时候，才有考公务员的资格，而且即使顺利考取，也是从科员做起，并不是领导职位。

然而当三月份的会试结果公布时，王世贞和袁尊尼看尽榜单，却没有找到自己的名字，这对两人而言无疑是遭遇了当头一棒，之前的满怀期望，此时化成了泡影，极大的心理落差，让他们无比失落。当然，每次科举考试，录取的人数是很少的，落榜者居多。对于明代的科举，有人进行了统计，认为整个明代，一共有24450人最终成为进士，73150人通过乡试成为举人，生员有220050人，最终只有14%的生员成为举人，最终成为进士的只有4.8%。1630年，更是有49200位生员竞争1278个举人名额，录取率低至2.6%。[1]因此，王世贞此次只是没有成为进士而已，但是他已经走在了大多数人的前面，并且他还很年轻，才华出众，有无限的未来。

考试结束，众多举人纷纷离开京城，王世贞不仅自己准备离开，而且还送友人离开，他此时的心境，可从其送别诗中窥见一斑，如《送蒋子南归》诗曰：

　　　　乍逐春风上帝畿，如何短棹又将归。看君身似潇湘雁，不厌年年南北飞。（其一）
　　　　潞水驿前双画桡，送君频上又相邀。征衣半湿离筵酒，心到阊门第几桥。（其二）[2]

[1] 柯律格著、黄小峰译：《大明：明代中国的视觉文化与物质文化》，生活·读书·新知三联书店2019年版，第47页。
[2] 王世贞：《弇州山人四部稿》卷四十七《送蒋子南归》。

这两首诗作的基调是悲凉的，充满着惆怅，"如何短棹又将归""征衣半湿离筵酒"，这与考试之前的《将赴计偕呈同志》截然相反，没有意气风发、豪言壮志之语。此次科举失败，对王世贞而言，是其人生中的一次重要打击，也是他经历的第一次失败。有时期望值越高，也就越接近失败。

王世贞在京城送别友人时，尚能保持其气度，不过回家之后，他却是心灰意冷，甚至放浪形骸，纵情诗酒，将科举之业抛诸九霄云后。可见，王世贞也是一个凡人，和大多数人一样，不能立马从失败中走出来。可喜的是，他是一个幸运儿，有一个好父亲。当王忬知道王世贞科举失败之后的种种失落，他及时站了出来，用自己的亲身经历告诫王世贞，阻止了其堕落行径，并劝导他要重拾信心，继续从事科举之业，毕竟王忬也是通过多次科举考试才高中的，且在这期间，他可没有放弃科举。有了父亲的安慰，王世贞很快振作了起来，继续走科举之路。很多时候，父亲对于子女的成长教育是很重要的。

既然此次的科举之事已成定论，那就努力把握自己可以做好的，王世贞此时完成了人生中的一件大事，即正式迎娶魏氏，将之前的订婚变成结婚，画上了一个圆满的句号。魏氏妇德贤淑，端庄典雅，不仅王世贞非常中意魏氏，王家上上下下都很满意这门亲事，对魏氏疼爱有加，并不用过多的家法去束缚她，对于魏氏而言，绝对是嫁了一个好丈夫，入了一个好婆家。常言道，人生有三大喜事：他乡遇故知、洞房花烛夜、金榜题名时，王世贞在京城已经体会过他乡遇故知。可以说，此时他已经完成了其中的两喜，这样也好，接下来就只等下次科举考试高中了。

　　这年春，还有一事值得一提，那就是文徵明过访，王世贞和文徵明相差近六十岁，王世贞之前只是知其名，而未见其人，平时也没有什么交集。不过此次相见，具有其独特意义。文徵明当时为吴中地区的文坛盟主，德高望重，王世贞为吴中地区的青年才俊，有鸿鹄之志，且文徵明对王世贞赞不绝口，更在王世贞身上看到了年轻一辈的希望，王世贞对文徵明则推崇备至，领略到文坛盟主的魅力。基于在文学、字画等方面的共同喜好，两人交谈甚欢，完全没有因年龄差而造成的局限。王世贞也把握了这个难得的机会，在探讨唐人墨迹之后，他主动拿出上等的纸张，请文徵明书写前后《出师表》，这是千古名篇，历来受到众人的推崇。文徵明也毫不吝啬笔墨，挥笔而成。这为两人以后的交往打下了坚实基础，当然，这更有利于王世贞的进一步发展。对于此事，潘仕成曾言及："嘉靖甲辰春日，偶过元美斋头，出示唐人墨迹，精绝可爱，不胜景仰。复以佳纸索前后《出师表》。"[1]

　　由于王忬任职满三年，工作能力出众，朝廷升任他为江西道御史，这几年来，王忬在外为官，自然没有多少时间去照顾家里了，而王世贞作为家中长子，家里的事情就自然地落到了他肩上。弟弟王世懋在学习上非常用功，不过他在十岁时，不小心感染了肺结核，差点形成痨病，古代医疗水平不高，这种病足以影响王世懋的一生，因此王世懋也需要王世贞多加照料。再加上王世贞的长女出生，初为人父的他，生活更是变得忙碌起来，责任也越来越大。王世贞此

[1]　潘仕成：《海山仙馆藏真三刻》，广东人民出版社 2016 年版，第 22 页。

刻更加体会到父亲之前的艰辛了，王忬也知道王世贞的不易，便不再给王世贞强加科举之业了，以减轻其压力。的确，没有健康身体的话，一切都无从谈起，况且王世贞自身已经非常优秀，不需要像以前那样督促了。

有了之前和文徵明的相识，王世贞受益匪浅。于是，他在处理好家庭事务之外，还就近拜访著名人士。如他主动拜访当时居家的徐阶，一起研讨文学创作时需要注意的辞达问题，他还与华云外出游玩，以增长见识，华云比王世贞大五十七岁，亲切地称王世贞为"小友"[1]。不经意间，王世贞的声名也在逐渐提升。

当适应了生活的节奏后，三年的时间似乎过得飞快。王世贞很快就来到二十一岁，他将再次前往京城参加会试，相比上次，他的心态已经发生了变化，走向成熟，如他出门时创作了一首诗，其诗曰："此夜不忍旦，匆匆垂去家。回看小弱女，犹未解呼爷。冻雪依檐草，轻飚散烛花。莫挥分手泪，吾道自天涯。"[2]完全不见之前的自信和志向，唯有家庭的牵绊。即使他后来夜泊贞女庙，快到京城时，其心态仍没有狂喜的一面，如诗曰："南来夜泊贞女庙，有客一二时相通。孤蓬倚树鸟惊宿，白露湿衣人在空。遥怜故乡共明月，独有游子知寒风。何事长安浑不见，无数浮云北望中。"[3]可见，三年来的生活经历让王世贞由之前的踌躇满志和锋芒毕露，变成了一个多思多情之人，自然也多了一份沉稳。

---

[1] 王世贞：《弇州山人续稿》卷五十四《华补庵先生诗集序》，美国普林斯顿大学东亚图书馆藏明刻本。
[2] 王世贞：《弇州山人四部稿》卷二十三《丁未计偕将出门夕》。
[3] 王世贞：《弇州山人四部稿》卷三十三《应试，夜泊贞女庙，示一二友》。

出師表

先帝創業未半而中道崩殂今天下三分益州疲
敝此誠危急存亡之秋也然侍衛之臣不懈於內
忠志之士忘身於外者蓋追先帝之殊遇欲報之
於陛下也誠宜開張聖聽以光先帝遺德恢弘志
士之氣不宜妄自菲薄引喻失義以塞忠諫之路
也宮中府中俱為一體陟罰臧否不宜異同若有

諸葛武侯

文徵明书
前后《出师表》
（局部）

後出師表

先帝慮漢賊不兩立王業不偏安故托臣以討賊
也以先帝之明量臣之才故知臣伐賊才弱敵彊
也然不伐賊王業亦亡惟坐而待亡孰與伐之是
故托臣而弗疑也臣受命之日寢不安席食不甘
味思惟北征宜先入南故五月渡瀘深入不毛并
日而食臣非不自惜也顧王業不可得偏全於蜀

会试分三场，第一场是在二月初九日开始，三日之后第二场，再三日为第三场。历经多日以来考试的艰辛，王世贞最终如愿以偿，获得了第82名的好成绩，有资格进入下一轮的殿试。此次考官在阅卷时，看到王世贞的策论，便断言这份试卷必定是出自朝中官员的后代，否则怎么会如此熟悉邸报的格式，其实这主要是源于王世贞平时阅读邸报的良好习惯。

在殿试前，恰逢三月初三日的上巳节，王世贞便饶有兴趣地与友人共游京师西郭，并创作了词作《水调歌头》，有"迟日卷残雪，蒲柳弄新晴，满城儿稚欢笑，为我报清明"[1]之语，词风有了几分清新淡雅，没有浮躁之气，毕竟对于当下的科举结果，王世贞已经是稳操胜券了，其内心也就较为平和。

到了三月十五日，王世贞在内府参加殿试时，凭借着更加出色的表现，他最终高中进士，获二甲第八十名。嘉靖二十六年的科举考试，最终录取了301人，此次屡屡被后人提及，甚至被认为这是明朝综合实力最为强劲的一科。当时的读卷官有夏言、严嵩、闻渊、王杲、陈经、文明、王以旗、孙承恩、张治等人，这充分保证了阅卷质量。虽然严嵩因权奸之名被后人诟病，但他也是富有才学的，其早年《钤山堂集》一出，众人便相互传阅，更有张治、杨慎、王廷相等十一人先后为之作序或赞，其文学地位可见一斑。

在录取的人中，官至尚书衔的有十位，其中入阁辅政的有三位，后来青史留名的多达七十多位，如著名的有张居正、王世贞、杨继盛、李春芳、凌云翼、殷士儋、殷正茂、汪道昆等人。所有录取人

[1] 王世贞：《弇州山人四部稿》卷五十四《水调歌头》。

的年龄，以三十至三十九岁之间的为主，而王世贞才不到二十二岁，远低于平均年龄，前途可谓是不可限量，因此他名声大噪，再加上其显赫的家族，以至引起了他人的嫉妒。由于此科进士质量极高，他人还将其与宋仁宗嘉祐二年的那科进行比较，认为这是科举史上的两大高峰，宋嘉祐二年录取的有开创程朱理学的程颐、程颢，开创关学的张载，官至相位的吕惠卿、曾布、章惇，位列唐宋八大家的苏轼、苏辙、曾巩，文武双全的一代名将王韶等，现代学者曾枣庄在研究后认为这是文星璀璨，对后世发展产生了深远影响[1]。

科举高中后，年轻的王世贞已经完成了人生中的大登科、小登科，超越了许多的同辈中人，成为佼佼者。他即将开启自己的崭新人生，现在没有三年前的痛苦别离，也没有落榜时的失落，所面对的是新城市、新朋友、新官场，这一切都有待他自己去书写。

对于儿子的科举高中，王忬非常高兴，毕竟这是家族的新传承，也是家族发展的新希望，同时，经过自己的一手培养，孩子成长成才，这份喜悦也是不言而喻的。可贵的是，面对如此喜事，王忬还能保持冷静，他在写给王世贞的书信中，先是祝贺，再是叮嘱，告诫王世贞"士重始进，即名位当自致，毋濡迹权路"[2]，即王忬用自己宝贵的人生经验告诉王世贞，现在已经进入了仕途之路，那接下来如果想要获取相应的名位，就要靠自己的努力和能力去争取，而不能去靠依附权贵实现。此后，王氏父子在家庭、仕宦、交友等方面的交谈逐渐增多，这对王世贞的一生产生了重要影响。

---

[1] 曾枣庄：《文星璀璨的嘉祐二年贡举》，《北京大学学报》2010年第1期，第23页。
[2] 王世贞：《弇州山人四部稿》卷九十八《先考思质府君行状》。

当年的进士都——被安排到相关部门进行观政，类似于我们现在所说的岗位实习，这是一个临时性的安排，观政结束后，朝廷会再根据他们各自的表现和才能委派新职。王世贞被派往大理寺观政，该部门掌管全国的刑狱案件审理。虽然王世贞年龄较小，但是大理寺的同僚们并没有欺负他，对他很是友好，大家一起谈笑风生，使得王世贞很快适应了新的工作环境，很是安逸。他每天的安排比较固定，基本上都是从大理寺下班回来后，就闭门读书，以增长学识，并且不过多地过问朝廷之事，更不高谈阔论。后来他还经常回忆起这段无拘无束、自由快乐的美好时光。

过了段时间，王世贞就再次面对选择，当时按照传统惯例，朝廷要从新进的进士中遴选庶吉士，主要是面对二甲和三甲的，因为一甲的状元、榜眼、探花一般直接授修撰、编修等职，就不再参选了。庶吉士兴起于明朝，是翰林院内的短期职位，并且只选拔科举进士中排名靠前、具有较高潜质的优秀人员，如果被选中，则将集中安排在翰林院学习，之后再授予官职。在明英宗后，这种选拔方法逐渐成为惯例。由于职位的特殊性，且当时流行"非进士不入翰林，非翰林不入内阁"一说，因此庶吉士是明朝内阁辅臣的重要来源之一，以至当时有"储相"之称，如杨廷和、张居正等人官至内阁首辅，都曾为庶吉士。据统计，永乐至崇祯内阁辅臣 162 人中，庶吉士出身者 87 人，占一半以上 [1]。所以，每次当朝廷准备遴选庶吉士时，跃跃欲试者不在少数，他们希望能够把握住此次机会，再次改变自己的命运，这种机会对他们而言，一般只有这一次。

---

[1] 何诗海：《明代庶吉士与台阁体》，《文学评论》2012 年第 4 期，第 42 页。

不过，庶吉士的遴选是综合实力的体现，并不是有才能者定能被选上，有时还取决于一些外部因素。遴选消息一出来，就有好友马上联系了王世贞，还建议他可以主动投靠大学士夏言，当时夏言在内阁具有很重的话语权，如果能够获得夏言的推荐，那就很有机会入选庶吉士了。王世贞则认为因此事去拜谒夏言，是可耻的行径，自己是绝对不会去做的。有一天，王世贞在安闲时去拜访以前教过他的王材先生，王师见到他非常高兴，诚心地向他说道："世贞啊，你能够创作诗歌吗？即使会，恐怕也是没有什么用的，此次庶吉士的选拔，你必须要有非常权贵的人相帮，才可以成此事。"王世贞却回答道："庶吉士的选拔，是朝廷要储备人才，以为日后的大用。找人相帮，则会失去自我的原则，朝廷求贤若渴，如果最后得到的是没有什么真才实学，而只会走旁门左道的人，那就永远得不到真正的人才。为了一时的利益，而去做这种损害极大的事情，您觉得合适吗？"听到王世贞如此的回答和反问，这出乎了王师的意料，他顿时面红耳赤，久久回答不了。最终，王世贞没有出现在此次的庶吉士名单中，不过，在这份名单中，却有一个后人熟悉的名字——张居正，他比王世贞大一岁。如果王世贞真的听从了别人的建议，顺利入选庶吉士，那么，他在改变自我人生轨迹之余，还可能会改写国家历史，不过，正因为历史没有那么多如果，才有了我们的现在。至此，完整的科举选拔算是告一段落了。

刑部秉公明是非

　　王世贞在大理寺只是实习的身份，还要等着朝廷的再次任命。到了六月份，当时和王世贞一起去大理寺的共有 9 人，其余 8 人很快有了新的去处，就一一和王世贞道别。送着送着，王世贞的内心逐渐焦躁了起来，因为关于他的任命迟迟没有下来，也不知道是什么原因。此时此刻，往日的欢声笑语都成了无声的回忆，唯有内心的孤寂感涌上心头，王世贞甚至还怀疑之前的选择是错误的，毕竟他没有听从诸多师友的建议去报选庶吉士，如果去参选，成功了，那他就不需要面对当下的困局了，想着想着，他的内心更加凌乱，向好友陆象孙诉说道："我滥竽充数地做了一个小官，但是自身才能有所不足，还不如请辞归家，然后买一小舟，游遍名山大川，尽情地创作诗文，成一家之言，此生则足矣，至于功名，则是君子的身外之物了。"当然，这更多的只是王世贞一时的牢骚之论而已，他需要找到可以倾诉的对象。

　　终于等到了揭晓谜底的时刻，王世贞被朝廷授予刑部主事一职，这和他在大理寺的实习工作有着内在承续性。当任命下来后，王世贞便离开了大理寺，不过其内心还是有所不舍，往日的快乐时光又时常浮现在眼前。

在新的工作岗位上，王世贞的工作内容有所变化，身份也有所转变，不再是实习生了，自己要独当一面。如固安一个姓崔的县令，向来执法严厉，一厂校因事去拜访他，恳请通融，而崔县令不为所动，以至于惹恼了厂校。下层官吏为了趁此机会去攀附厂校，便私下罗织罪名，以盗库之罪诬陷崔县令，并将他逮捕入狱。此事被王世贞知道后，他觉得有蹊跷，于是重新调查事情的来龙去脉，最终还了崔县令一个清白，让其官复原职，并将那些官吏发配边疆。这就是王世贞一贯以来的为人处世之风，恪尽职守，不避权贵，铁面无私。而这个故事，还不是最精彩的，因为接下来的事件更加火爆。

大致的经过是这样：有一个司礼监文书宦官的侄子阎某，是锦衣校卫，他因事殴打妇人致死，不过，他为了逃避官府追捕，便直接找到了锦衣卫都督陆炳。陆炳在当时可是权倾朝野，他的母亲是嘉靖帝的乳母，意味着他和嘉靖帝喝过同样的母乳，且在嘉靖十八年（1539），他跟随嘉靖帝南巡至卫辉（今河南卫辉市）时，至四更，行宫突然失火，他冒死救出了嘉靖帝，自此之后，更是深得嘉靖帝喜爱。陆炳见到阎某，在得知事情的原委后，便私自将阎某藏匿了起来。此事到了王世贞处，其他人以为将不了了之时，王世贞却马上派兵士前去陆炳府上追捕，刚开始陆府的人不允许王世贞搜查，仍然藏匿阎某，于是王世贞便亲自前往陆府索要阎某，至此，陆炳无法再明目张胆地包庇阎某了。不过，陆炳没有善罢甘休，他马上跑到严嵩[1]处，恳请严嵩出面，给王世贞施加压力，迫使其释放阎某，以挽回自己的尊严和脸面。但王世贞面对多重压力，始终没有退却，他直言法律是君主治理天下的准则，大家都要遵守的，岂能为了一个锦衣校卫而违背法律规定？他只知道奉行天子之法，怎么会执行陆炳的私人请求呢？王世贞用实际行动维护了国法的尺度和尊严，此事之后，其名气大涨。但这件事，也为他和严嵩交恶埋了下祸根。

当年还发生一件战事，不仅改变了王忬的命运，还引起了王世贞对人生规划的重新思考。当时俺答从大同大举入侵明朝，一路势如破竹，到八月十五日就已经打到了古北口，直接进逼通州，古北口地理位置非常重要，是山海关、居庸关两关之间的长城要塞，距京城仅 240 余里，可谓攻入京城的最后一道屏障，直接威胁到京城的安危。霎时间，军情紧急，弄得人心惶惶。此时王忬正好巡视顺天，他在得知敌情后，便冷静思考，沉着应对，并且马上发挥巡按御史的特殊权力。巡按御史是明朝为加强对地方的监督管理所设，隶属于都察院，有十三道监察御史，他们会不定期地到地方进行巡视，号称“代天子巡狩”，虽然他们只是七品官，但是职权很大，不论是发现地方的政事得失，还是军民利病等事情，都可以通过专门渠道直接上报至皇帝，并且他们还有大事奏裁、小事立断的权力。所以王忬马上一面上疏给朝廷汇报军情，告知当下面临的危急情况，一面快马加鞭地赶到通州，当机立断，开始整顿军事防务，安抚官

[1] 对于陆炳当时所求的对象，不同的文献资料有着不一样的说法，如《明史·王世贞》中记载的是“炳介严嵩以请”之语，而在王士骐《明故资政大夫南京刑部尚书赠太子少保先府君凤洲王公行状》中，却是“炳不能庇，至流涕诉诸执政徐公”之语。以至在前人年谱中，也有着严嵩或者徐阶的不同表述，对于此，本书不再多加考证，仅从《明史》之论。

民，并迅速采取斩断舟楫、阻绝水路等一系列措施，第一时间拖延俺答军的进攻。

这些备战事务艰巨，又具有临时性，各方面的人力、物力、财力都难以一时凑齐，到了深夜时分，还没有彻底完成。俺答军可不会等明朝军队完全准备好了再进攻，他们也懂得兵贵神速这个道理，所以不仅白天行军，晚上也不随便停歇。当王忬还在指挥众人备战时，俺答军就浩浩荡荡地袭来，他们所用的火把照亮了整个黑夜。众人为之惊愕，面面相觑，王忬则镇定自如，命令大家做好防御，准备开战。由于王忬之前命人斩断了舟楫，俺答大军一时找不到足够的船只来渡河西进，只能望河兴叹，两军便进入了相持阶段。半月以来，王忬面对凶猛的俺答军，不敢有丝毫懈怠，他甲不离身，治军严谨，与军民吃住都在一起，共同抗击敌人。俺答军见此情形，也不敢轻举妄动，后来迫于各方面的军事压力，最终撤军而去。通州之地得以保全，没有受到俺答大军侵犯。

这次通州的防御除了保护百姓和明朝领土以外，还有一层特殊的意义，即通州成为此次战役中唯一一块没有受到俺答军侵害的地方。在战后总结中，此事一经传播就引起了朝野的广泛热议，王忬更是因为在此次战争中的优异表现，被嘉靖帝直接点名表扬，并特批王忬升任都察院右佥都御史，[1] 经略通州以东的所有军队。当时都察院除了有七品的监察御史外，还设有左右督御史（正二品）、左右副督御史（正三品）、左右佥督御史（正四品）。王忬此次是

---

[1] "中央研究院"历史语言研究所校印：《明世宗实录》卷三百六十三，南京图书馆藏 1965 年版，第 6470 页。

由七品升到四品，跨度非常大，而且权力远大于之前，还进入了嘉靖帝的视野，前途可谓是不可限量。如到十一月时，朝廷反思俺答入侵所造成的恶劣影响，于是对部分地区的军事部署做出调整。他们从各地抽调数十万军队进驻京郊，以拱卫京师，确立易州、昌平州及通州为三辅，并在三辅之中增设经略都御史。经过此次调整，王忬便以都察院右佥都御史的身份督理蓟州粮饷，兼守通州，遂为经略使。

王忬通过自己的实力，让命运得以改变，也带动了家族改变命运，王氏家族的先辈们有王翦、王导等人，他们文武双全，也在军事上取得了丰功伟绩，从而更加巩固了自己的历史地位。王氏家族迁徙到昆山、太仓之后，虽然也有一定的声名，但是比起之前祖辈们的功劳及地位，显然是相差甚远。王忬的崛起，无疑让王氏家族看到了新的希望，如王世贞就对自己父亲所取得的功绩，很是自豪，并认为父亲以后能够取得更大的功绩，振兴琅琊王氏。

王世贞虽然没有亲身经历战事，但是由于父亲的参与，让他对战争的经过非常熟悉，使他的内心受到了无比震撼。毕竟如此强盛的明朝居然被俺答入侵，而且是直逼京师，这不仅是国家的屈辱，同时也是每一个明朝子民的耻辱。王世贞顿时觉得之前的诗歌酬唱、游山玩水都失去了意义，甚至对自己的文学选择颇有懊恨之意。他认为文人是空有男儿身，却无法报效祖国。

不知不觉，又过了一年，王世贞在十一月时，迎来了现任职位的三年期满考核。明代的文官考核制度是历代考核制度的集大成者，其在汲取前朝经验的基础上，构建起了一套更为严密、完善的体系，对明朝官场的运转和官员的仕途发展产生了深远影响。《明史》对其做了精炼且精准的概括："考满之法，三年给由，曰初考，六年曰再考，九年曰通考。"[1] 初考，即官员任职满三年后所面临的第一轮考核。这一阶段，朝廷主要关注官员在任职初期的基本表现，包括其是否熟悉政务流程、能否有效处理日常事务、与同僚及上下级的协作情况等。初考的结果，虽不至于直接决定官员的仕途生死，但却是其政治生涯的重要起点。若初考成绩优异，官员便能在后续的官场竞争中获得更多的关注和机会，为进一步升迁打下良好基础；反之，若初考表现不佳，可能会面临被警告、降职甚至罢黜的风险，仕途之路也会因此变得坎坷崎岖。

再考在官员任职满六年时进行。相较于初考，再考的考核内容和标准更为严格和全面。除了继续考察官员的政务处理能力外，还会着重评估其在地方治理、政策推行、民生改善等方面的成效。例如官员在任期内是否成功推动了当地的经济建设、是否有效解决了百姓的民生问题、是否维护了地方的社会稳定等。再考成绩优秀者，往往会被视为具有较强治理能力的官员，获得朝廷的认可和重用，可能被调往更重要的岗位任职，承担更重大的责任；而再考成绩不理想的官员，则可能会被限制发展，甚至被调离原职，到其他地方或部门重新接受考验。

九年通考则是整个考核制度中最为关键的一环。经过九年的任职和两次考核，朝廷对官员的综合表现有了较为全面的了解。通考不仅会综合考量官员在初考和再考中的成绩，还会对其在九年间的

---

[1] 张廷玉等：《明史》卷七十一《选举三》，第 1721 页。

整体表现进行深入评估，包括其政治品德、廉洁自律情况、领导能力、创新能力等多个方面。通考成绩卓越者，极有可能获得高升，进入朝廷的核心决策层，参与国家大事的谋划和决策；而通考成绩不合格的官员，则会被彻底淘汰出官场，结束其政治生涯。

三年以来，王世贞恪尽职守，尽职尽责，即使陆炳求情，他也是铁面无私，维护国法正义。他顺利通过了考核，并被朝廷新任命为刑部员外郎，这是朝廷对他的肯定。

直到嘉靖三十一年（1552）五月，这时给王世贞莫大打击的是儿子果祥夭折。果祥因全身都患有疹子，多方医治无效，并且在临死之际，他还拉着王世贞的衣袖多次呼喊，仿佛自己也知道什么。王世贞很疼爱果祥，他曾回忆孩子生活中的点点滴滴："在果祥周岁时，他眉清目秀，口齿清楚，肤色晶莹剔透，其秉性非常聪颖、伶俐，平时笑起来表情温婉柔美，讨人喜爱。虽然其举止行为，不如他的姐姐，但是他已经有自主穿衣吃饭的能力了，超出一般小孩。随着他慢慢长大，有一天，姐姐尝试在华美的丝绸衣服上刺绣，果祥觉得衣服的颜色艳丽，刺绣也好看，就想拥有。看到此情此景，我大笑不止，对果祥说：'错了错了，你不是女孩子，在丝绸上如此刺绣做什么？'哪知果祥回答道：'这种刺绣自然不适合我现在的穿衣，但是以后我可以为爷爷的衣服弄上呀。'正巧他的祖父办理好军队粮饷的事情后回家，见到如此可爱的果祥，更是喜爱，并和他一起玩，咯咯、哈哈的笑声不绝于耳。有时候，果祥还在书房听姐姐读诗，听过几遍之后，就非常熟悉姐姐刚才读的内容了，家人带他去见客人时，让他背诵听到的诗，他便不慌不忙地背诵起来，并且没有任何错误。给事中凌君认为这个孩子以后必定会大有作为，于是想订个娃娃亲，把女儿许配给他。"病中的王世贞早晚哭泣，时常回忆果祥的外貌和举止，悲痛万分。

后来朝廷委派王世贞前往庐州、扬州、凤阳、淮安四郡察访刑狱之事，接到此份诏令后，其内心有点欢喜，毕竟他自科举高中后，一直留在京城工作，没有机会离开过，此次外出看看，正好散散心。

对于古人的出行方式，从电视剧中我们也知道，一般是骑马走陆路，或是坐船行水路，选择的空间不大，而且路上花费的时间颇多。不过长时间骑马，颠簸较多，身体可能难以承受。如果不着急赶时间的话，多数人会选择水路：一来船的空间大，人较为舒坦，也不用长时间处于颠簸状态；二来可以欣赏沿途的风景，毕竟古代的诸多大城市、繁华之地，基本是沿河而建的，方便人们生活和劳作。

中国古代历来重视水路交通的建设，从春秋吴王阖闾命伍子胥开凿世界上有记载的运河胥河开始，我国有 2500 多年的运河开凿史，运河全长 3000 多公里，成为贯通南北的交通大要道。京杭大运河从明代开始修造疏通，北至北京（通州），南至杭州。王世贞本江南人士，自幼不习惯骑射，该地水域体系发达，雨水充足。因此王世贞此行首选的是水路，其路线是出京城后，取道天津，过白河、新河，再往南行，经德州、清源等地，中秋时就能到达彭城的沛河。

对于沿途的美景，王世贞也是有所期盼的。然而由于当年水患颇多，王世贞经过之地，部分陆地都被洪水淹没，以至百姓流离失所，到处逃荒避乱，而官府却漠视这一切，不关心民生。王世贞见此，顿感愤怒，便用现实的笔触，痛斥那些无能的官吏，并同情百姓的遭遇，如其诗有"脉涌中原破，堤平万穴趋。青天回碣石，大壑播方壶。甲子尧年偶，庚辰禹佐殊。向来分水陆，兹往混江湖。……客程兹地险，民力几时苏。沈灶生涯尽，投薪骨髓枯。茫茫上帝远，吾意欲招巫"[1]之语。他向好友瞿景淳诉说了这一切，对于此，他也是有心无力，因为他此行的目的是察访江淮地区的刑狱之事，而不是治理水患，他有自身的使命，经过苦难之地，也无法停留下来去帮助受灾的人们，只好发挥其写作之长，反映水患中的社会百态。

南下，离老家越来越近了，王世贞乘舟到吴江时便遇到了表兄叶良才，刚开始两人并没有相互打招呼，因为彼此的外貌都发生了变化，说话时，各自的声音都和以前不一样。于是两人久久凝望，上下打量后，王世贞通过叶良才固有的行为举止，才敢和他相认。对此，王世贞内心有一份惊喜，自然也有一份忧愁，毕竟自己长期在外，何尝不想念家乡的一切啊！

到达吴门，王世贞与父亲王忬小聚之后便归乡里。这里提一下，之前王忬以都察院右佥都御史之职巡抚山东，后来因为嘉靖三十一年（1552）四月，倭寇侵犯台州、黄岩、象山等地，烧杀抢掠，无恶不作，而当地官员抗倭不力，且军队不善战，以至屡屡败退，助长了倭寇的嚣张气焰。于是朝廷考虑到王忬的军事才能，在当年七月，便令他先用原官提督军务，[2]火速巡视浙江沿海地区。当然，为了名正言顺，朝廷不久后就升王忬为巡抚。所以王世贞这次回吴中，才得以有机会和父亲短暂一聚。王忬掌握军政大权后，责任自

[1] 王世贞：《弇州山人四部稿》卷三十一《自天津南，所经由亡不陆沉者，聊成短述，兼志忧年，得十六韵》。
[2] 范守己：《皇明肃皇外史》卷三十二，上海图书馆藏明刻本。

然也更加重大，他招贤纳士、整顿防务、严刑峻法、剿抚并用，并征调狼、土诸兵（即当时广西东兰、那地、南丹归顺诸土司的兵士，他们常年征战，彪悍勇猛，但其生性残暴，奸淫掳掠，嗜血成性，因此朝廷有令，非有调令，狼、土诸兵不得轻易出兵），积极招募凶悍狡黠的少年补充兵力，抗倭名将俞大猷、汤克宽就是此时被提拔和重用的。在王忬的一系列措施之下，浙江军民士气高涨，倭寇的嚣张气焰得到压制，不敢随便进犯，当地百姓的生活也渐趋平稳。

王世贞归家后，由于他已经小有文名，且在京城为官，乡里的应酬往来自然少不了，再加上他多年未回，更是不能慢待亲朋好友。而这种应酬多了的话，会使人疲惫的，如他写信向吴国伦说道："我回家后，忙于接待家乡客人，想尽办法做好应酬，真是很苦啊。"王世贞因为还有公务在身，在十月下旬就前往淮南。淮南又是一个陌生的地方，没有亲朋好友，所以他加班加点地完成任务，事情一处理好，他就急着返回了太仓。无论外面如何好，终究抵不过家乡。在有了上次的经验后，他此次游刃有余，不再费心于各种应酬了。

其间，王世贞听闻大将军仇鸾最终被判有谋反之罪，开棺戮尸，其父母、妻子、儿子都被斩首，家产被抄没，妾、女儿、孙子分发给功臣家里做奴婢，家属流放，党羽都各自获罪发配。他顿感欣喜，认为朝廷除去了一公害，将有助于社稷。其实仇鸾官至太傅、太保，因为背上生疮，医治无效，于嘉靖三十一年八月二十二日去世，享年四十七岁。然而仇鸾病逝后，其生前政敌并没有放过他，陆炳便检举其种种不法罪证，说仇鸾有谋逆大罪。王世贞也非常痛恨仇鸾，不过这种痛恨更多的是出于一颗公心，因为仇鸾经常谎报军情、抢占军功、勾结外患，甚至在军队缺粮时，放任军队抢掠百姓。王世贞曾创作《将军行》一诗，对其进行了辛辣嘲讽。

在嘉靖三十二年的春夏交替之际，由于王世贞平时喜欢读书和买书，家中的书籍越堆越多，于是他开建"万卷楼"，以方便集中藏书。可是，刚开建不久，倭寇就入侵太仓了，仓皇间，他只能将楼搁置，和母亲等家人一起前往吴中地区躲避战乱。[1]其实在这之前，王世贞早就认识到太仓靠近海滨，而浙江东部沿海地区倭寇猖獗，烧杀抢掠，最好的办法是全家早点离开太仓，做长久的打算。不过太仓是老家，大家都不想离开，此事未能成行。而现在不一样了，倭寇真的打过来了，必须全家迁徙。

王世贞的先辈们不仅具有深厚的文学素养，还具有极高的军事才能，太远的王翦、王详等人不必多提及，就近几代而言，其祖父王倬就是如此。王倬成化十四年（1478）的进士，初授山阴知县，后整饬苏州边备，累官至南京兵部右侍郎。王忬则是起于御史之职，后因建有军功，进而掌管军队。当时他在浙江地区负责边防，抵御倭寇进犯，并大获全胜。其中在普陀山战役时，就斩首150余人，生擒143人，烧死和溺死的人不计其数。王世贞在这方面似乎得到了家族遗传，此次面对倭寇入侵，他敢于组织乡人奋起抗倭。他先是动员乡绅豪族，告诉他们抗击倭寇的重要性，然后在他们的子弟中选取两三百人，传授作战方略。当倭寇大举进攻时，王世贞指挥众人先击杀掉两三人，并将首级给倭寇看。倭寇大惊，随即撤退，众人看到后，为之沸腾。

[1]　王世贞：《弇州山人四部稿》卷一百十九《宗子相》。

倭寇退却后，王世贞与王世懋相聚，对于此次抗倭，他深有感触，有点后怕，并感慨老乡们生活艰难，对自己的选择也进行了反思。虽然面对倭寇侵犯，王世贞和父亲在各自的战场都取得了胜利，但是已经嫁给了张希九的妹妹，由于信息不通，她不知道具体情况，只能时常思虑父母和家人的安危，寝食难安，再加上以前大火时所患的疾病，自身病情加重，而且她又不向家人说，从而使他人难以发现她病情的变化。

八月中旬，王世贞到达彭城。当时天气炎热，骄阳似火，雨水较少，使得沛河的水位较浅，不能乘舟而行，于是他在此又留住几日。后来他过济宁，顺便游览太白楼，写下了著名的诗篇《登太白楼》，此诗可谓是王世贞的代表作之一，其诗曰：

> 昔闻李供奉，长啸独登楼。此地一垂顾，高名百代留。白云海色曙，明月天门秋。欲竟重来者，潺湲济水流。[1]

《登岳阳楼》是杜甫的名篇，"昔闻洞庭水，今上岳阳楼。吴楚东南坼，乾坤日夜浮。亲朋无一字，老病有孤舟。戎马关山北，凭轩涕泗流"，全诗情景结合，浑然天成，历来模拟者不绝，王世贞的《登太白楼》脱胎于杜甫的《登岳阳楼》，在众多模拟之作中，实属上乘，尽得杜甫诗意精髓。清人沈德潜才学渊博，阅诗无数，对王世贞之作也是为之赞叹，他认为："天空海阔，有此眼界、笔

---

[1] 王世贞：《弇州山人四部稿》卷二十四《登太白楼》。

41

力，才许作《登太白楼》诗。"[1]评价甚高。

巡察江淮的刑狱之事，是王世贞第一次离京出差，前前后后居然长达一年零两个月，他不仅完成了应尽的察狱职责，还抗击了倭寇，朝廷对王世贞此行的工作也很是满意，在其通过考核后，便升任他为刑部云南司郎中。

按照明朝官制，刑部设尚书一人，正二品；左右侍郎各一人，正三品；在这之下，再设郎中之职，正五品，分管各地狱事。如有刑部浙江司郎中、广东司郎中、四川司郎中等，共有十三司，此官设在京城，不需外派至各地。刑部云南司郎中，即在京城专门处理云南地区的刑狱之事。

狱事关系到社会的方方面面，头绪繁杂，王世贞没有云南的生活经验，再加上他在京城小有名气更多的是因为其诗文创作，所以何尚书就认为凭王世贞的能力，可以引领文社，而作为刑部郎中的话，恐怕难以胜任。面对质疑，人们往往会第一时间去申辩，以打消别人的疑虑，从而获得内心的安宁。不过王世贞却没有过多地去辩驳，而是通过自己的实际行动去证明。他面对新的工作，做好轻重缓急，处理案件娴熟有序，且时效快，不到三日就把之前积压的案件全部处理完毕，并且没有差错。何尚书见此，对王世贞是交口称赞，一改之前的怀疑态度。可见，很多时候，行动才是回击质疑的最有效方式。

然而刑部的工作每天基本上都是阅览讯牍，处理案件，而不是战场上的建功立业，时间一长，王世贞就对自己有些失望，他曾作

---

[1]　沈德潜：《明诗别裁集》，上海古籍出版社 2008 年版，第 209 页。

诗自嘲，其言曰：

> 我不能六翮飞上天，又不能摧眉折腰贵人前。为郎五载，
> 偃蹇不迁。讯牍再过心茫然，但晓月费司农钱。移书考功令，
> 愿赐归田。考功笑谓："汝犹须眉在人面，留之何益去不全。"
> 西山山色青刺眼，为我拥鼻赋一篇。乃公调笑亦常事，有酒且
> 逐东风颠。[1]

此诗颇有陶渊明、李白之风，"不愿为五斗米折腰""安能摧
眉折腰事权贵，使我不得开心颜"，即使目前再舒适，但与自己的
志向相去甚远，还不如辞官归家呢！这种境界，可不是一般人能够
理解的。当然，这也不是王世贞说想辞就能够辞掉的，他受到了世
俗的约束。人生不如意时，只能将愁苦寄托在杯酒中，以暂时忘却
自我。

大同的边境治理非常糟糕，引起了朝廷的高度重视，于是嘉靖
帝点名让在浙江任上的王忬急赴大同，升他为都察院右副都御史，
巡抚大同，此官为正三品。在任职都察院右副都御史后四个月，王
忬升任兵部右侍郎兼右佥都御史。

继父亲升迁的喜讯之后，王世贞的妾李氏生下一子，这人就是
后来的王士骐。当时王世贞卧病在床，见到儿子后，满心欢喜。不
过，王忬认为妾生长子，恐怕会影响到正妻的地位，造成家庭以后
的不和谐。但是不管如何，自从果祥夭折后，众人都希望家族能够

---

[1] 王世贞：《弇州山人四部稿》卷十七《短歌自嘲》。

再添一丁，王忬夫妻也想早点抱孙子，此时梦想成真，家族有了传承的希望，还是值得庆祝的，家人便从各地出发，在京城团圆、欢聚。另外，喜上加喜的是，王世懋也娶妻成家立业了。

转眼间就来到了嘉靖三十四年八月，小有名气的王世懋首次参加乡试。此时，有一个嫉妒王忬家族的人，特意指出王世懋考试答题中的小错误，并夸大之，导致在众多考生中，只有王世懋的文章没有被送入内庭，最终落榜。所以有时不是自己不够努力和优秀，而是没法排除外在因素的干扰，没法把握自己的命运齿轮。在考试不中后，王世懋便回家侍奉父亲，他没有过多沮丧，而是愈加勤奋学习。这种态度远超一般的读书人，甚至比当年名落孙山的王世贞更坚强。

王世贞在不久之后就接到了朝廷让他巡察京城及附近地区刑狱之事的诏令。这些事情，对现在的王世贞而言，可谓是轻车熟路了。此时，王世贞之妻魏氏生下一子。王忬认真观察小孩的模样后，认为他与果祥长得太像了，便怀疑这是不祥之兆，内心不高兴，因为果祥是夭折而亡，王忬希望此子能够长寿，故取名"荣寿"。小孩新生，意味着家里又有了新的希望，况且这是正妻魏氏所生，还是给家人带来了许多喜悦和期盼。

这年的十一月初五，对王世贞而言，有点特殊，因为是他三十岁的生日。深夜，他独自饮酒至醉，便开始回忆起这些年来的种种事迹，自己之前踌躇满志，满心期待，也认为高中进士之后能够大展宏图，建功立业，然而几年下来，却是一事无成，内心非常郁闷。酒醉加心醉，使他情到深处，无法自拔，于是写如下之诗以抒怀：

东风吹酒星，倏忽辞青天。自堕吴江湄，一住三十年。十年抱案尚书前，腰腹半已成杯棬。归来览镜忽大笑，笑汝低眉为俸钱。忽逢萧相营未央，虽有月请归朝堂。酒肠唧唧如欲诉，且向文君乞鹔鹴。阳昌垆头春酒香，白眼瞪视天茫茫。杜曲梨花飞，灞陵杨花落。不愁花落无处归，只恐长条坐萧索。以兹日作烂漫游，妻嘲女谏安足酬。汝曹骨肉偶相合，世间万事俱蜉蝣。君不见王元美，昨者病欲死。眼前七尺无奈何，胸中万卷长已矣。只今幸逐春阳苏，那不尽倒白玉壶。当时倘便骑鲸去，北斗南箕未可沽。[1]

全录此诗，是因为这绝对是王世贞真性情的抒发，更是他对三十年来人生经历的叙述和总结。虽然此诗的整体基调有点悲观、凄凉，"世间万事俱蜉蝣""眼前七尺无奈何，胸中万卷长已矣"，但是对于未来，王世贞还是有所期待的，"只今幸逐春阳苏"。

来年正月，王世贞开始巡察京城和京郊的刑狱之事。离京后，他借机先去檀州（今北京密云）拜见父母。行到蓟门时，他就惊闻京城发生了一件大事，吏部尚书李默因得罪严嵩一党，竟被下狱论死，其职位暂时由辅臣李本代替。不久之后，李默就死在了狱中。这是令人感到害怕的，一个身居高位的吏部尚书，须臾之间，竟然惨死，那一般的官吏又何去何从呢？似乎只有一条路，那就是投靠严嵩。后来严嵩和赵文华还充分利用京察的机会，肆无忌惮地大量

---

[1] 王世贞：《弇州山人四部稿》卷十七《乙卯病后，遇生日，独酌至醉，漫歌》。

摈斥与自己有敌意的人，连史书都有"然凡疏远不附严氏及文华所不悦者，一切屏斥无遗"[1]的记载，如此一来，攀附严嵩的人更是不胜枚举。

当然，王世贞并没有忘记自身的巡察使命，他在四月时到土木驿，经鸡鸣山、响水铺，过居庸关，直达上谷。下一个月，他就马不停蹄地经过怀来、昌平等地。朝廷对王世贞的此次表现很是满意，主管选拔官吏的部门推选王世贞督学中州，或是新任福建督学副使。督学就是管教育的，类似现在的教育厅。其实这样的推选是符合王世贞的实际情况的，不过严嵩全部否定了这些提议，从而使王世贞陷入官场危机中。因为王世贞在刑部任职近九年，如果再得不到升迁或调任的话，按照惯例，他得自我弹劾免职，说明自己的不足之处。对于这种不公正的待遇，王世贞自然要诉说。在其《敖士赞》中可知一二，他采取了主客问答的形式，客人路过并骂道："你不就是那个吴中的小子吗？你怎么能好大喜功，而不顾京城其他人的颜面呢？你还喜欢喝酒后随意谩骂，妄论世事，与几个少年纠缠在一起而不知检点。如此，你还不自我弹劾罢免吗？"于是王世贞说道："这都是无中生有啊！我同情一般人的困苦生活，没有任何的差别，但是不敢像阮籍一样，碰到自己喜欢的人，就用青眼，不喜欢的则用白眼。我本性怕热，大热天从外面回来时，便急匆匆地拜谢那些投递名帖的。我不善于修整头发，所以早上就请家里人帮忙，以至有时头发会凌乱不堪。自己腰部和腹部多有赘肉，有时不太方便弯腰。即使酒后谩骂，与世间的肮脏龌龊之事相争论，难道这就

---

[1] "中央研究院"历史语言研究所校印：《明世宗实录》卷四百三十三，第 7465 页。

能真正地成为一个狂傲之士吗？"这不仅是王世贞的自辩之文，也是他的控诉之文。

到保安州时，王世贞听闻沈炼因弹劾严嵩而被贬至此地，于是他与友人一同前往拜访。在这之前，两人未曾谋面，不过王世贞早就听闻沈炼之名，敬佩其气节。两人相见之后，便一见如故，相谈甚欢。沈炼饮酒醉后，还击缶痛哭，并诵读《出师》二表和《赤壁赋》，痛恨严嵩及其党羽。

由于王世贞长期在外巡察刑狱之事，舟车劳顿，饮食不太规律，他的身体大不如从前，此次他在途中患病，"病岂长途事，仍劳药饵扶"，[1] 只能靠药物支撑。此次巡察，虽然地域面积不大，但是需要去的地方很多，又都是在京城及其附近，所以行事更需小心谨慎，亲力亲为。王世贞在途经河间后向东行，到达高阳时恰逢大风大雨，大河决堤，于是临时改乘小船，从安州到保定。一路走来，他目睹洪水泛滥使百姓流离失所，烟囱都没有烟火气，很多地方就好像荒岛般的存在，饿死的已经不在少数了。面对此景，王世贞非常痛心，而治理河道、安抚灾民不在他的行事范围之内，他只好赶紧写信给保定巡抚吴岳，希望他们能够多多救济灾民，并早日向朝廷上疏，以争取救助。王世贞时刻站在百姓的立场，体察民情，为民做实事，这是他的行动指南。

快到顺德（今河北邢台市）时，王世贞满怀期待，因为挚友李攀龙在顺德。对于王世贞的到来，李攀龙非常高兴，他全程陪同王世贞巡察顺德狱事，只用了三天，就完成各项任务。公事之后便可

---

[1] 王世贞：《弇州山人四部稿》卷二十六《病》。

以叙叙私情了。李攀龙邀请王世贞在家中相聚，为了款待挚友，他特意宰杀了一头麋鹿，两人一起吃鹿肉、喝鹿血，不知不觉畅饮而醉。

后来王世贞还前往广平、大名、莫州等地巡察刑狱之事，大半年以来，王世贞兢兢业业，并在工作之余，将之前所有的巡察经历编册成书，取名为《大狱招拟》，想存此书以备后人参考。也许一切都是巧合，王世贞可能不知道他在总结巡察狱事经历时，他的刑部生涯也即将结束。随后王世贞被朝廷提拔为山东按察司副使，兵备青州，他的人生也翻开了新的一页。

青州履新彰俊采

王世贞新提任的按察司副使之职，本来是明太祖朱元璋于明初 1367 年设置的，为各省按察司的副长官，正四品，但自洪武十四年（1381）朝廷将其改为从四品后，就没有再改回正四品。其职责范围如果按事情种类来分的话，一般分为巡察兵备、学政、海防、水利、招练、屯田、清军、监军等；按地区分的话，则一般分为巡察、检视刑名按劾等。王世贞之前的刑部云南司郎中之职为正五品，此次任山东按察司副使，兵备青州，则为从四品，属于期满考核后提拔任用，就是升官了。兵备是整饬兵备的意思，即王世贞负责的是青州兵备事宜。青州的地理位置优越，地处山东半岛中部，东临昌乐县，西靠淄博的淄川、临淄，南接临朐，北与东营的广饶接壤，东北与寿光毗连。青州具有重要的军事价值，关系到整个山东地区的防务，历来是兵家必争之地。如魏晋南北朝时期，刘宋与北魏在宋文帝元嘉北伐失败之后，为争夺青州便发生了战役；唐朝末年，朱温在经历了青州之战后，更是迅速地占领了胶东半岛。

不过，对于此次升迁，王世贞内心是有所不满的，甚至有点抵触。毕竟，王世贞在刑部所任之职属于刀笔吏，是文职，他与李攀龙所主盟的"七子"之业也是在于诗文的复古，是文事，而且当时他非常热衷诸子的文学事业——求立言以不朽。现在又是到了关键点，诸子四散的局面无法改变，正是有了他的苦苦支撑，大家才能多次欢聚、唱和。当听闻李攀龙任陕西提学副使时，他便第一时间送上祝福，这不仅仅是出于友情，还有一些羡慕，为文学复古之业燃起了新的希望而感到高兴。因为陕西提学副使是四品，且主管一省的教育事业，是学子们学习的楷模，这无疑与诸子的文学复古事业完全匹配，任这样的职位，能够起到推波助澜的作用。而看看自己是兵备青州，负责青州的军事，可以说，基本上与诸子的文学复古事业没有任何关系了。他在写给徐中行的书信中自嘲道："子与啊，我早上收到了来自京城的信件，是关于我的任命的，看了之后，我就感慨青州之地多了一位老兵。我从事文笔有关的工作已经九年，现在居然要穿上黄皮裤褶的军服，生活在长枪大剑之中了，恐怕真是会被那些隐士嘲笑了。"这似乎是朝廷给他开的一个大玩笑。

对于此次调任的深层原因，他也做过相关分析，认为这是朝廷在有意为难他，想让他远离京城，将自己困在青州，不能发挥所长。明人邓元锡则认为王世贞和严嵩之间的矛盾是最主要的原因，本来按照王世贞所长，应该授予其按察督学之职。

在获知自己的新任命后，除了不满，还伴随着一份惶恐。青州，对王世贞而言，是一个近乎陌生的环境，一些全新的工作内容。那个地方肯定不如江淮等地，文化落后，少有喜欢诗文唱和之人，且偏僻荒凉，匪盗猖狂。王世贞想来想去，辗转反侧，思友之心更重了。他甚至近来时常梦见吴国伦，还梦到他辞官归乡了。吴国伦之前被贬至江西豫章时，曾写过诗给王世贞，表达出自己不满被贬，但同时不会轻易折腰，愿意效法陶渊明。几经梦醒后，王世贞便写信给吴国伦，为其打抱不平，并告诉他自己的思念，同时邀请他前往青州作自己的幕僚，以一起面对当下的困境。

听闻王世贞将前往青州任职，京中好友纷纷送别，此次相送多少带有一点凄凉之情，少了之前离别时欢聚的宴饮和唱和。王世贞与好友李先芳在报国寺相别，然而这却是两人的最后一次见面，以后只是书信来往，再也没有相聚的机会了。后七子之一的宗臣则以豸衣一袭、腰带一束、古剑一口相赠，并作诗《古剑篇》以赠别，希望"他日中原倘相遇，双剑雌雄各相砥。与汝并驱千万里，世上风尘空复尔"。[1] 宗臣所赠之物和所言之诗，非常符合王世贞新的岗位需求和特征，寄托了宗臣对王世贞的美好祝福，尹守衡曾解释道："古人常常喜欢找到物品中的深层寓意，然后作为礼物赠送给对方。豸能够辟邪，所以宗臣送王世贞豸衣一件。古之君子在约束他人之前，就先要自我约束，所以宗臣赠送了一束腰带。指挥他人时，如有不听从号令的，则靠掌中剑，以彰显威严所在，宗臣于是送了古剑一柄。有了这些物件的保护，以后定当逢凶化吉，所向披靡。"从中可知，王世贞和宗臣之间的情谊至深，宗臣思考非常全面，然而不幸的是，两人此次的临别竟然成了永诀，以后都未能相见。离别是痛苦的，也是残酷的，更是充满未知的。

在与友人相别后，王世贞便前往檀州拜辞父母，此时王忬因为

---

[1] 宗臣：《宗子相文集》卷五《古剑篇》，上海图书馆藏明刻本，第6页。

十一月的战事失利，尚处于罚俸之中。当时有十多万的敌军入侵辽宁边境地区，总兵官殷尚质、游击将军阎懋官都力战而亡。对于此次失败，朝廷罚总督御史王忬俸禄三个月，巡抚苏志皋则是连降两级。这次损兵折将，是近几年来王忬在正面战场上少有的失败，对他有所打击。同时，此事也给了严嵩把柄。严嵩已经在想尽办法针对王忬了，如之前兵部尚书的职位空缺，嘉靖帝和众臣都力推王忬出任兵部尚书，然而严嵩可不想王忬能够掌控如此要害部门，于是发动自己的力量，屡次向嘉靖帝进言，说王忬实力强劲，宜外任御敌，许论年长也做事老练，宜内任调度。在严嵩的多次干预之下，最终许论成为兵部尚书。

此次与父母告别后，王世贞从檀州出发，计划途经静海、沧州、吴桥、济南等地后，直达青州。他在立春日抵达济南，刚到就接到了上级发来的檄文，需要他在青州立即招募兵勇三千人，以充实当地的军队力量，维护社会治安。当时青州匪盗泛滥，处处皆是，[1] 而官府的兵勇却严重不足，没有力量去剿灭匪盗。

嘉靖三十六年正月初八，王世贞抵达青州正式上任。可是刚到不久，江淮之地就因为倭寇进犯而告急，江淮帅臣传檄给王世贞，让他募兵三千以支援抗倭。后来朝廷又按照往年惯例，摊派任务，安排青州的采矿指标。不过青州的矿产已经被挖了很久，再加上当时的矿脉很少，都快要被挖个一干二净了，而产量指标没有下降，寻找新的矿脉开矿又很难，甚至是几乎不可能的，以至官府要白白承担工人的工钱，百姓被如此驱使，也是不胜其扰，怨声载道。这

---

[1] 王世贞：《弇州山人四部稿》卷一百一十九《宗子相》。

本来就是充满矛盾的事情，官吏们为了保护自己的乌纱帽，不敢主动向上级和朝廷抗议，只是默默承受。王世贞知道这些情况后，感到非常不满，便主动请山东左布政使丁以忠向巡抚刘采上书，希望能够将青州的困境如实地上奏朝廷，恳请朝廷免除摊派给青州的采矿任务。可喜的是，朝廷知道情况后，认为王世贞所请合情合理，于是批准了。青州百姓获知后，为之欢呼雀跃，王世贞也因为此事被刘采大为器重。后来刘采在三月将要离任时，便向朝廷大力举荐王世贞，并且在朝廷没有明确答复的情况下，将王世贞委托给继任者，恳请他们多多栽培王世贞。千里马常有，而伯乐不常有，在工作中，能够遇到如此欣赏自己的领导，乃人生一大幸事。

也是这时，王世贞听闻宗臣即将离京赴任福建布政司参议的消息，很失望。虽然福建布政司参议是从四品，此次属于提拔调任，但是如此一来，以前的京城诸子都纷纷离京了，大家更加分散，那一起从事的文学之业要想兴旺，恐怕是难上加难了。当然，王世贞内心还有一份担忧，福建远离京城，当时环境恶劣、交通不便，还伴有倭寇侵袭，在那为官，恐怕要面临不少困难。

不久后，王世贞终于获得了一则好消息，当年的好友吴维岳调任山东提学副使。虽然王世贞和吴维岳的诗学主张不同，并且当年吴维岳想拉回王世贞失败后，两人产生了一些误会，但好在并没有产生根本性的冲突，在以后多次的诗友聚会中，两人均参加，还互相唱和。

王世贞后来去济南，还与当地文人李开先相识，并受到李开先的盛情邀请，去观演其创作的戏剧。李开先有自己的戏班子，且热爱创作，在当地享有盛名，为世人推崇。不过王世贞认为李开先的创作，多是修改前人之作，不是源自真情实感。有一次，在欣赏剧演之后，李开先向王世贞问道："您认为和《琵琶记》相比的话，怎么样？"王世贞答复道："您的辞藻之美那是自然不用说了，但是这些剧作，得让吴中众人唱过，按照唱腔修改后，才能传之于世。"李开先一听，当场就不高兴了。可见，王世贞的文学主张和李开先的有所不同，王世贞奉行的是以情为先，要突出情性，然后辞藻做好辅助，做到尽善尽美，李开先则是以词为先，恪守格律，不能因为文意表达而破格。这种不同，不是三言两语就可以调和的，以至王世贞和李开先的此次相识最终不欢而散。在此，不得不说，王世贞真是个直性子，在文学主张方面寸步不让，按理说，别人请您观演，并且问您的意见，作为座上宾，自然要恭维几下，不能当场指出缺点的。这样大家都开心，氛围也更浓烈，现在倒好，当场撕破脸皮，以后也就无法交往了。

王世贞在青州勤勤恳恳工作，并为百姓做实事，京城却有人不断地抹黑他，造谣生事。面对诸子四散，文学复古受挫，仕途坎坷，时局多变，加之得罪权贵，王世贞感觉无论自己如何努力，也无法掌握自己的命运，心中便萌生了辞官归里的想法。他写信向王忬询问，王忬此时已经降为兵部右侍郎了，因为俺答入犯内地，朝廷认为他治军不力，即使如此，王忬还是给出了坚定的答案，即不同意王世贞的辞官之念。对于父亲的答复，王世贞还是遵从的，虽然有点不情愿。

虽然有所抱怨，但是王世贞始终没有选择消极的态度，对于自己为官的职责，他全力履行。如青州盗匪之患严重，盗匪们无恶不作，部分豪绅、官吏为了自保和获取更多的利益，竟然甘愿充当盗匪们的耳目，从而给剿匪任务带来了重重困难。针对这一情况，王世贞先是加强士兵们的日常操练，增强他们的基本素养，并派人教会他们骑射，以不断提升他们的作战能力，丰富作战技巧。另外，王世贞挑选熟悉盗匪特点的吏胥作为捕快，同时招募乡里具有狭义气息的少年，不断壮大队伍。对于抓到的盗匪，只是辨别人员的真伪，所缴获的物品，一切充公，用于奖赏，并重赏能够捉拿盗匪之人。他表面上不允许状告那些偷盗的，私下却安排人去捉拿，防止走漏风声，往往是状告的人还没到，偷盗的人就已经被抓了。除此之外，王世贞还严格执行保甲制，按地区划分后进行统一管理，赏罚分明，令行禁止。此地得益于王世贞的多种举措并举，在后来不到一年的时间里，官府治理盗匪取得了可喜成效。众人都认为虽然王世贞才三十岁，但从其为官之道来看，明显像是一个在官场干了很多年的人。于是，王世贞之名响彻整个青州，盗匪们闻之抱头鼠窜，纷纷躲避。

端午之后，战事再次突起，倭寇入侵扬州、徐州，进而侵扰山东，王世贞闻讯后，便率领军队至安东县（今江苏涟水县）抗击倭寇，淮阳兵备副使于德昌、参将刘愿斩杀倭寇百余人，[1] 最终在多方的共同努力之下，倭寇节节败退，最终离去。在山东抗倭一事上，由于父亲王忬早年的抗倭实战，王世贞较早接触此事，并有着先见之明。之前东南沿海的部分倭寇偶尔侵扰山东沿海，百姓为之恐慌，

---

[1]　"中央研究院"历史语言研究所校印：《明世宗实录》卷四百四十八，第 7626 页。

中丞傅颐便欲上疏建议朝廷要防着倭寇，设立提督、参将，并留民兵、留赃罚、造海舶。王世贞则在冷静地分析局势后，建议傅中丞暂时不要上此疏，只要按时布置海防就行。治理山东的首要在于消灭省内盗匪，而不是散兵状态之下的倭寇，丁以忠十分赞同王世贞的意见，不过傅中丞不听，仍上疏，一段时间过去后，朝廷也没有给予明确答复。后来倭寇败退，战事到七月份时就结束了，更加印证了王世贞主张的正确性。

王世贞在任上勤勤恳恳，他不仅巡察了海上军队，还修筑房屋和军事壁垒，操练士卒以不断提升军队的整体战斗力。当他到高苑时，发现当地由于发生了大水，河堤决口。这和前两次巡察不一样，那时他是巡察刑狱之事，不好管理此类事务，此次他便不再旁观了，而是组织官吏治水，并及时开仓赈饥，以救百姓于危难之中。

在青州任上，王世贞最悲伤的事情是继妾李氏所生的女儿因疹而夭折后，他又突然接到儿子荣寿得病的消息。令人无比痛心的是，当他到家时荣寿已因疹而离世三天了，他连最后一面都没有见到。关于痘疹之类的病，古人多有讨论，并且在病因和治疗方法上，历来都有争议，如《太平圣惠方》认为是受外在环境和喂养不当的影响；《圣济总录》也认为是婴孩饮热乳或遭遇时疫所致，要寒补；《小儿痘疹方论》则认为痘疹病主要源于母亲饮食不节而导致内在的胎毒，要温补。由于古代医疗技术水平有限，小孩本来就身子骨弱，经不起折腾，在不能得到有效救治的情况下，小孩生痘疹之类的病，则很可能面对死亡。朱佐在《类编朱氏集验医方》中根据痘疹症状的轻重程度，将小儿分为好证、常证和危证三大类。[1]陈文中更是指出得痘疹，如果是红色，则十个里面会死一个，如果是黑色，则十个里面只有一个还能生存。[2]痘疹是对小儿生命安全构成严重威胁的疾病，到清代，更是成立了"痘疹专科"。[3]

几年间连丧两子，这让王世贞痛不欲生，有"十年空抱两麒麟，依旧天涯一病身"[4]之感。此次，他便开始阅读部分佛经，以寻求内心的慰藉。这是他人生中第一如此主动地接触佛学著作，最后还把荣寿葬在城西的佛寺中。众多好友得知王世贞的遭遇后，多有慰问。

王世贞始终坚持父亲的教诲，不攀附权贵，做好自己分内之事，安身立命于天地之间，无愧于他人和他事。他继续在青州任上勤恳地为民办实事，在筑城、治河、赈荒、缉盗、教学等方面皆有政绩，其中以缉盗最为有名。[5]

当时有个叫雷龄的盗匪极其狡猾，在莱、潍两州之间作案多起。有一位姓宋的海道派遣军队对他进行追捕，他听闻风声紧后便急忙藏了起来。无奈之下，宋海道恳请王世贞帮忙抓捕。王世贞接到请求后，便派人四处打听雷龄的藏匿之处。获知具体位置后，王世贞计划秘密前去捉拿，此次除了相关官员外，严密封锁消息，不过当时捕快王尉站立在台阶，也听到了此消息。结果当捕快们到达雷龄的住所后，发现他早已逃走，捕快们及时向王世贞汇报，王世贞说

---

[1] 朱佐：《类编朱氏集验医方》，人民卫生出版社1983年版，第164-165页。
[2] 陈文中：《陈氏小儿源源 痘疹方论》，上海科学技术出版社2003年版，第5页。
[3] 李玉：《古代中医小儿痘疹图像研究》，南京中医药大学硕士学位论文，2023年，第1页。
[4] 王世贞：《弇州山人四部稿》卷四十八《于鳞慰余哭子，有答》。
[5] 关于王世贞缉盗的事例，多处文献均有所提及，现依照王士骐《明故资政大夫南京刑部尚书赠太子少保先府君凤洲王公行状》中所言，挑选其中两例进行阐述，特此说明。

道："既然这次被他逃跑了，那就算了吧。"过了十多天，王尉擒获一名盗匪，王世贞知道他这是得到了雷龄的帮助。在审问时，王世贞突然命其他人都退下，把王捕头叫来，质问道："你为什么要藏匿雷龄？如果论罪，你可是要被处以死刑的！"王捕头一听，如晴天霹雳般，马上下跪认罪，并请求王世贞给他一个戴罪立功的机会。于是王捕头立即带人前去捉拿雷龄，果然，不久之后，雷龄便被捉至府衙。王世贞对雷龄说道："按你所犯的罪行，理应处死，但如果你能擒获其他盗匪，将功赎罪的话，就尚有一条生路。"雷龄听完后立即跪拜认罪，并按王世贞说的去做。王世贞同时让王捕头限定日期，最终他们顺利擒获了其他盗匪。王世贞也没有食言，他向宋海道替雷龄求情，诉说雷龄所做的一切，宋海道认为王世贞所言合情合理，便不再追求雷龄的罪过了。

　　锦衣卫指挥使陆公被盗匪劫夺了许多奇珍异宝，后来对在济南抓获的匪盗进行审问时，有人说那次抢劫是房四做的，因为他之前就说过打算抢劫陆公，众人对此事议论纷纷。王世贞在仔细思虑事情的来龙去脉后，不同意匪盗之言，认为这是狡猾的盗匪想逃离死罪惩罚而嫁祸给别人罢了，如果陆公询问，并且责令山东衙署追回失窃之物，到时恐怕就是一场空，而无法交代了。王世贞审问房四："真的是你偷了陆公财物？"房四说道："是的。""那么所劫夺的财物放在哪里呢？""在我们的住所，您不用拷打我，我可以叫人去追回那些财物。"在经过几番对话后，王世贞话锋一转，突然问道："陆公的长相是怎么样的呢？"房四想了下后回答道："有长长的胡须且肥胖。""穿什么衣服？""红色衣服，且配有玉器。"

王世贞听完房四的答复后，大笑道："你怎么能随便说是你劫夺的陆公，是妄想缓命吧？也迷惑我们的追捕方向。陆公是没有长长的胡须和肥胖这些特征的，并且他的母亲刚过世，又怎么可能会穿红色衣服，还佩戴玉器呢？"房四顿时口不能言，马上叩头认罪。众人看后，连连拍掌称赞，佩服王世贞断案之神也。

王世贞对盗匪进行有策略性的打击，恩威并施，不制造冤假错案，不仅让盗匪们心服口服，同时还为老百姓除去地方大害，稳定地方治安，此举获得上级和百姓们的一致肯定。同时，王世贞修饬青州的阅武堂，选拔那些擅长骑射的士兵，以提升军队战斗力。他还严厉打击藩王和贵族超出礼制的行为，如汉阳王私自建造三层高的楼宇，以窥探别人的房间，王世贞便依祖训进行了拆除。在王世贞治下的青州，面貌为之一变，呈现出一片祥和、昌盛之景。

到了嘉靖三十七年（1558）八九月间，喜讯不断，由于之前王世懋受王忬功绩的荫庇，在北京国子监学习，所以这年的乡试他不在应天参加，而是在顺天。凭借自己的实力，王世懋顺利通过了顺天乡试，王世贞为之高兴。其实在这之前，王世贞已经多次阅读王世懋之作，读后无不为之惊叹，肯定其文章写作水平的突飞猛进，并断言此次必定高中。还令人高兴的是，在该年山东的乡试中，青州考生高中的比往年都多，这主要是得益于王世贞的努力，这在地方志中也多有记载。[1] 随后，王忬在辽左破虏大获全胜，得到了朝廷的赏赐。

---

[1] 杜思修、冯惟讷纂：《（嘉靖）青州府志》卷十三《宦绩·浦楷》，上海图书馆藏明刻本，第 11 页。

来年的辽左地区发生了饥荒，朝中有人奏言可以从海路运输登莱的粮食以赈济辽左，并请山东巡抚丁以忠进行商议（此时丁以忠已经接替傅颐为山东新任巡抚，王世贞与他私交很好）。丁以忠面对此事，第一时间就想到了王世贞，于是请他分析此事。王世贞在全面了解情况后，认为运输登莱粮食以救辽左的做法不可取，原因有四个：第一个是登莱本来就土地贫瘠，禾苗难以成长，不足以供给他地，每家每户也没有多少余粮，再加上今年收成不好，粮食价格大涨，一斗小麦都超过一两白银了，倾其所有去救辽左地区的话，会使百姓更加困苦。第二个是登莱之前没有可供海上航行的大船，现在要通海运，就必须造船，不过山中没有大的木材，就连会掌舵、驾舫、立浮、占风的人，都要去福建和浙江借用，现在突然下令的话，大家会手足无措。第三个是现在辽左的饥荒问题迫在眉睫，而造船和招募兵士等工作，都是刚开始的，确实做的话要提前一年准备，否则难以办成。如果损害了登莱能够马上帮助到辽左地区的话，那尚且可行，而损害了登莱最终却不能帮助辽左，那最好不要做。第四个是山东是咽喉之地，维系南北的重要区域，辽左虽然重要，但只是手足罢了，舍弃咽喉而去保护手足，万一百姓困苦，又激起匪盗，这个责任谁来担？当然，辽左的问题还是需要解决的，不能回避。此时此刻，就体现出王世贞的厉害之处了，他既能看到问题，分析利弊，又能拿出切实可行的方案。他认为解决辽东问题的当务之急，就是要大开海禁，发挥岛上和辽左地区已有舟船的优势，鼓励他们参与其中，使各地货物自由地流通起来。同时下令，让乡绅豪族不要索要高价，更不得乘机诓盗为奸，这样一来，公私兼顾，辽左饥荒就可以得到缓解。王世贞此举，充分发挥了政府主导下的市场运行机制，具有先进性。丁以忠获悉后，大为赞叹，非常佩服王世贞的大局观念，认为自己有王世贞在，可以高枕无忧了。

王世贞在得到上司的重用后，名声迅速传遍了整个京城，众人也惊叹于王世贞在文学创作之外，还有如此的办事能力和宏观视野，对他更是刮目相看。

卷
一

多地辗转历风霜

隆庆二年（1568）四月初十，王世贞得到邸报，获悉自己竟然被朝廷任命为河南按察司副使，整饬大名等处兵备。此次朝廷的任命不是随意性的，其实朝廷早就有让王世贞复出任职之意，之前已经有所传闻，况且王世贞归乡，并非任上犯有过错而遭免官，而是为救亡父而主动辞官，之前他为亡父申冤，上疏朝廷，用的就是原来的官职身份。再加上亡父已经被平冤昭雪，官复原职，王世贞的才能又被众人称赞，可堪大用，所以朝廷也不会任由他赋闲在家。不过朝廷有人认为王世贞文名之盛，且擅长文史考证，可以让他去参与国史编纂，而徐阶、杨博等人则认为该充分发挥王世贞所长，让他去做地方官员，独当一面，青州大治就是很好的例子。在多方意见的博弈之下，最终朝廷还是按照徐阶、杨博等人的意见执行，让王世贞负责大名等处兵备，以承续青州之职。

当时王世贞尚在病中，未曾痊愈，况且他本来就不愿意再进官场，所以他于五月十八日向朝廷上疏，因病恳求依旧致仕，并直言自己实在干不动了，辜负朝廷的眷念。不过耐人寻味的是，当朝廷下诏向世人寻求直言进谏时，王世贞却很是积极地撰写《应诏陈言疏》，在指出朝廷当下的弊政之后，还提出要遵循祖宗之法，弘扬圣德；修正法律制度，以彰显国法的威严；明确赏罚标准，吸引外来的人才等八条具体措施。虽然王世贞对于此举的自我解释是可以向朝廷进言，尽自己的力量，但不能随意听从朝廷的官职安排，被到处驱使，即还是坚持不复出为官。从中可见王世贞只是厌恶官场，而并非对天下之事置之不理，他只愿做一个普通的监督者，为国家的发展贡献自己的才智，而不愿深陷其中。

徐阶、杨巍等人得知王世贞不想复出为官后，对他进行劝说，晓以大义，动以真情，并责令他要出仕河南按察司副使，而为了防止他再次找其他理由拒绝上任，他们还让王世贞的同乡郭吏部派一人驻守在他的家中，负责日夜督促。这种待遇，在当时也不是人人都能享受的。

此时家人也知道了朝廷的任命，便纷纷议论开来，王世贞没想到母亲郁夫人也加入其中，她呵斥王世贞要听从朝廷的安排去上任，并告诫王世贞要明白供养家族的重任，亡父请谥之事还没有结束，朝廷没有批准后来所求的谥号，这些得努力去争取，如果不在朝廷为官，争取的难度会大很多。母亲为了让王世贞听从自己的建议，她还以不吃饭相威胁，对此，王世贞是彻底没招了，只能答应复出为官。有时真是树欲静而风不止，人生有很多的无奈之举，虽然不是出于自己的本意，却是在特定情况下，做出的最好的决定，符合多方面的希望，在众人欢呼雀跃时，唯有自己在受委屈。

虽然答应了朝廷的委任，但这毕竟不是自己内心的真实想法，对待此事，王世贞还是有点懈怠，能拖一天是一天，这样好晚点面对官场。如在炎热的暑夏，王世贞又病了，于是他选择暂时不去赴任，而是在家休养。直到七月底，王世贞才正式启程赴任，而且他对此行并没有长远打算，轻装上阵，既没有携带家眷，也没有携带自己平时喜欢的书籍。

在赴任的路上，王世贞与徐中行相遇，他告诉了好友自己的想法，自己时刻准备着再次上疏乞求致仕归乡。他的身体是在赴任的路上，心却还在家中。所以刚到京口，他便上书请求归乡，奈何抚台送来的不是朝廷的批准，而是限期上任的檄文，不得已，王世贞只能继续前行。

被无形的枷锁驱赶着前行，内心自然不舒畅。经过徐州时，王世贞便又以病重为由，向朝廷上书请求归乡，然而他上书后，却与徐中行等人一起游玩云龙山。当时他还获悉徐阶致仕南归，目前就暂时居住在济宁，他以为自己此次的乞休之请会得到批准，而且济宁和徐州相近，他就和徐中行等人一同前往济宁拜谒徐阶。本以为是美好的欢聚，没想到众人到达济宁后，徐阶对王世贞当下的行为有所责怪，认为他不能如此辜负朝廷的期望，这是典型的爱之切、责之深。经徐阶一说，王世贞似乎知晓他的上书不会被朝廷批准了，自己的这种游玩态度的确有点不合时宜，于是在八月十五日，王世贞与徐中行相别后，继续北上。果不其然，八月十七日，他就接到了朝廷对其上书的明确答复，朝廷坚决不批准他的请辞，责令严厉，还勒令他加快行程，早日到任。

既然屡次乞归不准，王世贞便加快了自己的行程，七天后就到任了。这次到大名，属于故地重游，上次到大名还是十二年之前奉诏巡察刑狱之事，他内心充满感触，赋诗曰："按章三辅狱能空，始向东方引画熊。一疏去为吴市卒，十年还试右扶风。沙头竹马抛宁在，郢手风斤老更工。稍待县官公事了，步兵还拟醉江东。"[1] 在感叹时间易逝、物是人非时，他还是希望早日完成公家事，能够早日回到吴中地区。

虽然王世贞的内心有所抵触为官，但是在其位谋其政，按照他的做事风格，他不会拖沓的。在花了两天时间整体了解情况后，他就开始巡视各地，以进一步把握情况，据《历三关记》《历黄榆马岭记》等文的记载，王世贞在短短的一个月之内，就基本走遍了管辖区域，而且经常日夜兼程、披星戴月。

除此之外，王世贞还曾向大名府东明县人石星询问地方百姓的生活情况，在得知当地婚丧风俗的奢靡情况后，他就改大名婚丧之礼，以减轻人们的经济负担。再者，大名与真定相邻，军中供输两地平分，当时正好遇到大名缺少奉命整理军队的官员，于是治理真定的官员便想让大名承担十分之六的供给，从而让真定只承担十分之四，王世贞知道后，马上向巡按据理力争，要求还是维持原来的供给量，不能随意增加，巡按在查明情况之后，认为王世贞言之有理，就维持了之前的平分政策，没有给大名额外增加劳役，王世贞此举赢得了大名官员和百姓的一致称赞。他还立足各地的实际情况，旌表地方忠义之士，修唐狄梁公、宋寇莱公、韩魏公的祭祀之处，立忠孝堂，树立模范，以劝风化，并因为石星以直谏罢归、穆文熙以义救石星自罢的事迹，直接表彰二人故里为忠义乡。王世贞所做

---

[1] 王世贞：《弇州山人四部稿》卷三十九《履大名任作》。

的这一切，使各地民风为之一变，各自有学习的榜样，也增加了他们的集体荣誉感。

王世贞之前在青州兵备副使任上工作了两年多，现在大名兵备副使上接着做了近半年，于是他很快到了三年的考核期。对于此次考核，他颇多感触，并不太注重考核的结果，以及官职品级的增减。他在青州、大名两地任职期间的跨度太大，他经历了太多的人生磨难，并且总是带有某种悲凉的意味看很多事物，仿佛自己是一位饱含沧桑的老人，静静地看着世间的一切。

由于出色的政绩，王世贞顺利通过了朝廷考核，在除夕时，他就收到了朝廷任命他为浙江左参政的邸报，这也变相告知他之前的乞休之请是不予批准的。巧合的是，这个职位之前是由李攀龙担任，李攀龙新出任河南按察使。

来年正月，王世贞启程离开大名，赴任浙江左参政。渡过长江后，王世贞在南京与王世懋相会于天界寺，两人五日后才相互道别。由于此行路过吴中地区，王世贞便顺道归家，并应河南巡抚之请，督促归有光早日去顺德上任，在这之外，他还前往华亭拜谒徐阶，与之深谈，听取教诲。

到了家中，王世贞内心不愿为官的想法愈加突出，他私下派人前往京师上乞骸之书，但非常不幸的是，此书在下邳时遭遇盗匪遗失了，以至此次乞归之事只好作罢，他只能承认这种"天意"[1] 了，然后不情愿地再次启程赴任。

王世贞直到四月才到了浙江左参政任上，不过他在到任后就上

[1]　王世贞：《弇州山人四部稿》卷一百十七《李于鳞》。

书请求归家，当然，这一请求再次遭到拒绝。在本职政事方面，王世贞却丝毫不敢怠慢，甚至有点超乎他人预料，如他一到浙江，就整顿官场，惩罚那些贪污腐败的官吏，并裁抑不遵纪守法的世家大族，以维护官场的清风正气。

浙江的雨季一般在五六月份，那时王世贞所管辖的杭、嘉、湖三府地区的雨水不止，甚至发生了洪涝灾害，从而导致物价上涨。富人纷纷囤积粮食，妄图高价卖出，以赚取高额利润，而灾民却是嗷嗷待哺，空腹挨饿。见此情景，王世贞于是带头捐五十金，以倡导所有官吏积极赈灾，他还积极招募百姓收购粮食，最后获得三万石，如此一来，这些粮食就可以帮助贫困户代缴赋税，而且还能赈济灾民。除此之外，王世贞还上书朝廷，陈述百姓疾苦，请求朝廷修改税务内容，将湖、嘉、杭三郡起运、漕粮或折或蠲，停革一切颜料、加派、织造等项，清查内府、内官、御用大小各监局钱粮，严核京营行伍，淘汰锦衣诸卫的寄籍老弱，及内府各项匠役和冗食，倡导节制侈靡、躬行节俭。王世贞此书涉及的面非常广泛，也涉及多人的利益，众人都不看好他的上书，认为朝廷肯定不会答应这些奏请。果不其然，朝廷没有批准王世贞的这么多请求，只是改折浙西租税十五万，从而为老百姓的生活提供了部分保障。虽然结果没有到达预期，但是王世贞能够如此做，为百姓和国家尽心尽力，已经是难能可贵了，况且他的上书并不是没有任何成效。王世贞的举动得到了王锡爵的大力赞赏，赢得了好的印象，这为王锡爵日后提携他打下了基础。

当年浙江举行乡试，文名享誉天下的王世贞受委托作《浙江乡

卷一

67

试录后序》一文，他本来就喜欢文学，重视文化建设，如其在青州任上，大力提升乡试的录取比率，所以他对此事也是格外高兴。后来王世贞在杭州时本想与诸友共游两高峰，以完成节日的登高之举，奈何当天下雨而未能成行，只能与诸友宴饮于灵隐寺，后共游西湖。在这之外，王世贞还巡视金华、括苍、严州、富阳、桐庐、建德等多地，尽己之责。

到了十月份，王世贞请假回吴中安葬亡父，对于此事，朝廷肯定批准。诸友听闻后，便前往相送。王忬之前曾在浙江任职，抗击倭寇，守疆有功，久负盛名，当地百姓对他非常感恩，甚至将他与伍子胥、岳飞、于谦并列，位于名贤祠，王世贞也曾去祭拜过，并作《浙三大功臣赞》推崇刘基、于谦、王守仁的功绩，这其实是在变相抬高亡父的地位。

王世贞在十一月初九日将亡父的灵柩重新安葬于太仓项泾之阳，从而再次勾起了自己对亡父的思念，他悲痛难忍，放声大哭，众人纷纷劝阻而不能止。安葬好亡父，王世贞就返回浙江任上，继续兢兢业业地做好本职工作。

朝廷还是肯定王世贞的工作能力的，升迁他为山西按察司按察使。不过为官已经不是王世贞一心要追求的了，他始终没有放弃回归田园生活的念想，之前屡次乞休之文均没有批准，却迎来了新的委任，他作诗以自嘲，其诗中有"尘世偶然那可料，故乡明月是并州"[1]之句，再次表明自己的心志。家中之事，此时能够安慰其内心的是姜李氏为他再生一子，取名为王士骏。

---

[1]　王世贞：《弇州山人四部稿》卷五十一《塘栖道中得转山西报，自嘲》。

隆庆四年（1570）正月，王世贞去山西赴任，经过湖州时，发生了日食现象，他于是作试笔诗，发出了白首之叹。无意仕途的他，在离开浙江后就立马顺道回到了家里，并与母亲一起去送别王世懋赴任礼部仪制司曹郎。他以自己在病中，有风痰、眩晕、流火、湿痛等症状，母亲又有疾病为由，再次上书朝廷乞休。王世贞又与王穉登、王锡爵互通书信，此二人也均因故向朝廷乞休而不赴任，因此他的内心有所安慰，也希望这次乞休能够被朝廷准予。不过他的乞休之文再次没有获准，迎来的反而是朝廷的督促之文。乞休无望，再加上其母患有脾胃方面的疾病，他日夜侍奉汤药，忧愁倍增。以至吴兴僧人圆上人来访时，王世贞与之长谈了近一日，僧人离开时，他还有诗相赠，佛学已成了他暂时离开现实苦难的一剂良药。

虽然王世贞的态度非常明确，但朝廷还是希望他能够赴任山西，所以不批准他的乞休之文，反而宽限其上任的期限，准许他暂时在家休养，待母亲病愈后再行赴任。不过朝廷又有人在恶语相言，嘲讽王世贞是"将卧而待迁"[1]。直到五月份，母亲的病渐愈后，王世贞便决定马上赴任，以行动回击那些嘲讽。当时王世贞已经四十五岁，历经磨难，头发已经半白，右边的牙齿也缺了一个，身体的老态愈发明显。我们不能拿现代人的身体状况和古人进行比较，古人的平均寿命比我们现在的低很多。明代人的平均寿命不到50岁，而据中国国家统计局公布的数据来看，1957年，我国人均预期寿命为57岁，2018年人均预期寿命升至77岁。因此，王世贞一直想归家休养的想法，在一定程度上还是可以理解的，谁也跑

---

[1] 王世贞：《弇州山人续稿》卷一百六十《题辩疏后》。

不过时间老人。

王世贞在六月十九日启程赴任山西按察使，从江苏太仓到山西太原，王世贞克服种种困难，在七月十五日就到达了太原，第二天就正式上任。他在《适晋纪行》中详细地记录了此次行程，此次不到一个月就到任了，其决心可想而知。刚到任，王世贞就拜谒了晋王，当时晋王深受隆庆帝的喜爱，隆庆帝后来还特下玺书褒扬晋王仁孝之德，王世贞则作《晋颂》相贺。在拜访晋王后，王世贞再与同僚到陈常侍府中相聚畅饮。从这个次序可知，王世贞对官场是非常熟悉的，处理起来恰到好处。同时，由于王世贞久负盛名，文学造诣深厚，在八月份举办的山西乡试便由王世贞监考，程式文多出其手，且被广大学子争相传诵，实为学子们的学习榜样。他曾作《山西乡试录后序》一文，肯定当地人杰地灵，人才辈出，学习氛围之浓。后来在监考山西的武举乡试时，王世贞作《山西武举试录序》一文，赞赏当地人的习武之气，有保家卫国、建功立业之举。

九月，有一消息令王世贞为之欣喜，即朝廷下诏全面追治前锦衣卫都督陆炳之罪，因为其去世已久，且有所功绩，才免遭戮尸之辱，但朝廷剥夺了他的原职、谥号，还抄没其家，子孙发回原籍贬为庶民，其党羽更是被充军发配边疆。陆炳生前与严嵩狼狈为奸，祸乱朝纲，如前所言，在王世贞初入刑部时，两人间结下过仇恨。在王世贞的仕途、父难之事中，陆炳一直充当严嵩的帮凶。所以在听到陆炳及其党羽落败的消息后，王世贞作《太保歌》以抒怀，他在诗中将陆炳生前的不可一世和生后治罪落败之景进行对比，不仅刻画了陆炳的凄凉，还讽刺了其党羽的丑恶嘴脸。陆炳生前威风八面，众人惧怕，甚至是到了"但呼太保名，能止小儿啼"的境地，其党羽则是争相攀附，降低身份，想尽办法成为他的门生。其死后被追罪，则无人为之辩护，"有权不保七尺棺"[1]，何况其他。这也是王世贞内心压抑许久之后的集中爆发，特别是对当下处境的不满。

后来王世贞忽然得到家书，才知道母亲脾疾复发，病情危重，他便急忙向上级请假告休，并再次向朝廷上书乞休，他边等朝廷的准予信息，边驱车到山西边界，随时准备出发。在久等而迟迟不得的情况下，王世贞擅自归家，昼夜兼程，一想到母亲重病，就魂不守舍，方寸大乱。在途中，王世贞还收到了李攀龙已经去世的消息，这更让他震惊不已，一世的挚友，就这样离自己而去，甚至都来不及见最后一面，但由于担心母亲，故来不及为李攀龙设置灵位祭拜，而是继续赶路，希望早日到达家中。然而，当王世贞经过泽州时，就得到了母亲去世的讣告，这一消息如同晴天霹雳般，让他陷入了深深的悲痛和绝望中。更令人痛心的是，他赶到家后才知母亲已于九月初九日离世，由于通信不便，他没有及时收到该信息。他痛悔自责，"搏颊哭自数，且绝而苏"[2]，认为自己没有好好地照顾母亲，对于自己的出仕之举，此时更是感到愤懑。王世懋从任上匆忙赶回吴中，虽然路途没有王世贞那么遥远，但他只比王世贞早两天到家，也失去了见到母亲最后一面的机会。有时现实就是如此，家人希望你外出发展，能够有个远大的未来，到头来，临死之际，都不能及时相见，造成了不可弥补的遗憾。

卷一

---

[1]　王世贞：《弇州山人续稿》卷二《太保歌》。
[2]　王世贞：《弇州山人续稿》卷一百四十《亡弟中顺大夫太常寺少卿敬美行状》。

兄弟二人料理完母亲的后事，便开始守丧，如同当年父亡之时。沈明臣等好友前来吊丧，同情王世贞的遭遇，安慰他要节哀。巨大的悲痛，再加上守丧的礼节，让王世贞百日之后才可以再次接触笔砚。虽然其母亲离世的消息传至京师，高拱等人才知道以前王世贞乞休奏疏上所言的母亲病重一事，不是归乡的借口，而是事实，但是高拱等人却继续不批准他的乞休奏折，反而督促他早日上任。

虽然王世贞远离京城，遁迹官场，但是关于他的流言却没有停息。如部分言官为了攀附高拱，便开始弹劾王世贞，认为他拒不出仕，无视朝廷法令，并因为他结交杨继盛而导致父难之事，认为他才是父难的罪魁祸首，且守丧期间，纵酒淫乐，不合礼法。其实，此次被弹劾，还因为他自己在浙江任上，损害了豪富乡绅的利益而被无端陷害。王世贞不容他人恶意诽谤，便上《题辩疏后》向朝廷解释。幸运的是，当时朝廷还是有不少人为王世贞鸣不平，认为弹劾是无中生有，有意构陷，时任吏部考功郎的穆文熙尤其仗义执言，捍卫王世贞的形象。最终高拱因为之前对王世贞的误解，再加上此次反对之人较多，他就随之改变了自己最初的目的，弹劾之事也因此暂时告一段落，这也使得王世贞能够在家安心丁忧，恪守丧道，再次治疗自己悲痛的内心。

王世贞在家中之事告一段落后，他才回过神来怀念李攀龙，虽然之前已经获悉挚友离世的消息，但是受制于母亲离世和弹劾之论，他没有片刻的空闲。心绪安定后，他再也无法停止对李攀龙的思念，便作长诗《哭李于鳞一百二十韵》以抒怀，感叹文坛痛失贤哲，群龙无首，并推崇其生平德行之美，提携他人。王世贞后来还作祭文一篇，叙述了李攀龙的生平事迹，并凸显了两人之间的交往情况，他痛恨知己离世，感慨"金石可泐，荣名庶几。言犹在耳，其人已非"[1]，整篇祭文感情真挚，读之使人泪下。

隆庆六年，王世贞将禫服，而朝廷中的政治格局又发生了新的变化，张居正当政，已为内阁首辅，之前两人已有交往，张居正颇为推崇王世贞，有起用他的想法。汪道昆在京师获知后，迅速将此信息告知王世贞，王世贞听后，颇为反感，便立即回信给汪道昆，表示自己还是不想出仕。

由于隆庆帝驾崩，年仅十岁的朱翊钧即位，年号万历，是为万历皇帝。所以隆庆六年（1572）之后，历史的车轮便来到了万历元年，该年王世贞四十八岁了。朝廷在三月时新任命王世贞为湖广按察使，不过王世贞还是不想上任，他内心不喜欢晋楚之地，一直留恋吴中的种种好。是啊，金屋银屋不如自家的草屋，况且王世贞的家还是带山水的园林建筑。之前已经提及过王世贞和张居正的交往，此次，当张居正听闻王世贞不愿上任的消息后，居然特意写信给他进行劝慰，主要有两个方面：一是他认为楚人见识浅陋，渴望有像王世贞这样的大贤之人去进行指点、开化，提携后进；二是他许诺湖广按察使只是暂时的职位，以后会在合适的时机再行调整和升迁。从中可见张居正的用人策略，在此也是给足了王世贞面子，戴的帽子也很高。经过之前的联系后，张居正和王世贞的情谊迅速增长。在这之外，徐阶获悉王世贞的态度后，就借游览小祇园之名，对王世贞进行劝勉，希望他能够尽早上任新职。不过王世贞还是有些犹

---

[1]　王世贞：《弇州山人四部稿》卷一百五《祭李于鳞文》。

豫不决，并没有马上答应他们，但是张居正和徐阶的建议不能忽视，再三权衡之后，直到六月初七日，他才决定启程赴任。

听闻王世贞要离开吴中地区赴任新职，众人多有不舍，纷纷相送。由于好友太多，相送的宴席排了不少，王世贞到六月十八日才终于可以辞行众人了。他选择水路，从镇江金山出发，自京口溯江而上，此时水路便利，不到一日就到了仪真，第二日过龙江驿站，二十一日时，王世贞与张佳胤相会于金陵，两人相聚，非常高兴，来了个一醉方休。次日两人相别后，王世贞再向湖广之地进发，不过到了采石矶时，他忽然患有疟疾，身体虚弱，浑身无力，经过铜陵时更是发热昏寐，病情增重，到了九华山后也不见好转。这主要是舟车劳顿所致，经过几天调整后，他们再出发，到安庆时他的身体才有所好转。七月初七日，王世贞抵达雷港驿站，此时离家已经整整一个月了。隔日经彭泽时，他在江中遥望匡庐山、黄梅五祖山，后登小孤山，在游玩之间，他顿时怀念陶渊明，羡慕其隐居之乐。后再行至江州，他还没有收到任何有关王世懋新任职的消息，内心开始有所担忧，因为王世懋四月份就去了京城等候。王世贞也趁此时游览琵琶亭，有怀白居易，他将自己的人生与白居易进行比较，发现居然有不少相似之处，如同之前省视苏轼的人生一样，使得内心的忧伤陡增。七月十四日，王世贞到达黄州，并次日拜访正在黄州的湖广御史。在与湖广的同事一起游玩赤壁时，他当场拿出自己所携带的《烟江叠嶂图》，与友人一起欣赏，纵谈江山形势，并称赞苏轼《赤壁赋》之妙，感叹人事无常，几人痛饮欢谈直到第二天的天明了，如同《赤壁赋》中"肴核既尽，杯盘狼藉。相与枕藉乎舟中，不知东方之既白"[1]的场景一般。醒来后，他们还想按苏轼的定惠院寻找海棠诗，于是一起寻访定惠院的遗址，但是求海棠而不得。由于此次在黄州拜谒了苏轼祠，再加上之前在江州拜谒的白居易祠，王世贞开始想到自己的处境，感慨万分，认为物情不相称，其内心的归隐之意再度凸显，甚至计划明年乞休离开官场，不图任何虚名。

王世贞到达青山矶时才七月十八日，距离上任的期限还有一段时间，于是他在此停留了三日，整理这次路上所吟咏的诗文，后人更是把王世贞此行的诗文编撰成《入楚稿》，广为流传。后来王世贞还作《江行纪事》一文，详细地记录了此行的种种经历和感受。稍作休整后，王世贞在二十二日进武昌，正式上任湖广按察使之职。

刚履任新职，王世贞就碰到乡试，由于张居正推荐王世贞主文，负责程式之作，因此在湖广乡试正式开始后，王世贞作《湖广乡试录》中前后序、易义、论表、五策诸文。如此深入且全面地接触乡试，让王世贞对当时的学风有了清醒认知，于是他在乡试策论中，直斥理学的泛滥之势，造成天下论虚者、自我标榜者、假道学者比比皆是，社会风气日下。虽然王世贞此论是公论，对社会风气的如实批评，但是自有人先入为主，认为王世贞之论是有针对性，如其同年进士李幼滋，他以擅长讲学闻名天下，攀附张居正，他就认为王世贞之举是有意地打压他，以至心生怨恨，并在日后对王世贞造成了伤害，真是说者无意，听者有心，特别是那种小人，往往会对号入座。

中秋夜，王世贞与友人登明远楼赏月，并作诗《中秋夜登明远

---

[1] 马积高主编：《历代辞赋总汇》，湖南文艺出版社 2014 年版，第 3123 页。

卷一

楼观月作》，中秋本是团圆欢聚之时，而他却远在武昌，使得其对吴中地区的思念倍增。他近来也颇感身体大不如从前，牙齿逐渐脱落，老态渐显，甚至关注生死问题了。于是他再次向朝廷上书乞休，并考虑年底可能要以湖广按察使的身份入京述职时，内心已经有所抵触，开始打算不去。张居正获知后，及时写信给王世贞，一方面是鼓励他，肯定他主持乡试的功劳，其程式之文已经享誉全国；一方面是答应他不久后将会有新的调任，以备后面升迁。看来此时，张居正还是非常看重王世贞的，否则不可能有如此细微的关注。

果然，不久之后王世贞就被朝廷新任命为广西右布政使，可别小看这个职务，之前王世贞都是在刑部系统，比如刑部主事、山西按察使、湖广按察使，而布政使属于从二品官，他的官职等级仅次于巡抚，一个布政司配有左右两名布政使，主管日常行政事务，虽然布政司和按察司一起称为两司，但是管辖的领域不一样，以后的成长空间也不一样。然而，接到此任命后，王世贞百感交集，叹息良久，甚至带有失望之感，因为广西是边陲之地，环境恶劣，还不如目前的湖广地区，且离吴中地区更远了，这远远低于其内心的期盼。于是王世贞此次便执意乞休，渴望早日回到吴中的家中，不再为张居正的许诺所诱惑，也不为官职的升迁为念，况且之前已经看透了，他有诗曰："歘然除目下，呼酒一为欢。岂谓投荒易，端怜入计难。桑榆元爱暖，蒲柳自知寒。早晚从休沐，将因托挂冠。"[1]

在知道王世贞不等朝廷的准予便返回吴中后，汪道昆立即写信

[1] 王世贞：《弇州山人四部稿》卷二十九《闻粤西除命有作，时以楚枲迫，将入计》。

给王世贞，说张居正是不愿他离去的，希望他能够再等待后续的任命。不过王世贞还是坚持自己的想法，委婉地谢绝了，就连汪道昆想刊刻其诗文集，他也没有答应。

这几年来，以前的追梦少年经过岁月的锤炼后，变得沉稳起来，在各种利弊的权衡之下，沉醉于居家闲适生活的王世贞，面对朝廷的诏令，辗转于江苏、河南、浙江、山西、湖广等地。虽然他的乞休之心未曾改变，但是其为官的初心更没有发生改变，只要一到任上，他就不攀附权贵，从实际情况出发，始终为百姓谋福祉，捍卫国家边境安全。正因为此，王世贞屡次获得百姓的称赞。

郧阳主政展宏猷

朝中有人好做官啊！在回吴中的路途中，王世贞就获得了朝廷的新任命，这次是任他为太仆寺卿，距他为广西右布政使之职尚不到一个月。太仆寺卿，即太仆寺长官，简称"太仆"，在秦、汉时期属九卿之一，地位显赫，其主要职责是掌管国家的车马，负责饲养、训练马匹，古代的马匹可是重要的军事物资，极其重要。皇帝出巡时，还要负责调配随从人员，以及车马的先后顺序，有时皇帝参加重大典礼，太仆还要亲自给皇帝驾车。唐朝时为从三品，南宋时，太仆寺并入兵部，在明代，太仆寺卿为中央机构的六部九卿之一，一般下属太仆寺少卿（正四品）、太仆寺员外郎（从五品）、太仆寺主事（正六品）、太仆寺主簿（正七品）等官职，太仆寺卿相当于现在的交通运输部部长。面对如此职位，王世贞却没有马上赴任，而是继续东行，希望早日回家。

王世贞经过长途跋涉，终于在十一月到家了。他发现经家人修整后，小祇园的规模变大了，不过耗费也颇巨。在家的时间就是过得飞快，一会就到了来年二月。王世贞在综合考虑后，便接受友人的建议，开始赴任太仆寺卿。其实从中可知，其建功立业的心愿没有彻底熄灭，只不过是面对很多无奈之举，自己逐渐远离了最初的梦想，进而变成失望而已。听闻王世贞将要离开吴中地区，前往京城上任，吴中好友张鸣凤、皇甫汸、张凤翼等人在虎丘与之送行。

此行上任，和以往有所不同，王世贞做了充分准备，不仅有自己的文字记载，他还请人就沿途风景，作成一幅幅图画，如钱穀作太仓至广陵的图，有三十二帧，且其高足张复搭载王世贞的船顺便北上，一路遇景辄作图，共有五十帧。这些图画非常珍贵，现代学者简锦松等人进行了全面研究，他们认为："钱穀《纪行图册》以王世贞隆庆四年（1570）六月《适晋纪行》为蓝本，绘成仓山小祇园至扬州扬子桥三十二幅；张复《水程图》因王世贞于万历二年（1574）二月入领太仆之役，附舟而北，绘成邵伯至通州水程五十二幅。两卷皆以写实为之，在明人画中堪称独绝。文章以现地研究法进行三项处理：一、此次王世贞北行，正在隆庆新河既成，洳河之议方生的明代大运河变动期，文章将二人所经过之水程全部数字化；二、钱穀自言'维欲记其目前真境'，文章利用明清旅行日记、方志、古今地图及笔者现地考察所得，将各图逐一解说，指出图面所绘内容，验证画者写真实践的程度；三、此八十余幅之价值，如同发现一大箱明代的拍摄影带，文章发挥其自身的影像本色，形象化地指出明代大运河的真正面目。"[1]

---

[1] 简锦松、廖泫铭、王勇、张淑君、唐宸、严程、谢定纮：《明钱穀〈纪行图册〉、张复〈水程图〉之大运河现地研究与 GIS 呈现（之一）》，《数字人文研究》2023年第1期，第50页。需要说明的是，简锦松等人的这方面研究成果，是由之一、之二、之三三篇专题论文组成，分别刊发在《数字人文研究》2023年第1期（第50-60页）、第2期（第50-115页）和第3期（第59-128页），如此连续刊发，且篇幅如此之多，在当下的期刊体系中，是少有的现象，这足以说明此研究的重要性。图册包括小祇园、太仓、奇子铺、新洋港、昆山、真义、维亭、沙湖、下雉渎、娄门、金阊、枫桥、射渎、汴墅、望亭、梁谿、惠山、洛社、横林、白家桥、昆陵、新闸、奔牛、吕城、丹阳、黄泥坝、丹徒、新丰、京口、金焦、瓜州、扬子桥等地。

台北"故宫博物院"藏
钱穀、张复合画《水程图》中的"昆山"

台北"故宫博物院"藏
钱穀、张复合画《水程图》中的"虎丘"

台北"故宫博物院"藏
钱穀、张复合画《水程图》中的"镇江"

卷
一

台北"故宫博物院"藏
钱穀、张复合画《水程图》中的"宿迁"

北上途中，王世贞渡淮河后到达凤阳，与当时巡视凤阳的王宗沐相会，至山东时，则派人到李攀龙家中祭奠，并收集其文集以备日后刊刻之用。三月十五日，王世贞抵达京师，暂时住在善果寺，此寺他曾多次过访。他再次入朝，由于其声名远播，拜谒者络绎不绝，不过当好友见到他后，无不感慨其衰老之状。在任上，诸多事务不需要亲力亲为，王世贞就协调给下属办理，平时较为清闲，这使得他有时间与朝中公卿大夫相交流，众人都盛赞其博学。

当时张居正看重王世贞的才名，想委任他为翰林史官，于是和汪道昆提及，汪道昆获悉后，立即告知王世贞。不过王世贞认为史官的清议可畏，责任重大，自己不一定能够做好，于是他写信向张居正请辞史官之事，而张居正则怀疑王世贞不接受新的任命，是有意地疏远自己，毕竟在他看来，此翰林史官非常符合王世贞的特长和声名，王世贞理应非常高兴地接受，而不是拒绝，自此，王世贞和张居正两人之间产生了一点间隙。

此时估计王世贞也没有想到，其太仆寺卿之任会快速结束。在此任上，王世贞在他文集很少涉及他具体事务的记载，他人文集中也不多见，也许是京师不比地方，京师部门事务较为集中、专一，分工明细，且那几个月朝廷没有大的祭祀活动，边疆也较为稳定，而地方的工作千头万绪，事务烦琐。王世贞从家中的闲居，到京师任上的清闲，这也许是一个很好的衔接和过渡，至少让他再次回到了官场，而不是一味抵触。

一个月之后，王世贞就接到了朝廷新的任命，此次是升他为都察院右佥都御史，督抚郧阳。朝廷的此次任命，令王世贞非常高兴，他再次回到了都察院系统，对工作内容熟悉，且负责郧阳的一切大小事务，具有实权。从现在的地图来看，郧阳东北部与河南省淅川县相依，西南部与湖北省竹山县毗连，西部与陕西省白河县交界，西北部与郧西县相交，北部与陕西省商南县相接，南部与十堰市相依，在秦岭、大巴山余脉之间，还是汉江的上游。郧阳自古以来的地理位置非常重要，特别是在军事上，具有重要的战略意义。据史料记载，在明清两朝，对关乎大局的郧阳巡抚选调，历来都极为慎重，所选主政郧阳的封疆大吏，都是国家的栋梁之材，且为了防止其拥兵自重，郧阳巡抚更换频繁，在明嘉靖年间，朝廷更换的郧阳巡抚就多达 40 余人。

面对朝廷任命，王世贞赋诗一首：

> 五花小龙团墨敕，生新宝钞鸦翎黑。黄封饵合纷后随，法酒三杯壮行色。纵然才劣忝军镇，稍喜时清偃兵革。节度从他学襄样，征南自古多书癖。碧油幢底见故人，唤作粗官粗亦得。[1]

此诗是王世贞近些年来接到朝廷任命后少有的欢快之诗，由清闲之职到主政一方，王世贞的建功立业之心似乎又在燃烧，而且比之前任命为太仆寺卿时还燃烧得更加旺盛，这是他人生中的一大转折，"唤作粗官粗亦得"，他的内心接受了这种安排。

王世贞即将赴任郧阳的消息一经传出，众人就纷纷与之相聚，其中汪道昆之弟汪道贯前来送行时，还希望获得王世贞的指点，王

---

[1]　王世贞：《弇州山人四部稿》卷二十二《领郧阳命，出朝口号》。

83

世贞就告诫他一定要先考取功名，方能令天下士子信服，进而从事古文辞创作，才能名扬天下。随后王世贞收到了谢榛离世的消息，便作诗《闻谢茂秦客死魏郡，寄诗挽之》以悼念，其实从谢榛的生平经历，我们也可知，王世贞对汪道贯之言乃肺腑之言，是真知灼见。如果谢榛有其功名，他很可能不会四处拜谒权贵，不会与后七子产生矛盾，那么由后七子引领的文学复古运动也很可能被改写。

王世贞此行还携带了家眷，由于腊月将近，他便送家眷到仪真，恰逢在太医院幕职的从弟王世望归家，他就让家眷与之同归，这样一来，有了亲人的照顾，他也能放心了。众人到江口而别，然后王世贞取道向西，朝郧阳前行。此次赴任，王世贞只用了二十九天就抵达了襄阳，这比之前任何一次赴任新职所花的时间都短，不过当他想要与前任孙应鳌相见时，对方早已离任而去，还是没有赶上。

万历三年（1575），王世贞已经五十岁了，这是一个知天命的年龄。正月初一日，他在襄阳作试笔诗，感慨自己已经年老，不过对于未来还是有所反思和期待，其言曰："将登服政心犹懒，欲数前非念已徂。"[1]随后他上代疏，入承天府谒郢陵，过均州时遥望武当山。十五日，他终于抵达了郧阳，和以前一样，只是稍作休整后，第二天就开始料理公务，会见僚属。在新的岗位上，他还是延续了自己一贯的做事风格，力改之前政令和日常事务中的弊端，惩治墨吏，遏制贪腐，官场风气为之一变。虽然他随后在任职考察时，上疏自言不称职，乞求罢官，但没有得到朝廷的应允。需要注意的是，这并不是王世贞想离任，因为此次上疏和之前的乞休之文有着

[1]　王世贞：《弇州山人四部稿》卷四十三《乙亥元日，独坐试笔，时余五十矣》。

本质的区别。从上任的心态和任上的做法来看，王世贞此次上疏，更多的是例行公事而已。此次考察，也是因为他任职多地的时间累加，并不是郧阳任上的期满考核。

　　虽然朝廷对郧阳的发展没有十分硬性的规定，基本上是稳定就行，但是王世贞在任上寻求主动作为，以造福一方。在治兵方面，他整顿军务，严明号令，功绩尤为显著，这也是他所擅长的。当时郧阳军队的军饷、粮草主要靠朝廷拨付，然而拨付往往不足额，或是滞后，这就需要郧阳自行解决一些，而郧阳穷乡僻壤，财政紧张，过多地摊派给乡绅和百姓，容易激起民变。针对此，王世贞翻阅古代资料，调研当地情况，上书朝廷，要改变治理军队的方法，即命令部队屯田，开拓荒地，折算成兵饷，以实现自给自足，从而不需要朝廷另外拨付边饷，这样可以极大地调动军民的积极性，促进郧阳地方经济的发展。王世贞的方案上报后，立即得到了朝廷的批准，朝廷正求之不得呢。果不其然，新政成效显著，后来郧阳军队的军粮全部来自部队屯田，并且还有部分结余，不过王世贞没有中饱私囊，而是用来帮助辽东、宣府、大同、延绥、宁夏、甘肃、蓟州、太原、圃原等九个军事重镇。这种天下为公的格局，也不是人人都能有的。

　　王世贞还从实际情况出发，指出荆州地理位置虽然重要，但是防守单薄，应该将之前远戍广西靖、桂的两支军队人数减半，以拱卫荆州，这些减少的士兵，应该由当地进行补充，而不是不断外调。他还认为近来自然灾害较多，百姓生活困苦，便恳请朝廷减轻荆州一半的壮民军事编额，以让他们有更多的时间和精力投入到劳作生产，不过他们仍作为备用，以防止战事突起。此疏上到朝廷之后，立刻引起了朝臣们的热议，虽然王世贞之议未能得到全部同意，但"四县民壮减编示恤，存留操备"[1]的建议还是得到了朝廷的准予。

刚上任不久，王世贞就面临着一个非常棘手的问题。该年春，江陵县按照朝廷的要求，重新丈量田地，这是要为后来的土地经济改革做准备。生员许仕彦因藏匿田地数量而获罪，而且他不仅不听从李县令的管制，还目中无人，出言不逊，并以张居正的同乡自居，带领众人闹事，一时间，数百人响应，他们到处贴匿名帖，还殴打李知县和范巡检，甚至相约在四月十五日行香举事。面对如此混乱的局面，李知县迫不得已，只能上书乞休，恳请朝廷辞去其县令一职。然而，经过详细调查后，才知道其中主事的是生员王化，而他是张居正的内弟，众人都不知如何处理，相互推诿，因为他们谁也不敢得罪张居正，也不敢破坏朝廷法度。

后来此事到了王世贞这，他可没有推辞，也没有过多地考虑各方利益，而是在了解了事情的来龙去脉之后，果断地向朝廷上疏，说明此事原委，并力主李县令无罪，应该改补他任，而至于王化、许仕彦等人，则应该全部逮捕入狱，并依法治罪，以儆效尤。由于之前张居正和王世贞已经有了细微的间隙，此次王世贞又要治其内弟的罪，再加上张居正私下写信给王世贞，为王化辩解，并希望尽快摆平此事。然而王世贞却不为所动，秉公执法，坚持之前的处理办法，以至两人之间的隔阂越来越大，张居正甚至怀疑王世贞是在有意地针对自己。其实这就是王世贞，永远的铁骨铮铮，对事不对人，如同当年对待陆炳一样。

当年五月，郧阳地区异常炎热，气候反常，多处发生了地震，虽然地震不大，但是古代普通百姓居住的房屋质量不比现在，还是造成了大量房屋的毁坏，十不存一，民生疾苦。王世贞立即向朝廷上《地震疏》，不过他在描述地震带来的灾难时，他还认为此次地震不是无缘无故的，是上天在警示世人，阳极盛而阴萌生，阴阳的位置有所颠倒，意味着朝廷秩序紊乱，臣道太盛，这是不好的现象。张居正极为不满，他认为王世贞是在有意针对他，嘲讽他把持朝纲，从而使两人之前已有的间隙逐渐变成了怨恨，这对王世贞日后的仕宦之路造成了深远影响。

地震之后，上天很久都没有下雨，导致大地干旱，庄稼难以成长，从而使百姓的困苦加剧，王世贞一边安抚百姓，一边写《祈雨文》向上天祈祷，恳请神灵降雨。直到六月中旬，天降甘霖后，干旱灾害才得以解除，王世贞内心欣喜，又写《谢雨文》感谢上天的眷念。此类《祈雨文》《谢雨文》，不仅王世贞写过，在苏轼、黄庭坚、陆游、张养浩、归有光等人的文集中，也大量存在。现代学者刘欢萍经过研究指出："祈雨是中国古代重要的祭祀祈年活动，古典文献中存留着数量可观的祈雨文，它们涉及宗教、礼制、民俗，为我们了解古代文化、社会生活提供了一面直观的镜子，于文学而言，也是一个重要的组成部分。在求雨主旨的表达上，祈雨文体现出丰富多彩的特征，既有哀乞、反思、忏悔，也不乏利诱威逼，反映出人与神之间交涉的种种逸趣横生的图景。"[1] 可见王世贞对民

---

[1] 刘欢萍：《试论中国古代祈雨文的主题特征及其文化内蕴》，《文化遗产》2012年第 3 期，第 68 页。

生的关注和关爱。

在日常行政工作中，王世贞会遇到形形色色的事务，有些根本想不到，又亟待处理。如当年六月份，有一个自称是乐平王次子的人，说自己是奉高皇帝御容、宗牒及圣旨金牌出家云游，他大摇大摆地招摇过境，并且命令地方官吏前来接待，众人不敢忤逆，也想趁此机会讨好他，以攀上高枝。而王世贞则觉得此事很突然，有所蹊跷，一来他没有接收到朝廷关于这方面的任何诏令，二来根据国家法律规定，皇室宗藩没有特殊的原因，是不能够随意自主出城的。因此王世贞禁止那人通行，并将他拘捕起来进行审问，细细调查事情的原委，当然，为了防止乌龙事件，他还第一时间向朝廷如实上奏。果不其然，在经过多方的确认后，那人就是假冒的乐平王次子，王世贞便将他绳之以法。从此事的来龙去脉，可见王世贞的睿智、果敢和沉稳。

为了让郧阳人有学习的榜样，增强荣誉感，王世贞向朝廷上书，认为已经去世的南京兵部尚书原杰以前治理郧阳有功，应该追补谥号，他还认为已经去世的都察院左都御史顾佐公有廉洁声名，应该定谥号并赠官。这两个请求，朝廷只批准了第二项。既然第一个请求没有批准，那王世贞就私下想办法，他翻阅古籍，考实掌故，详细地叙述前人治理郧阳的官员姓名、官位、谥号及其功绩，全面补充湛若水《保厘堂记》所缺少的内容，并复作《督抚郧阳都御史题名后》《重建提督军务行台记》等文，以让历史铭记那些为郧阳发展做出过贡献的人，这可谓是他发挥所长，为郧阳百姓做实事。

除此之外，王世贞在九月份时向朝廷上疏申明屯政通行郧阳管辖下的陕西、河南二府，要一体清查，至于三省屯政官员的考核之事，则委托抚治、抚按办理，并且当时还存在盗匪，而城内兵力单薄，如同之前的青州地区一样，王世贞就建议朝廷将派往广西驻防的两千名兵士撤回，以巩固城中的军队力量，也维护社会治安，保护百姓的日常生活生产活动。

王世贞是一个情感细腻之人，在十一月初五日表现得尤为明显，因为那天是他五十岁的生日，真正到了知命的时间，他作诗感怀，情感异常丰富，其诗曰：

薄游狎流光，五帙俄已至。今为悬弧旦，使我废朝食。窃拊有尽身，自拭终天泪。罢牙息众嚻，闭阁负余愤。离疏非冠日，通籍乃韶岁。为郎典方迁，业已三上计。比舍饶俊民，兴辞鹜遥诣。虽匪大国香，岂为当门植？众嫭方奏淫，如何独求退？栖迟三辅谦，屏营东秦寄。隺符既如浣，萧斧永绝试。烈炎弥原来，玉石同进碎。龃龉缇萦书，艰危子坚祀。扣阍不睹天，洒血空坟地。岂无经渎念，处死殊以未。流哀悴松柏，余辱蒙萝薜。屯夷理垂极，鼎革时初际。皇瞩回覆盆，谷灰起幽吹。徊徨深隐恻，踯躅窥慈意。南舟遍楚越，北辕辗晋魏。蓬心绝羝触，栎质惭𪗘技。畤谓偏奇禀，谬中通人嗜。三台敢希历，九列无乃赘。牵马似有曹，攻驹岂吾艺。是时秋欲暮，天子问郎帅。尔以中执法，其往司节制。寻叨玺书宠，仍拜宫壶赐。肃肃萃冠簪，悠悠度旌旆。如何渭桥色，已作天涯视。严霜逐飞盖，修路疲征驷。汉水孼峡来，蓥峰踌空置。褒斜绾单

89

縠，井陉艰列骑。偶同王遵叱，无取子阳喟。片檄寝赤丸，尺棰走墨吏。捃拾虞军兴，纵舍伸主惠。窃窥宽大朝，因驿上封事。愚得或有一，斯狂岂可二。既采菲诚，复贷尸俎罪。虽尔竭涓涘，何由报恩施。芳已凋蕙兰，辛犹残姜桂。揶揄路鬼讥，婵媛女媭詈。策足趣暮閽，长鸣顿其辔。甘为退飞鹢，不作骧首骥。松柏偶然乔，宁因青阳媚。誓墓今已乖，入宫频见忌。谬陪七子列，恐为颜延弃。虽谢三君后，未甘李膺易。数往已自疑，揣来人同愧。伊昔虞舜慕，五十犹不替。惟彼曼容秩，六百旋请致。而我独何为，心迹两成悖。羃讶蒲柳零，身安匏瓜系。雕虫业久贱，小草名还细。服政政欲疲，知命命何冀。纵识去者非，焉睹来者是。昔人多无闻，今余焉足畏。秋叶旦暮零，亲知同飘坠。江水日夜流，富贵亦偕逝。驻颜问刀圭，多难损根器。皈诚悟正觉，庶矣超人世。[1]

笔者之所以不厌其烦地将这首诗完整录入在此，是因为通过此诗我们不仅能够看到王世贞求归的心绪，还在于此诗完整地概括了他几十年来的人生经历，有父难之事，有亲友离世，有仕宦艰辛，有七子复古，有自我困惑等，不过在痛定思痛之后，迎来的不是凤凰涅槃般的再次重生，而是"江水日夜流，富贵亦偕逝"的顿悟感，一切都如流水般逝去，到头来都是一场空。此时小祇园已有"弇山园"之名，风景更加美丽，只是主人尚在外仕宦，以至于他后来在

[1] 王世贞：《弇州山人四部稿》卷十《今岁忽已知命，仲冬五日为悬壶之旦，不胜感怆，聊叙今昔，得六百字》。

除夕，更加思念故里，想早日回家，"烛花浓不剪，抱膝自微吟"[1]，这种人生态度对其晚年的选择产生了重大影响。对王世贞人生的认知，不能跳过此诗。

王世贞还在政事上整体考虑了郧阳、襄阳、荆州、南阳、汉中等府的实际情况，以及商州等五个州县的军队粮饷问题，于是向朝廷上《议处本镇军饷以资边用改添实力以固地方疏》，他认为这五个州县的民壮、弓兵工食银，一部分可以扣解当地以作军饷，一部分可以运送至户部，以周济所需要之地，一部分可以免除扣银两，改编兵力，各路官兵进行合练。王世贞之言得到朝廷的高度肯定，"上然之"[2]，遂被全部批准执行。对于朝廷的批复，王世贞非常高兴。

之前提及，由于郧阳的特殊地位，巡抚更换频率很高，到了六月份，朝廷就新任命王世贞为南京大理寺寺卿。听闻此信息，王世贞倍感欣喜，一来他无心仕宦，南京为留都，保存了一套与北京相适应的行政机构，虽然在职务上有对应的品级，但一般都较为清闲，没有具体的事务处理，也不需要担当主要责任，压力自然小了许多；二来他在南京任职的话，离太仓很近，方便回家，能够多多照顾家人；三来感激圣恩，他得罪了朝廷权贵，朝廷却没有直接将他革职，说明还有挽留之意，也是对其才能的肯定。其诗曰："戟门逃暑似蓬庐，忽有分司洛下除。世事从呼惯牛马，乡心兼喜得熊鱼。未论朱芾堪赊酒，依旧青山好著书。厚禄自惭无寸报，主恩前后不曾虚。"[3]

---

[1] 王世贞：《弇州山人四部稿》卷三十《乙亥郧城除夕》。
[2] 上海书店出版社编：《明实录》之《明神宗实录》卷四百五十二，上海书店出版社2015年版，第1157页。
[3] 王世贞：《弇州山人续稿》卷十四《初得南廷尉报，偶成》。

对于此次的调动原因，历来有不同的说法，张居正曾明确告诉王世贞，认为他的才能不能被埋没，并安慰他，此次暂时升迁到他处，是为后来的展翅打基础。不过黄景昉却指出，吏部尚书张瀚不喜欢王世贞的做事风格和张狂的个性，调他任闲职，是有意地冷落他。暂且不管具体原因如何，这对王世贞而言是一个非常好的调动，因为从他与友人的交游来看，他不愿意完全地离开官场，还尚且关注天下之事。

在王世贞离开之前，正好湖广地区举行乡试，他为之作《湖广乡试录后序》，和在青州任上一样，王世贞非常注重当地的科教事业，然而郧阳由于地理位置偏僻，与外界交往不多，学子们除了主要的几种经籍书外，基本没有其他的书籍可供阅读。于是，王世贞鼓励文教事业的发展，除了必备的财政预算支持外，自己还每年都捐献俸禄，并派遣下属前往全国各地购买书籍，短短两年下来，就购买十三经、二十一史、春秋、明人文章等书籍，共计三千余卷，相关注重考据、典故翔实的书也在其中。他对这些书进行统一管理，将书籍盖印，登记造册，然后分开藏在各郡县，以方便学子们借阅。这种模式，可以说是早期的图书馆运营模式，对后世的图书馆发展具有借鉴意义[1]。除此之外，王世贞还精选四书之文，是对科举考试文章的选编，从而让学子们能够有一个学习的榜样，可贵的是，他还明确言及编纂此书的目的不是让学子们剽窃文章，而是希望他们广泛地熟读和精读之后，能够领悟其中的创作之法，以有助于科

---

[1] 贾飞、徐美洁：《王世贞郧阳任上藏书、刻书及创作交游考》，《兰州学刊》2015年第 2 期，第 33 页。

举考试，这其实和他的复古主张相类似，注重熟读前人之作后的自得。

通过王世贞的所作所为，可知他是心慈之人，愿意帮助他人，在这之外，他还多次向朝廷上疏举荐他人，如《荐举贤能方面官员疏》《荐举地方人才疏》《荐举迁谪官员疏》《咨访将材以备录用疏》《保留给由贤能官员疏》等都是作于此时。然而，在当年九月吏部却批评王世贞举荐过于泛滥，部分人没有认真识别，从而夺去其俸禄以示惩戒。明眼人一看，都知道王世贞是被有意针对了。到了十月份，他就被刑科都给事中杨节弹劾，于是朝廷暂时罢去他的官职，让其回家听候新的任命。

可以说，郧阳之任是王世贞人生中的重要一环，上任之初的满心欣喜，任上的倾心付出，卸任后的愤懑难言，将他对官场的最后一丝希望彻底浇灭，这也让他更加认清官场的本来面目，从而影响到他随后的人生选择。虽然最终的结果是被暂时罢免，但是王世贞的郧阳任职是成功的。由于郧阳的独特历史成因以及地理位置，使之和边疆重镇一样，具有重要的军事价值，任职郧阳巡抚的人，就是传统意义上的封疆大吏。王世贞在任上治理军队功绩卓著，维护治安行之有效，推广文化效果突出，可谓是赋予军功更加充实的内涵，其少年时的立功梦想已然实现，因为军功也并不是狭义上的上阵杀敌。

南京岁暮守初心

转眼间到了万历十五年（1587）十月，王世贞被朝廷推补为南京兵部右侍郎，不过直到十一月初五日，他才得到邸报，确认了这一消息。当时王世懋因病向朝廷乞休，已在归途之中，忧心忡忡的王世贞便前往毗陵和丹阳之间的地方等候王世懋。初八日，两兄弟方才相会，王世贞将王世懋迎至家后，特请名医专程治疗。他还从王世懋口中得知，此次乞休，多亏王锡爵相助，才会如此顺利，他便写信表示感谢。同时，王世贞还感谢王锡爵推荐自己为南京兵部右侍郎，虽然他此时不像以前那么态度强硬地不愿出仕，但是也没有明确一定会出仕，其内心存在着巨大矛盾。继上次喻均劝他出仕时给出"不可出者有四、其不能出者有二"[1]的理由之后，此次王世贞虽然以三个不能不出的原因说明自己应该出仕，但又给出七个不能出的原因，来说明自己为什么不能出仕。

具体而言，王世贞认为应该出仕的三个原因是：一为自己城中居住，与亲朋好友皆有往来，应酬颇多，使自己疲惫不堪，而南京之任，较为

---

[1]　王世贞：《弇州山人续稿》卷二百一《喻邦相》。

悠闲，自由自在，好比杜门谢客；二为之前没有回绝起复之意，现在又坚决不出，是对好友的不诚实之举；三为亡父深受皇恩，未能报万一，现在拒绝朝廷的任命，则是有违君臣之义。相对于该出仕的三个原因，其不能出的原因则有七个之多：一是自己已经许诺仙师昙阳子要潜心修道；二是自己能力有限，不能像王锡爵一样匡扶社稷；三是南京任职，优游伴食，不能很好地感谢皇恩；四是自己马上六十三岁了，与其外出见弃之深，不如独处而自责之深；五是即使复出，多不能一年，少不过七八个月，应该老臣乞骸，有自知之明；六是家里缺少依靠，诸多事情需要自己料理，无法脱身；七是家弟王世懋一直以来深受疾病的困扰，近乎膏肓，肺部和心脏皆有不适，赴任之地在南京白下，离太仓较远，自己为他感到担忧。所以经过全面比较后，王世贞还是认为不能"以其三不能不出而易其七不可出"[1]，以至对于此次任命，他还是上疏乞休。

疏已上，王世贞就暂时安心地在家待命，王世懋回家后，病情不稳定，反复无常，人已经消瘦了许多，王世贞则每天侍奉汤药，为之担忧。又因为妻子魏氏尚在病床，也需要他人照顾，女儿也在病中，甚至是到了将要离世的地步。家中境况也不比从前，烦忧之事颇多，使得王世贞疲惫不堪，这也就更加坚定了自己不能出仕的信念。

当年明朝著名的清官海瑞在南京任上病逝，他可是有"海青天"之称，刚正不阿，为民请命，秉公执法，就连嘉靖皇帝都畏惧他三分，其《治安疏》，有"天下第一疏"之称的美誉。在王世贞文集中，

---

[1]　王世贞：《弇州山人续稿》卷一百七十七《与元驭阁老》。

他多次提及海瑞，并折服于海瑞的清廉和直谏。在听闻海瑞的噩耗后，王世贞作诗怀念，寄托哀思，并表示惋惜，如其诗中有"胸中无黑白，止有径寸丹……中丞自廉亦自直，百损不得希一益。咄嗟哉，齐文宣未可忽龙，逢比干非俊物"[1]之语。在这之外，王世贞还对海瑞的一生作出了"不怕死，不爱钱，不立党"[2]的高度评价，这可谓盖棺定论。后人评价海瑞时，也多用此语。

虽然王世贞没有赴任，但是他在与王锡爵的通信中，多次言及朝中和地方政事，并建言献策。如他建议让进士袁黄查粮，大概有将别处的增量并入原来该有的定量中，以一个地方的定额去补充其他地方该交的量，有最近增加而不能够省去的，有可以省去但部里规定不能省去的，以及中间通融的环节，这些恐怕不到十分之二。所以应该将可减免的数量报给司农，听从他们的安排，并把不可减免而有着落的粮食，明白告知百姓，以让百姓感其恩德而没有任何怨言。由此可见，王世贞的从政之心其实没有完全泯灭，且自从为亡父请求恤典成功之后，他更加关心天下之事，这显然在与其不可出者的原因中，因答应仙师昙阳子需要潜心修行之旨有所出入。

随着时间流逝，王世贞内心中的报国恩之念愈发浓厚，因为此心根本没有被泯灭，只是有时被遮蔽而已，而家庭的诸多方面也需要他打理，这也让他放心不下。王世懋通过王世贞的日常行为知道他处于为难之际，也知道家族的发展，还是要有人在朝中为官，这也是王世贞之前经常劝导他的，况且现在朝堂的形势和以往不同，

[1] 王世贞：《弇州山人续稿》卷二《忠义儿白骨相籍朽 直中丞》。
[2] 周晖：《金陵琐事》卷二，南京出版社 2007 年版，第 103 页。

对王世贞是有利的。于是王世懋强颜自饰，以让王世贞感觉自己的病快要好了，并晓之以理，动之以情，让王世贞从大局出发，选择再次出仕。再加上王世贞之前的乞休之请，一直没有被朝廷批准，他不得不出。因此在来年二月份，王世贞最终决定赴任南京兵部右侍郎，在与众亲友相别时，王世懋再次强忍病体，装作正常人的样子，这就彻底打消了王世贞的顾虑，王世懋催促他早日出行。

王世贞将要出发时，同里韩雍之子看到王世贞请恤成功后，也想为先人求恤，所以乞求王世贞写信给王锡爵介绍下他，王世贞虽然拒绝了这种请求，但是他对韩雍之子请求恤典的文章进行了删改。韩雍之子得到文章后，非常高兴，毕竟经过王世贞修改后，分量就不一样了。然而韩雍之事有不当之处，朝廷不仅没有批准，还让王世贞受到了牵连。有人还趁机说是王世贞为韩雍之子起草的请求恤典之文，并且片面夸大了韩雍的部分事迹，不真实，应该按例治罪。此事传播开来后，申时行为之震惊，王锡爵为之担忧，王世贞也急忙写信给王锡爵，说明事情缘由，力证自己清白。幸好韩雍之前已被朝廷追谥为"襄毅"，其事迹已被认可，不是无中生有，申时行、王锡爵等人为之斡旋，此事很快就被平息了，不过王世贞经过此事，或多或少地受到了牵连。可见，官场虽然是人换了，但是它的凶险程度从来没有变过，有时好心之举，反而会给自己带来灾难。

王世贞在赴任前，先去亡父墓地辞行，他徘徊很久，诉说自己出仕的缘由，重点在于思报国恩，他还去城南的恬澹观，向昙阳子之龛辞行，言及自己即使是出仕了，还是会守住最初的盟誓之心。从二月二十三日到二十八日，王世贞到达南京前后只用了六天，此次行程用时之短，可见王世贞内心的选择。

三月初一，王世贞新任南京兵部右侍郎。三吴之地自去年遭受严重的水患之后，第二年的春天饥民便遍布大街小巷，百姓生活困苦，赋税沉重，米价昂贵，如此一来，盗贼趁机猖狂起来，剽掠之事颇多。王世贞见南京的灾情也不减他地，非常同情百姓的遭遇，便写信给申时行、许国等人，希望朝廷能够赈灾，减免赋税，救民于水火之中。可见王世贞为官的风格一直没有变化，始终关心民生，为民请命。

南京作为留都，保留了与北京同样配置的行政机构，而且在品级上和北京差不多，不过两者有显著的差别，北京是实职，管理全国事务，有着实权，而南京较为清闲，没有管理全国的责任，很多时候是为了解决部分人的品级问题，或是他人退居二线后的一个缓冲地。这也不是说南京纯属白白的设置，他也发挥过特殊的预期作用，由虚变为实，因为崇祯皇帝在北京上吊自杀，京城被李自成等人占领了，南京突然就变得异常重要了，然而那时明朝已被灭，王世贞没有遇到过，自然不属于我们叙说的重点。

王世贞在南京任上的政事较少，他一有时间就与友人一同游玩南京的诸多名胜古迹，如孝陵、灵谷寺、蒋庙、中山王墓、燕子矶、雨花台、天界寺、高坐寺等地。对于如此的生活，王世贞之前早就有所预料，因为在拒绝赴任时，他向王锡爵陈述的众多理由中，其中有一条就是南京任上事情不多，恐怕不能回报国恩。不过当下，王世贞对于任上的闲适还是颇为满意和享受的，这样既过着自己向往的生活，也在为国尽力，算是两全，自己内心也不用那么纠结于此了。

到了闰六月，王世贞在南京任上已经有一百三十日了，虽然有游玩之乐，但是面对灾情，百姓疾苦，再加上众多豪绅贵族不顾国困民饥，不断享乐，生活奢靡，而南京的众多官员、军队冗员，无所事事，消耗国家钱财，他还是为之痛心和愤懑，同时还牵挂家里的弟弟、妻子。在这种环境下，他内心向往恬淡却也不得，于是对自己出仕的选择也产生了怀疑。

苦苦等待，殷殷期盼，王世懋还是没有与王世贞见到最后一面，在闰六月十四日，王世懋在家中离世，终年五十三岁，他在临终时，写了一封与王世贞诀别的书信。四天后，家人便将此书信和讣告送至王世贞在南京的官邸，不过当时王世贞与友人出游莫愁湖，只有王士骏在家中，因此王士骏先得到书信和讣告。等到王世贞回家后，王士骏只是先将书信递给王世贞，王世贞见到书信上的字迹工整无误，以为王世懋病情真的好转，没有大碍，还可以延一段时间。王士骏看到王世贞内心稍微平定后，才出示王世懋的讣告，果不其然，对于突然的讣告，王世贞一时还是难以接受，直接昏厥倒地了。第二天，王世贞的脾疾也随之复发。王世贞与王世懋的感情深厚，两人一起成长，一起为亡父之事奔走，一起潜心修行，一起照顾家人，一起与友人相交游等，而此时，却只留下王世贞一人。连续几日，王世贞始终都不能面对如此现实，以至自己心神昏乱，悲痛欲绝。

在这期间，王世贞无心他事，集中作《哭敬美弟二十四首》以释放内心的痛楚，如其十七言曰："晨晡一哭泪全枯，泪到枯时气

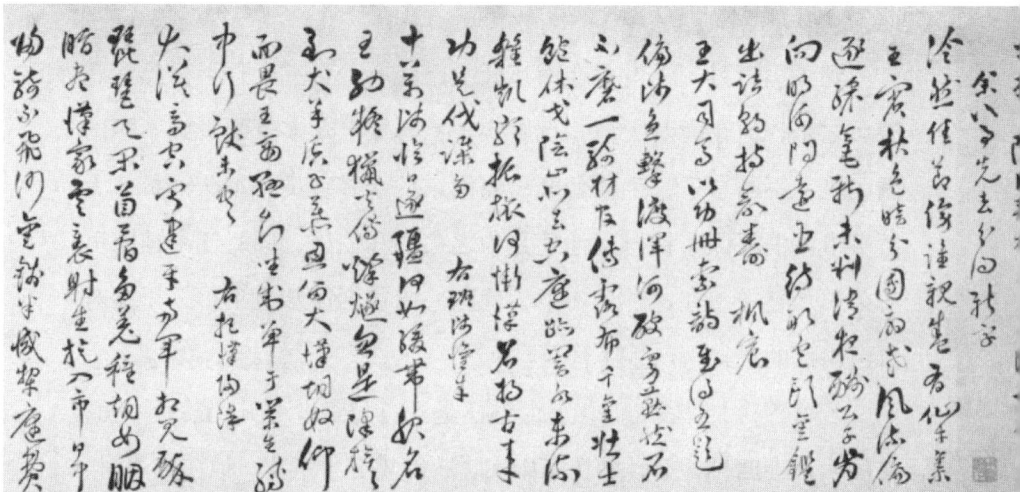

故宫博物院藏
《王世懋行书诗卷》（局部）

稍苏。无奈陡然冲念发，数声天际雁行孤。"[1]再加上自己脾胃的病情反复，昼夜哭泣，使得双眼都昏花不明了，不过，他还要苦于应酬前来吊唁的友人，这令他整日没有片刻闲暇，身心俱疲。当月，张佳胤也离世，闻其讣告后，王世贞孤雁独行之感更加深刻了，他在祭文中说道："所不释然，厄闰之月。余弟既陨，兄复同蹶。漏尽星疏，天残地缺。朝讣骤闻，神魂陨越。"[2]这些都是一时难以接受的冲击。面对悲痛，最好的办法是靠时间这剂良药，不过这药用多了的话，其药效也会有所减退。直到七月中下旬，王世贞才逐渐走出了了无生趣的状态，但其内心依旧沉重。

---

[1] 王世贞：《弇州山人续稿》卷二十五《哭敬美弟二十四首》。
[2] 王世贞：《弇州山人续稿》卷一百五十五《祭张肖甫太保文》。

该年秋，南畿乡试，众多学子齐聚南京，由于王世贞主盟文坛，声名远播，当时慕名拜谒者络绎不绝，王世贞忙着应酬新知旧友，身体上有些疲惫，以至脾病复发，饮食都没法正常。于是他再次向朝廷上疏乞休，并向王锡爵告知自己的近况，希望王锡爵能够再次相助其乞休之事。只要在自己的职位上一天，那就全力做好分内之事，这是王世贞一直以来的行为准则，他在十一月初一日向朝廷上疏《为申饬部规傍及时务少有献纳以效裨补疏》，针对疏中所言之事，周颖说道："内言九事：武官比试，明识博览、有才略者可破格录取，另南都武学亦宜为姜太公庙；禁武职车与违例；两京中外悉革回夷故俗，使遵华风；调治留都参赞阙员；改清勾之法，阙伍宜就原籍五百里内从便改补；画一裁定留都编役；京邑令阙，应授甲科，政绩卓异者不妨内擢；朝觐考察贪酷者，应行提问，并追缴贪酷去官者原领诰敕；请将苏松水利官员量加参政兼督税粮员。"[1]在此疏之外，王世贞另上《为光复孔庙旧典订定从祀诸儒以昭圣化以慰众心疏》，请求朝廷光复孔庙旧典，新进冉求、范仲淹等人，以扩大世人的认知。加上之前九事，两疏共计十事，不过朝廷虽然批准了王世贞的大半之请，但是孔庙这一条没有应允。确实，孔庙的设置关乎历史传统，以及天下学子的期待，有着严格的要求，不是几封奏疏一上就能够解决的，需要从长计议。

　　冬至日，王世贞没有朝天行礼，因为已经上了乞休之文，不过颇为戏剧性的是，他的乞休之请还是没有被朝廷批准，于是他还得

---

[1]　周颖：《王世贞年谱长编》，上海三联书店 2016 年版，第 676 页。

在任上继续工作。当时还发生了一件事，东厂太监张鲸贪赃枉法，残害忠良，肆无忌惮，御史何出光、马象乾等人相继弹劾他，都不了了之。李沂成为吏科给事中刚一个月，知道此事后，非常愤慨，他就直接上疏弹劾张鲸，并指责万历帝接受了张鲸的贿赂，包庇张鲸而不治罪，如此行径，有辱圣德。万历帝看到弹劾内容后，大为震怒，直接将李沂关进了镇抚司监狱。这在朝廷引起了众议，南京的太常寺卿、太仆寺卿、光禄寺卿等小九卿部门，以及刑部、大理寺、都察院，都计划上疏追论张鲸的罪过，以挽救李沂。王世贞获知此事的来龙去脉后，起草他们的联名上疏，吴文华在此基础上稍作修改。不过王世贞担心的是虽然南京九卿齐心协力，但是他们都没有实权，处于闲散状态，只能保住自己的体面，影响力有限，不太可能改变整个事情的走向。果然，奏疏到朝廷后，直接被留置了。可见王世贞对朝廷事务的洞察力还是很强的，李沂最终被廷杖六十下，并削籍归里。后来王世贞与南京兵部尚书阴武卿一起重新修订南京兵部题名，并刻在石上，王世贞作《增校南京兵部题名续记》一文以记之。

后来因为万历帝不临朝，疏于政事，群臣便上疏请谏，都希望皇帝能够早日上朝处理政事，以让百官放心。南京的九卿部门也想联名一起上疏，由于王世贞文采出众，于是请王世贞起草奏疏，虽然有人认为如此上疏可能有所不妥，但是王世贞认为此举合情合理，希望皇帝能够醒悟，早日临朝。不过此疏上去之后，并没有任何的回音，但也体现了王世贞的拳拳之心。多亏群臣的不懈努力，连连上疏，万历帝才终于答应秋日临朝。

松闻鸣玉：王世贞传

到了万历十七年（1589）六月初二日，加上之前的右副都御史之任，王世贞在三品官上的任期已经满三年了，按例要进行考核，这种考核之前提及过，并不是指在一个岗位上任职时间满三年，而是累加的。当日，南京吏部对此进行了审议，王世贞顺利通过考核。初四日，王世贞离任现职，前往京城汇报考核情况。当时天气炎热，王世贞年事已高，不再是少年之时，路上奔波非常辛苦，行程也较为缓慢，直到十二日时才到了淮阴。幸运的是，当他准备继续北上时，朝廷新的任命就已经到达，升任他为南京刑部尚书，因为之前吴文华已于四月份致仕，故尚书之职空缺出来了，王世贞正好填补空缺。有了新的任命，这样一来，王世贞也就省去了前往京城汇报考核情况的路途之苦。

他考虑到自己满三年了，考核后升迁，便写奏折到吏部，为亡父亡母和妻子请求诰命。朝廷准许了他的请求，加赠其亡父为资政大夫，亡母、妻子为通议大夫，并可以荫庇一子前往国子监读书，王士骕就是通过这个机会去的。于是王世贞写信给申时行、王锡爵等人，告知自己暂时归里，并感谢他们的默默帮助。

到家后，由于近两年吴中遭遇了灾害，太仓也未能幸免，王世贞所见之处多是荒废、凄凉之景，家中有病妻、病儿，亲朋好友多有离去，后来王世贞在亡弟的坟墓前痛哭不已。直到七月份，天降雨水，太仓的旱情才得到缓解，王世贞的内心也逐渐舒缓，不过他还是忧虑天下之民。

不久后，王世贞的脾病再度发作，并有腹泻之疾，且左眼忽然昏花，看不清东西，右眼也有疾病，身体情况大不如从前。不过王世贞此次在家不能长待，他还得离家赴任新职，众友前来相送。八月二十五日王世贞便到了南京，几个月后，他又回来了，且经历了一些事情，内心有所感触。到了二十七日，王世贞朝皇帝居住的方向叩首谢恩，正式履任南京刑部尚书一职，刚上任不久，他就向申时行极力推荐汪道昆，大赞其才能。

然而到了九月二十四日，王世贞见到邸报，获悉南京广西道监察御史黄仁荣弹劾了他。黄仁荣认为王世贞违反了明朝律法，说他之前是被弹劾返回乡里的，不能和后任的南京兵部右侍郎之职一起算任职期限，因此他实际任职未满三年，是欺君冒领恩典，应该被全部剥夺。黄仁荣还主张要找出吏部与王世贞同谋的人，一并治罪。在黄仁荣的弹劾文中，他还控告是王世贞造成其父之难，且在居丧期间，行为荒淫，再加上后来入道修行，妖言惑众。种种理由，均指责王世贞不应该出仕。黄仁荣之论一出，朝堂哗然，众人认为黄仁荣所指不实，于是替王世贞鸣不平，如耿定向对黄仁荣所弹劾之事，一一指明其荒谬之处，还王世贞清白，其中他就指出王世贞在中年修行后，穿着朴素，粗茶淡饭，素食为主，且平时就没有娼妓之举等，耿定向最后还控诉黄仁荣是别有用心，险恶至极，不足为信。

遭到弹劾后，王世贞便闭门不出，另上疏申辩黄仁荣所告之事，同时，他还借此机会，请求朝廷将其罢黜。经过众人的力辩，以及王世贞的自我说明，朝廷的旨意立马下来了，认为王世贞之前的三年考核无误，应该继续留任现职。到十一月份，王世贞才出来巡视部里之事。从上任南京刑部一职到现在，才两个月左右的时间，而王世贞在家闭门不出的时间却多达四十天，况且当时右眼已经看不清，左眼也看得不太清楚，阅读文案很不方便，再加上自己年老体衰，不堪繁文缛节，膝盖无力，不方便跪拜，他于是再次上疏朝廷，恳请归里，虽然王世贞所言属实，但是朝廷依旧没有批准他的请求。

来年正月初一日，恰逢立春，王世贞朝天贺岁、祝圣之后，拜访皇陵，并有元日试笔诗。然而几天后，王世贞前一年身体所患的疾病愈加严重，并伴有疡疾，体内毒素骤发，双目已经看不太清楚了，他于是再次上疏朝廷，恳请归里，并另付一疏给王士骐，嘱咐他如果自己的上疏不得准许，便让他再把目前手中的这封奏疏上奏朝廷。果然，王世贞的上疏，还是没有得到朝廷的应允。而之前弹劾王世贞的黄仁荣已经被外放，不曾想到的是，朝中居然有人认为黄仁荣的外放，是因为弹劾王世贞不成，反遭其毒害，并主张吏部该彻底核查这种不公之事。这显然是无稽之谈，朝廷对此也绝不容忍，将他们一并降级外放。王世贞也将这种情况告诉了王锡爵、申时行，并强调自己不再回辩此事，因为这根本不值得一辩。

到了二月初，王世贞的疡疾依然不见好转，月底时病情再次加重了，使他寝食不宁，身体大衰。思来想去，王世贞再次写信给王锡爵，诉说身体近况，并恳求早日归里。当月，陈文烛升任南京大理寺卿，自去年在南京任职以来，陈文烛与王世贞交往甚密，两人相互推崇，惺惺相惜，他人将二人的交游唱和编成《双凤编》，吴国伦、李维桢为之序，盛赞陈文烛和王世贞之间的情谊，这成为当时文坛的美谈。后来王世贞再次以胫毒愈甚、饮食艰难为由，向朝廷上疏乞休，这是第四次上疏了。本来王世贞是不抱希望的，但是恰逢王锡爵的书信来到，告知他上次的乞休之请，朝廷其实已经有应准之意，不过一时找不到接任的人，最终就没有批准。王世贞顿时觉得此次上疏之请，朝廷应该会很快批准。人逢喜事精神爽，知道可以返回太仓后，王世贞的饮食也随之恢复，疮疡竟然得以愈合。果然，二十来天之后，王世贞就见到朝廷邸报，朝廷已经准许他回家调理了。王世贞归心似箭，顿时有"枯苗沾雨，老树回春"[1]之感，他在第二日清晨便出发归里，诸多任上同僚、南京好友争相追送。此次能顺利回太仓，还是多亏了王锡爵从中帮助，王世贞写信给王锡爵表示感谢。

此次离开南京，王世贞为自己的仕宦生涯画上了一个完整的句号。对于官场，王世贞始终有说不出的情愫，虽然在闲适生活中寻找到了真我，而不愿意深陷官场的明争暗斗、尔虞我诈，但是他始终不能忘却官场，初心不变，他关心朝廷态势，为之上疏献策，怜悯百姓困苦，为之奔走呐喊。

---

[1] 王世贞：《弇州山人续稿》卷一百七十九《与元驭阁老》。

卷

二

一　　　　　与严嵩：怨恨不灭

　　王世贞高中进士后，声名远播，对于这样的优秀人才，谁都想收归己用，严嵩就是其中最积极的一位。当时严嵩身居高位，欺上瞒下，背负的骂名也是不断，王世贞对他的招揽多采取回避态度。如有一天，严嵩邀请王世贞赴宴，在宴席上，他显得和王世贞非常熟悉的样子，并利用权威让王世贞喝了很多酒，最后弄得王世贞酩酊大醉而归。回家后，王世贞没法入睡，呕吐至半夜，非常难受，他也感到耻辱，想着想着就不觉泪下，随即写了《离闵》之诗。后来严嵩还屡次让严世蕃请王世贞喝酒，王世贞自此藏匿起来而不赴宴，于是严嵩开始怀疑王世贞是在有意疏远自己。陈继儒曾说道："方严氏炙手时，其意欲引置公为重。数近，而公数远之，终不能笼公。"[1]

随着时间的推移，王世贞越来越反感严嵩父子，并多次在公共场合嘲讽严世蕃。如王世贞有一次赴宴，严世蕃也在受邀之列，到了约定的饭点，众人却迟迟不见严世蕃的到来，没办法，大家只能苦等了。严世蕃到来后，众人才开始动筷，席间，有人问他为什么现在才来，严世蕃便说道："最近我有点身体不舒服，患有伤寒，是伤风了。"王世贞听后笑道："你父亲高居相位，怎么可以轻易地说'伤风'呢？"众人一听，顿时哄堂大笑起来，这就让严世蕃如坐针毡，他的脸色也非常难看了。

可以说，严嵩位极人臣，权倾朝野，想攀附其门的人络绎不绝，然而当严嵩向王世贞抛去橄榄枝时，王世贞毅然拒绝，他始终坚持自己的价值判断，内心有一杆秤，也牢记父亲的叮嘱，不攀附权贵而求发展。如此一来，也注定了严嵩和王世贞不可能走到一起。后来更有趣的是，王世懋高中进士后，严嵩就把严世蕃叫过来一顿训话，让他多多向王氏兄弟学习，不能不务正业，严世蕃也更加嫉恨王氏兄弟了。除此之外，王世贞对严嵩的公然指责，以及王忬之难，进一步激化了王世贞与严嵩之间的矛盾。

王世贞对严嵩的公然指责主要体现在两件事：一是杨继盛之事，二是沈炼之事。先叙说杨继盛之事，在嘉靖三十二年夏，王世贞突

[1] 陈继儒：《见闻录》卷五《王元美先生墓志铭》，《四库全书存目丛书》第244册，齐鲁书社1997年版，第86页。

松间鸣玉：王世贞传

然听到了杨继盛被逮入狱后逝世的消息，悲伤不已。因为在这之前，王世贞和杨继盛有所往来，如杨继盛起复兵部武选司员外郎时，王世贞曾专门写贺信给他，可是由于通信不便，此信到第二年正月才到达京城，而杨继盛之前上书弹劾严嵩，列举其专权误国十大罪、五大奸，没想到这惹怒了嘉靖帝，嘉靖帝认为杨继盛是怀怨在心，随意上奏，于是下令将其逮捕入狱。当王世贞的书信到达时，杨继盛已经被捕入狱三日了，以至他没有及时看到王世贞的来信。为了抒发内心的愤懑，王世贞作组诗三首，诗中有"臣某甘砧盆，为国谋岂拙。是时阊阖开，宿卫浴金铁。……至今穆清表，帝座炯长彻。国事廿一身，微诚竟何雪。万古涪江流，剑岭更巇嶙"[1]之语，盛赞杨继盛的义举，肯定他虽然人微言轻，却是真心为国，没有私心杂念，一往无前。

当王世贞听到之前传闻杨继盛死在狱中的消息是假的时，便一阵惊喜，不过杨继盛在狱中的身体情况不容乐观。王世贞不为流言蜚语所动，时常进送汤药、衣物、食品，小心翼翼地照顾杨继盛。由此可知，王世贞是一个讲义气的人。王世贞此举无疑加剧了他与严嵩之间的矛盾，因为事情的起因就是杨继盛对严嵩的弹劾，很多人对此事都是唯恐避之不及的。

后来，王世贞收到狱报——杨继盛可能马上就要被处斩了。在万般无奈之际，王世贞连忙去找座师王材，因为王材不仅身居国子监祭酒之职，还是严嵩的门生，多少能说上点话。王材见过王世贞

---

[1] 王世贞：《弇州山人四部稿》卷十四《三杨者，廿年中人也，始射洪至太仆，次富平为御史，最后容城武部矣，咸不自量，批亢捣坚，雁大谴，何言也，予窃觊其志，哀之，妄为三章，同日之义，罪亦甘矣》。

之后，知道了事情的来龙去脉，很佩服杨继盛的骨气，于是答应去帮忙说情。也许王材是纯粹的文人，没有过多的掩饰，在严嵩面前明显表现得经验不足，经不起严嵩的几番追问，他最终把此事是受王世贞之托的原因说了出来。严嵩得知后，表面上答应了王材之请，而内心却没有想要放过杨继盛，况且他知道王世贞的意图后，就更加憎恨了。因为在这之前，严嵩多次招揽王世贞，不仅遭拒绝，还被嘲讽，让自己颜面扫地。

杨继盛家人在知道杨继盛马上要被处斩的消息后，更是悲痛欲绝，其妻则想向朝廷上代死疏，希望用自己的生命来换回杨继盛的。可见，女性有时候是很刚强的，甚至超过一般的男性，所谓"夫妻本是同林鸟，大难临头各自飞"是值得商榷的。王世贞知道后，非常感动，他拿过代死疏，进行修改，使全文增色不少。然而代死疏上奏朝廷后，却被驳回了，杨继盛的命运没有得到改变。其实，杨继盛妻子上代死疏是可以理解的，值得敬佩的。在历史上，有一个缇萦救父的故事，便取得了圆满的结局。那是在西汉时期，淳于意在诸侯国齐国担任太仓令之职，后来他犯罪了，按照法律条文的规定，他要被押送到长安接受肉刑。肉刑是残害人身体的一种刑罚，如砍去腿脚或者割掉鼻子等，虽不致死，但这种刑罚会给人带来难以弥补的创伤。缇萦跟随父亲到达长安后，一直在想办法救父亲，她最终上书给汉文帝，想自己代父受罚。汉文帝知晓后，被缇萦的孝心和言辞打动，于是废除部分肉刑，改为鞭刑或劳役。缇萦和杨继盛妻子面对的环境不一样，缇萦直接面对法律和帝王，杨继盛妻子则还要面对权臣严嵩，且严嵩和杨继盛势同水火，这可能是造成两者不同结局的主要原因吧。

在通过多方多渠道营救失败后，接下来就要面对惨痛的现实了。杨继盛在十月时被斩于西市，与其一同被杀害的还有浙江巡抚李天宠、苏松副总兵汤克宽等人。当时朝廷上下大多畏惧严嵩，不敢前去送行，只有王世贞、吴国伦等好友敢前往校场，与杨继盛诀别。杨继盛临死前作有一诗，其诗曰："浩气还太虚，丹心照千古。生平未报恩，留作忠魂补。"[1] 真是忠心日月可鉴，可歌可泣，此诗随后广为传颂。第二天，王世贞等人更是出宣武门，当众为杨继盛收尸，并酹酒泣奠，办理后事。王世贞的如此行径，无疑更加激怒了严嵩，他们俩的矛盾算是彻底公开化了。

除了杨继盛，还有沈炼之事。沈炼因为弹劾严嵩而被贬至保安，不过他并没有因此而屈服，而是继续向父老乡亲们公布严嵩父子的丑恶行径，甚至用稻草做成李林甫、秦桧、严嵩的人像，作为练习射箭的靶子。这些事情传到京城后，严嵩父子对沈炼恨之入骨，就想早点除掉沈炼。有一次，严世蕃借酒宴的机会，向兵部侍郎、宣大总督杨顺和御史路楷说道："沈炼老是诋毁我们父子，只要你们为我除去心头之患，功劳大的封侯，小的封卿。"杨顺、路楷也正好想找机会讨好严嵩父子，从而为自己的仕途开辟新的道路。于是他们在围捕白莲教通敌者的时候，故意把沈炼计入其中，并以谋反罪论死，同时抄没其家，杀害其二子。事后，杨顺的一个儿子当上了锦衣卫千户，路楷为五品卿寺。

王世贞听后，非常气愤，撰写了《明故锦衣卫经历赠奉议大夫

卷二

---

[1] 张廷玉等：《明史》卷二百九，第5542页。

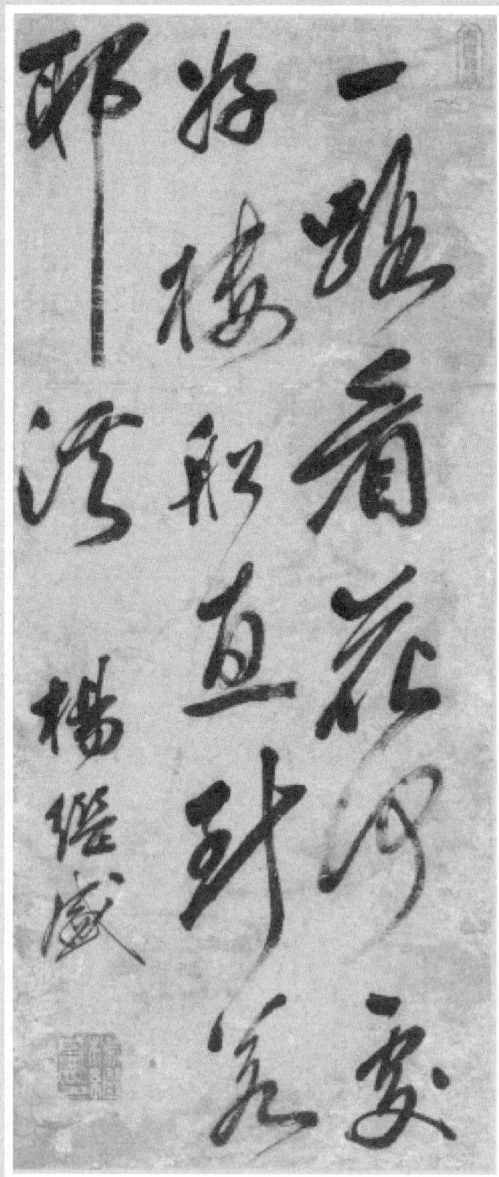

松间鸣玉：王世贞传

故宫博物院藏
《杨继盛行书七言诗句轴》

112

光禄寺少卿青霞沈公墓志铭》，详尽叙述了沈炼充满气节的一生，同情他的悲惨遭遇，怒骂严嵩父子、杨顺、路楷的卑鄙行为。当时王忬在蓟辽，与沈炼相近，听闻此消息后，勃然大怒，并在酒后与他人谈论时，斥责严嵩残害忠良，颠倒是非。然而恰逢有人在朝中弹劾杨顺和路楷，严嵩父子便以为是王忬指使人为之，由此更加痛恨王忬，这就进一步加剧了严嵩父子与王世贞父子之间的矛盾。

至于王忬之难，是因为王忬不满严嵩行径，以及其成长速度过快，甚至可能影响到严嵩集团的利益了。之前已经提及，王忬在战场上建立了一定的名望，且深得嘉靖帝的肯定。后来大同的边境治理非常糟糕，引起了朝廷的高度重视，嘉靖帝更是直接点名让在浙江任上的王忬急赴大同，升他为都察院右副都御史，巡抚大同，此官为正三品。本来此次是普通的升迁，且没有大幅度地破格提拔，但在当时还是引起了热议，这主要是因为这不是朝廷哪个部门的升迁意见，而是源自嘉靖帝的直接点名，还伴随着他的手敕，这份荣耀，远远超过一般的升迁，也因此，受到礼遇的王忬遭到了众人的嫉妒。严嵩更是非常不满，因为嘉靖帝还就此事专门问过他的意见，表达出对王忬的欣赏。被朝廷重用后，王忬的升迁速度也快于一般人，在任职都察院右副都御史后才过四个月，他十一月就升任兵部右侍郎兼右金都御史，虽然也是正三品官，但是其权力和职责范围不一样，治理军队的话，兵部右侍郎之职显然更加正统，以后的仕途之路也更加长远。

与此同时，王忬与严嵩的个人矛盾也在加剧。之前有一个皇帝宠幸的近臣宋兴，他带着一群东厂的随从，为非作歹，京城的人都不敢指责。王忬见此，公然上书弹劾。之前宋兴已经送了许多金银给严嵩，两人来往密切，此次听到王忬的弹劾，宋兴于是送更多的金银给严嵩，恳请他救助，并且自己还上疏辩解。嘉靖帝已经知道宋兴的蛮横，于是借王忬弹劾的机会，直接罢免了他。如此一来，严嵩就非常尴尬了，收了金银，没有办成事，他便将此事直接算到王忬头上了。后来随着王忬的官职越来越大，并受到嘉靖帝的恩宠，王忬就成了严嵩眼中钉、肉中刺，两人之间的利益冲突更加凸显。

在嘉靖三十七年（1558）七月，杨博因父亲去世而守孝后回归朝廷了，他建议对部分军事地区进行了调整，将蓟镇地区的兵士划归到宣府、大同管理，听其调遣，且蓟镇地区还要自行练兵以自守，嘉靖帝听从了该建议。然而，在王忬听到诏令后，认为此行不切实际，无论再怎么练，土著兵缺乏实战能力，战斗力也远远不如凶悍的敌人，不能很好地保护疆土，这样只是虚有其名，耗费财力。严嵩父子见嘉靖帝和王忬之间的意见有冲突，便趁机进言，诬陷王忬是拥兵自重、祸害国家，还不把一般人放在眼里，从而使嘉靖帝更加怀疑王忬做法的正确性。恰逢此时，唐顺之在得到严嵩的提拔后，被派往蓟镇核查兵备情况，以方便更好地部署军事计划。唐顺之到了后，按照原有名册，发现蓟镇的兵额应该是九万三千多人，而现有的是五万九千多人。这样一算，就有三万四千多人的空缺，且边防兵马瘦弱，兵器老旧，这都是战争的隐患。唐顺之将这些情况向朝廷上奏，并冠以"一卒不练"[1]之名。朝廷于是责令王忬、欧阳安等人按期操练防御，并进行相应的处罚，直接负责的马佩更是被

[1]　唐顺之：《荆川先生文集》外集卷二，四部丛刊初编本，第373页。

革职。经此一事，王忬和嘉靖帝之间就存在间隙和猜疑了，严嵩又常伴君左右，恶意中伤，可以说，王世贞父子的危难是真正来临了。

王忬是戴罪之身，处境岌岌可危，其内心也是悲凉的。有一天，王忬的友人副都御史鄢懋卿前来拜访，鄢懋卿认为边疆军事繁重，责任重大，王忬现在被困，又没有其他人的支持，那还不如向朝廷请命，暂且归乡，等到合适的时候，朝廷自然会再度起用的，这样以退为进，总比现在的尴尬处境要好。王忬觉得鄢懋卿之论有理，并认为鄢懋卿与自己是同年考取的进士，一直没有利益冲突，不会出卖自己，况且自己目前很是疲惫，之前的得力手下也都不在身边，秋防不一定能够防住，如果那时再战事失利，自己面对的大概率是死刑。因此，王忬便按鄢懋卿所说的，向朝廷请求辞官归乡。然而，王忬此举正中鄢懋卿的下怀，因为朝廷本来就是为了秋防考虑，不能轻易换将，才让王忬戴罪立功，以减轻之前的罪责，而现在他不思考怎么抵御敌人，主动退却，这无疑辜负了朝廷对他的期望。为何鄢懋卿要如此做呢？这在于他还有一个身份，即他是严嵩的门客。如此一来，一切都合情合理了。

可怕的是，鄢懋卿的手段还不止这些，他还暗中唆使巡按御史方辂对王忬进行弹劾。方辂认为王忬决策失误主要有三个方面：一是俺答军队大举南下，潘家口是最重要的，首当其冲，而王忬却没有很好地对此地设防，以至俺答军队可以从此乘虚而入；二是俺答之前攻打湾东地区，只是佯攻，其主要目的是西入，王忬却不能很好地判断出来，带领军队去支援东边，以至俺答正式攻打西边时，没法做到及时回援；三是作为军队的将帅，应该是坐镇指挥，把控全局，随机应变，而王忬一听到东边有敌情，就带领军队主动出击，实属不该。在这之外，方辂还进一步指出王忬的罪过有四个方面：一是放纵中军张伦擅自调动将领，并更改主将的作战指令；二是在与敌军对战时，寄希望于将领，自己却没有好的退敌之策；三是宠信张伦，导致他仗势欺人，引起众人的不满；四是官军谎报军情，说敌军人数众多，然后乘机抢掠，而王忬没有及时制止。方辂建议朝廷应该将王忬罢黜为民，让其他的才能之士取而代之。[1] 方辂在此用三失策、四罪过直指王忬之失，不过从其内容可知，这明显是夸大了战事失败的原因及影响，而对于王忬在战事中取得的功绩，只字不提。

此事本来已有定论，朝廷也曾颁发过诏令，王忬被停发俸禄，戴罪防秋，相关将领也被捕下狱，而鄢懋卿、方辂现在重提此事，无疑是想再一次激怒嘉靖帝。最终在鄢懋卿、方辂等人的共同谋划下，嘉靖帝对王忬更加不满。还不等王忬秋防戴罪立功，嘉靖帝就责令吏部和兵部一起重议此事，并让王忬回家听候调查结果。严嵩见他们成功地挑起了事端，于是推波助澜，大肆鼓吹王忬不肯杀贼，故意放任他们抢夺，造成非常恶劣的影响。最终朝廷让锦衣卫先将王忬逮捕入狱，全面审问。

王忬被捕入狱的消息传开后，对王世贞全家而言，无疑是晴天霹雳，此事也改变了很多人的命运。如王世贞在知道父亲入狱的消息后，第一时间自我弹劾，揽过一些罪责，并恳求朝廷罢去自己的

[1] 具体可参见"中央研究院"历史语言研究所校印：《明世宗实录》卷四百七十二，第7926—7927页。

青州之职，以救父亲；母亲郁夫人则是急忙赶赴京城，与王世懋商量营救对策，两人相见就相抱痛哭；妹妹更是担心不已，受到极大的刺激，导致旧疾复发，日益严重。

为了进一步坐实王忬的罪责，在镇抚司审理王忬一案时，严世藩特意对镇抚司审理的案件内容进行了修改，他直接抹去王忬在战争中的功劳，并将修改稿直接送交法司议罪。在刑部商议王忬的罪责时，尚书郑晓本就不攀附严嵩，并且十分厌恶严嵩的行为，他很同情王忬的此次遭遇，爱惜其才能，于是按照律法定罪，拟让王忬戍守边疆，以期将功赎罪，这和朝廷最初的定罪如出一辙。然而嘉靖帝在受到严嵩等人多次蛊惑后，便不满刑部的定罪结论，认为处罚还是太轻了，要求从重严判。面对嘉靖帝的直接诏令，刑部也没有办法，只好重新商议。在具有明确主导意见的左右之下，刑部最终认为王忬、张伦等将领失陷城寨，有损国威，应该按律处以死刑。这种判罚就符合嘉靖帝、严嵩等人的期望了。郑晓虽然想秉公处理此事，但是在嘉靖帝施加的强大压力之下，他也是无可奈何，毕竟在封建社会，皇帝之言具有绝对的权威性，不容置疑。

王世贞与母亲、王世懋等人在京城相见后，众人无不为之悲伤，王世贞救父心切，便打算和王世懋一起向朝廷上疏，请求代父亲之罪。王忬在狱中知道王世贞的想法后，认为现在如此做不合时宜，因为嘉靖帝目前怒火未消，现在上疏恐怕是火上浇油，结果会适得其反。严嵩的党羽们也警告王世贞，让他们不要有任何妄想，不要采取过激行为，因为此事是嘉靖帝直接钦定的，根本没有翻案的可能。王世贞结合种种情况，进行全面分析后，决定暂时不上疏了，当然，这主要是遵从父亲的主张，而不是被严嵩党羽胁迫而不敢为之。

　　既然上疏之举不可行，但面对父亲的遭遇，也不能束手待毙。于是王世贞认为利用自己和父亲的人脉关系，获得权贵们的支持，应该是当下最好的路径。王世贞与其弟便请求兵部尚书杨博出手相救，杨博也觉得朝廷对王忬的处罚过重，况且王忬还是有功劳的，不能全部抹去，于是他答应出手相救。除此之外，王世贞还请求徐阶帮忙，徐阶与王氏家族素有往来，他也不忍心看到现在这个局面，便答应相救，不过他还叮嘱王世贞，此事不能操之过急，只能慢慢来，否则会适得其反。徐阶对此事的判断和王忬是惊奇的一致。

　　无论如何，解铃还须系铃人，王世贞兄弟还要面对一个不可能绕开的人物，那就是严嵩。虽然在这之前，王世贞有自身的傲骨和气节，拒绝严嵩父子的多次拉拢，并在杨继盛等事情上，公然与之作对，但今时不同往日，现在关系到父亲的生死，只要严嵩高抬贵手，放下以前的矛盾，父亲就很有可能被救出来。因此，为了救父亲出狱，王世贞放弃了所有的矜持和尊严，他带领着王世懋跪在严嵩的府邸门前，痛哭流涕，恳请他不要计较之前的事情，放过父亲。严嵩见到王世贞如此，内心无比高兴，好言好语宽慰他们，劝诫他们不要过激，还说嘉靖帝也没有其他的意思，只是不想守边境的大臣放松警惕，要警示他们与朝廷同心，一起御敌。不过王世贞当时不知道的是，严嵩父子已私下派人监视他们的一言一行，并加快陷害王忬的步伐，让刑部早点结案，以免夜长梦多。如辽左战事的核功奏折已经呈上，里面有对王忬杀敌功绩的陈述，严嵩却令人把王忬的功劳全部删去，又罗列其他的事情以进一步追责王忬，"相嵩嗛之，令追论府君",[1] 在这期间，兵部郎中徐善庆坚决不听从严嵩的指令，最终也只能以病辞归。

王世贞兄弟当时居住在京城西寺委巷中，他们到处求情，然而答应帮忙的人寥寥可数，这些人都非常害怕严嵩的权势，这也让王世贞深刻体会到了世间的人情冷暖。在万般无奈之下，王世贞兄弟俩穿着囚服跪在道路旁边，此举意在代父亲受罪，他们还拦截权贵们的车马，不断诉说父亲的遭遇，并磕头哀求，恳请众人能够仗义执言，救父亲出狱。平时王世贞兄弟还要以一颗平常心去监狱里探望父亲，不能让父亲看出他们的苦楚，以免增加父亲内心的负担，不过每次出来后，兄弟俩都是以泪洗面。他们不能让母亲知道具体情况，还要编排一些宽慰的话让母亲安心，兄弟俩在家私下相见，无不吞声而哭，悲痛万分，异常煎熬。后来，王世贞在答谢王世懋向他贺寿时，作了三首唱和诗，其中就提到了"东海二难"，表示两人是一对难兄难弟，自己永远不会忘记此事。

太仓博物馆藏《东海二难》碑拓本启首（残）[2]

---

[1] 王世贞：《弇州山人四部稿》卷九十八《先考思质府君行状》。
[2] 太仓博物馆的徐超提及，"东海二难"的碑石曾经藏于太仓南园，可惜在1937年被日军炸毁，此碑现在只见残碑，收藏于太仓博物馆。

119

据说王世贞为了不让家人担心，自己每次想放声大哭时，都会把手指放在嘴里，以不让嘴巴发声，渐渐地，手指都被咬断了，"啮去一指"，以至其书法之作，时常可见断指痕迹。

当然，世界上还是有情谊的。如任职刑部的张九一就不畏严嵩权势，公开与王世贞交往，并入狱探望王忬。不过出于保护张九一的目的，王世贞屡次谢绝，没想到张九一却说出"士为知己者死，死且不避，官于何有"[1]这等慷慨之词，王世贞听闻此言之后，感激不已，直接将张九一视为知己。张有功则直接拜访王世贞，嗟叹当下的情形，鼓励王世贞要振作，多多注意身体。还有王昌年，他以前是王忬军中的军医，在王忬被逮入狱后，他多次前往探视，并为王世贞的母亲和妹妹治病。

到了冬季，因为嘉靖帝忙于祠坛的修筑和清理，且朝中徐阶、杨博等人为王忬说情，使得王忬之事稍有所缓，甚至出现转机。王世贞家人知道后才稍微安心，并祈求王忬能够早日出狱。由于家人现在都长期在京城居住，再加上需要四处寻求帮助，家庭的日常开销自然不小，他们所带的钱财都快要用尽了。王世贞在探望父亲时，父亲便督促他早日回到太仓，以料理家中之事。

在归家途中，王世贞拜谒苏州知府王道行，一方面是向他诉说家难，另一方面是太仓属于苏州管辖，希望他能够多多照顾自己家中事务。王道行是王世贞的好友，两人有着共同的文学主张，后来王世贞还将他与石星、黎民表、朱多煃、赵用贤合称"续五子"，

---

[1] 李维桢：《大泌山房集》卷九十二《都察院右佥都御史张公王恭人墓志铭》，上海图书馆藏明刻本。

太仓殷继山先生家藏书画卷的题跋[1]

[1] 感谢太仓殷继山先生的慷慨相助，他藏有多种有关王世贞的资料，并允许我现场对相关材料进行拍照，以用于学术研究。

121

以推动文学复古运动的发展。王道行回访王世贞时，再次安慰他，并赠以金钱，希望对他有所帮助。到家后，王世贞想尽办法筹措钱财，但是因家人近年来主要在外居住，在太仓的时间不长，致使原有地产缺少打理，收成不高，加之家里开支较大，导致生活较为拮据。王世贞感慨道："我现在已经是囊中羞涩了，明年恐怕要典当由鹔鹴鸟皮制成的大衣了！"正当王世贞为筹措钱财而烦恼时，他又接到信息，说父亲之事由缓变急了。闻讯后，王世贞不敢有所耽搁，立即北上。此时已经是隆冬天气，寒风刺骨，从弟王振美相送至江浒，两人恸哭而别，俞允文听闻王世贞要急着北上时，便拖着病体前来送别，非常痛心王世贞的遭遇。

一到京城，王世贞紧绷的弦放松了点，幸好父亲之事没有像之前传闻的那样急促。表兄王懋贤自去年末一起来京后，见王忬事情稍缓，他不能像王世贞一样长期在京师居住，于是向王世贞告辞回乡。到了春末，王世贞越来越觉得身体虚弱且骨寒，这主要因身心俱疲所致，其精神亦处于高度紧张状态。

转眼间，秋天已经来临，边疆之事安定，且嘉靖帝的祠坛多有祥瑞出现，当时还居住在委巷中的王世贞兄弟便希望父亲能够借此时机，得免于难。然而到了十月，噩耗却突然降临，父亲最终被斩于市，时年仅五十四岁。而王世贞兄弟俩那时恰巧有事外出，惊闻此消息后，王世贞立马奔赴至西市，见到父亲的尸首时，他彻底崩溃了，号啕大哭，跪舔父亲颈部之血，牙齿撕咬着地面，发泄着内心的愤怒和悲伤，以至在地面上形成了一个小坑。几年来，种种煎熬，一切消散，在有一丝希望时，彻底绝望，唯有哭喊聊表内心。

　　将父亲简单地安葬后，王世贞没有赶赴官场，而是和王世懋在父亲墓地旁新筑房屋来守丧。王世贞兄弟两人恪守礼制，守丧满二十七个月。其实所谓的三年之丧，也不是完全意义上的三个整周年，一般而言，只要经过两个整周年，再加上第三个周年的头一个月，就算服满三年之丧了。唐代以后则多以二十七月之说为准，并在那时举行禫祭，也就是除服之祭，意味着守丧三年的结束，结束后，守丧之人就可以回归到正常的生活了。不过王世贞依然没有脱掉衰绖，依然摒弃声乐，谢绝吉礼高宴，只是开始不禁荤菜美酒，不绝诗文唱和了。

　　后来王世贞多次向朝廷上书，为王忬平冤昭雪，详细叙述父亲冤狱的始末，他认为父亲虽然有所过错，但是罪不至死。况且嘉靖帝下旨明述王忬的罪过，并让他防秋，保卫边疆，以戴罪立功，这说明嘉靖帝本身没有想杀掉王忬；御史方辂只是弹劾王忬的惊心之举，疏于防范，致使战事失利，并没有想直接杀害王忬；吏部、兵部经过审议后，上奏朝廷，是让王忬暂时回家休养，也没有要杀害王忬之举；刑部量刑后，最初也是按照张珩的处理办法，让王忬充军，没有想杀害王忬的意思；王忬下狱一年多，朝廷在倒查军饷、练兵等事情时，并没有涉及王忬，这也说明大家都没有想杀害王忬。既然如此，那为什么王忬最终还是被处以极刑呢？王世贞就把所有的矛头都指向严嵩父子，他认为之前严嵩父子与自己家有矛盾冲突，严嵩父子就借此事落井下石，故意诽谤，致王忬于死地。所以，王忬死得冤枉，王世贞恳请朝廷要主持公道，调出原来的案件材料，重新审查，以还王忬一个清白，"辩雪，复官恤录"[1]。王世贞如此诉说，是聪明之举，盛赞嘉靖帝的仁慈和英明，不站在朝廷的对立面，只是痛斥严嵩等人的奸险和无耻，这样就把所有的矛头对准了严嵩等人，涉及面就小很多，也有利于推动事情解决。当然，为了有更加多的把握，王世贞除了向朝廷上书之外，他还写诗和书信给阁臣徐阶、李春芳、高拱、陈以勤、张居正，以及吏部尚书杨博、刑部尚书黄光升、兵部尚书赵炳然、御史王廷等人，希望能够获取他们的全力支持。

王世贞的奏折一上，就在朝廷中造成了很大的影响，毕竟当时王忬遇难就成为了舆论的焦点，现在王世贞重提此事，又是集中针对严嵩，自然更多人同情其父的遭遇。然而令人意想不到的是，当时徐阶和高拱均为辅国大臣，两人正处于争权夺势的阶段，而王世贞父亲之事牵涉人员极多，问题也较为敏感，如当年事发时，王世贞就曾去向徐阶求情，徐阶也对他指点和劝诫一二，且此次他再次帮助了王世贞。于是高拱就以此事为把柄，想趁机打压徐阶，他向朝廷状告徐阶私下替罪人求情，布施私恩，并且暴露和传扬了先帝过错。这样一来，王世贞无疑就卷入了徐阶和高拱的争斗旋涡之中，鉴于此，杨博便建议王世贞兄弟可以暂时归还吴中，为父请冤之事要从长计议，因为徐阶和高拱之间的争斗不知道何时停止，这神仙打架，凡人无法干涉，只有看的份。

王世贞知道后，和王世懋商议了一下，认为此时更不能回吴中

---

[1] 王世贞：《弇州山人四部稿》卷一百九《恳乞天恩，俯念先臣微功极冤，特赐昭雪，以明德意，以伸公论疏》。

了，因为事情瞬息万变，朝廷之前给的勘报功绩期限只有三个月，如果现在回去，信息闭塞，就没法及时跟踪进展，那以前做的努力，很可能都将白费。况且，错过了眼前的时机，以后还不知道会何时呢！所以他们都没有回去，而是暂时居住在都门外的寺院中，继续等待朝廷的信息。面对当下的时局，两人都没有好的对策，却勾起了他们以往的痛苦记忆，两人又是相对而泣，并作长时间居住在京师的打算，这也是无奈之举。

事实证明王世贞的决定是正确的，才到了五月份，高拱就被朝廷罢免了回家归养了，之前高拱和徐阶有矛盾，此时的一场京察风波直接将二人的矛盾推向了顶峰，之前也提及过，京察是对五品及五品以下的官员进行考核，负责这项工作的是吏部尚书和都察院左都御史，隆庆元年的京察由吏部尚书杨博主持，杨博是山西人，此次京察动了不少人，而没有一个是山西官员，于是都察院给事中胡应嘉弹劾杨博存在私信，有失公允。高拱作为杨博的好友，认为胡应嘉敢如此弹劾，肯定是受徐阶的指使。有了如此想法，高拱便站出来为杨博说话，借整治胡应嘉之机，进而攻击徐阶。出乎意料的是，徐阶没有任何异议，全部同意了高拱的提议，因为胡应嘉根本就不是徐阶的人。其实，胡应嘉和高拱之前就有矛盾，他在嘉靖朝弹劾高拱具有二心，差点断送了高拱的政治生涯，因为嘉靖帝驾崩，此事才翻篇。当高拱的提议一经实施，便引来了言官们的集体不满，他们一起上奏朝廷，营救胡应嘉，指责高拱乱政，如同北宋的蔡京。面对如此局面，高拱只得暂时离开内阁，归家休养。对于胡应嘉的此次弹劾，后来有人认为他是徐阶的马前卒，牺牲自我换取利益，

徐阶暗中推动 [1]，还有人认为此事很可能是张居正指使的，毕竟最终获益最大的是张居正。不过，历史的真相具体如何，谁也没有明确的证据，更多的是猜测，或者逻辑推理，但不管如何，高拱离开，徐阶进一步集权，是有利于王世贞的。到了八月份，最终朝廷同意了王世贞的上书，为王忬平冤昭雪，恢复王忬原来的官职，并赐祭二坛 [2]。

到了 1567 年，有一个人需要单独提及，他之前在朝堂可是呼风唤雨的存在，攀附之人很多，然而他死时已被削官，无家可归，穷困潦倒，寄食于墓舍，既无棺木下葬，更没有人前去吊唁，甚是凄凉，其具体的死亡时间没人记载，就连《明史》对此也是笼统表述，仅一笔带过。这人就是严嵩，一个和王世贞打过诸多交道的权臣，王世贞及父亲的命运深受其影响。王世贞对严嵩恨之入骨，在收悉其去世的消息后，便作诗《袁江流钤山冈当庐江小妇行》，虽然是诗作，但是此诗除去标点符号，竟长达一千六百多字，一般古文的篇幅也是远远不及的。该文极尽叙事之能事，详细地阐释了严嵩父子及其党羽的发迹历史，揭露他们的丑恶罪行，指责他们祸国殃民、残害忠良，并认为他们会遗臭万年，遭人唾骂。现摘录部分内容：

> 但称严少师……相公逼饥寒，时一仰天叹：我死不负国，奈何坐儿叛？傍人为大笑，嗟汝一何愚？汝云不负国，国负汝老奴？谁令汝生儿，谁令汝纵史？谁纳庶僚贿？谁胺诸边储？

---

[1] 张鑫：《试析隆庆初高拱的首次罢休》，《天中学刊》2012 年第 4 期，第 120 页。
[2] 申时行：《赐闲堂集》卷二十一《都察院右都御史兼兵部左侍郎赠兵部尚书王公神道碑铭》，沈乃文主编《明别集丛刊》第二辑，第 68 册，黄山书社 2016 年版，第 335 页。

谁僇直谏臣？谁为开佞谀？谁仆国梁柱？谁剪国爪牙？土木求神仙，谁独称先驱？……相公寂无言，次且复彷徨。颊老不能赤，泪老不盈眶。生当长掩面，何以见穹苍？死当长掩面，何以见高皇？殓用六尺席，殡用七尺棺。黄肠安在哉？珠襦久还官。狐兔未称尊，一丘不得安。为子能负父，为臣能负君。遗臭污金石，所得皆浮云。[1]

此诗是王世贞人生的一大快诗，尽情地抒发其内心的不满，甚至是愤怒，骂得真是酣畅淋漓。一句"遗臭污金石，所得皆浮云"，也是王世贞对人生的全面感悟。王世贞在晚年编撰《嘉靖以来首辅传》时，就涉及严嵩，他对严嵩的形象刻画，直接成为《明史》的材料来源，也成为我们认知严嵩的重要文本。

王世贞与严嵩之间的种种因果循环，有时说不清，也道不明。没有严嵩，王世贞说不定早就成为达官显贵了，但文坛或许会少一位巨擘。王世贞对严嵩的痛骂，并不完全意味着两人关系的彻底结束，因为经历了严嵩的磨难，王世贞明白了人生的起伏，所以他对不朽之业会更加明晰。所以，有时冷静下来，我们要感谢对手，当然，这很难做到。

卷二

---

[1] 王世贞：《弇州山人续稿》卷二《袁江流钤山冈当庐江小妇行》。

与张居正：公私分明

王世贞和张居正是同年高中的进士，且后来两人交往密切，对于两人之间的关系，学界多有讨论[1]。

为了给父亲王忬申冤，恢复名望，在隆庆元年王世贞除了向朝廷上书之外，他还写诗和书信给众多朝廷大臣，而在他此次所求的众人中，张居正值得特别一提。当时他前往京城，途经德州，便获悉张居正入阁参政，即郑利华指出王世贞在二月时"行次德州，闻张居正入阁"[2]。其实，在这之前，王世贞和张居正是没有什么来往的，虽然两人有同榜之谊，皆为青年才俊，但是各自的志趣不一样，王世贞喜欢与友人诗歌唱和、游山玩水，张居正则关心国事、思考仕途。而现在张居正的身份不同往日，在朝廷中有一定的话语

[1] 鉴于王世贞和张居正的巨大声名，以及两人相互交往的历史史实，对王世贞和张居正的专题研究历来是学界的热点。朱东润《张居正大传》（湖北人民出版社，1981年）、郑利华《王世贞年谱》（复旦大学出版社，1993年）、孙学堂《崇古理念的淡退——王世贞与十六世纪文学思想》（天津古籍出版社，2004年）等专著的部分章节均有所提及，而专题研究论文则主要有：孙卫国《16世纪两类士大夫的代表：文人王世贞与相臣张居正》（《中国社会历史评论》2005年第6卷）、魏宏远《王世贞与张居正关系再检讨》（《湖北成人教育学院学报》2009年第3期）、安频《王世贞与张居正之关系论略》（《长江大学学报》2022年第4期）等。
[2] 郑利华：《王世贞年谱》，复旦大学出版社1993年版，第161页。

权，王世贞主动写信给他寻求帮助，这对他和张居正之间关系的构建至关重要，因为张居正获悉后及时作出了回应，同情王世贞父亲的遭遇。在现有的文献中，王世贞与张居正完整的信件往来共有16封，张居正文集中有15封，王世贞文集中却只保留1封。笔者曾对王世贞与张居正第一封来信的写作时间进行了具体考证，提出了不同于学界的一些见解 [1]。

具体而言，笔者认为第一封信是王世贞主动写给张居正的，不是叙旧，而是希望张居正能够在其父的事情上施以援手，王世贞在信中说道："上谒无由，区区私情，敢托毫素，痛惟先人束修登朝……伏惟明公赐哀而收录之，苟先魄就窆，不至藁葬，世贞尚可以少逭大戾，偷生渔樵，歌咏盛德矣。" [2]有了王世贞的主动，才有了张居正的回应。如张居正在收到王世贞的信后，及时回信，他说道："迭辱华翰，深荷雅情。惟丈俊才卓行，冠冕人伦，沉抑数年，舆情共惜，然不困厄，乌能有激乎？清明之世，与天下贤士，襄然汇征，纾先世之积愤，展平生之所怀，在此时矣。幸努力自爱。" [3]不过有的研究者认为张居正在收到王世贞的信件后有什么反应，是"不得而知，《张太岳集》中并没有收录他的回信。……隆庆六年（1572年），张居正再次致函王世贞" [4]。其文中引用的"再次致函"为以"迭辱华翰，深荷雅情"之语开头的信件，即认为该信写

卷二

---

[1] 贾飞：《王世贞与张居正关系及文学影响考论》，《清华大学学报》2023年第5期，第65页。
[2] 王世贞：《弇州山人四部稿》卷一百二十三《上江陵张相公》。
[3] 张居正著，张嗣修、张懋修等编纂：《张太岳集》（中册），中国书店2019年版，第341页。
[4] 孙卫国：《16世纪两类士大夫的代表：文人王世贞与相臣张居正》，《中国社会历史评论》2005年第6卷，第194—195页。

于隆庆六年，而不是对王世贞隆庆元年信件的回复。对此，笔者认为该信应是张居正对王世贞隆庆元年信件的回复，且作于隆庆元年，因为：

一是，此信是张居正《答廉宪王凤洲》15封信的第一封，而信件是按照写作时间的顺序依次排列的，张居正之子张嗣修在《书牍凡例敬题》中明确言及，他在获得其父张居正的书牍手稿之后，能够准确地考证出每篇书信的写作时间，然后再用"编年"的标准编纂[1]。根据信件内容，第二封应该是在王世贞被高拱排挤，为母丁忧期间，遭受他人弹劾时所写，成于隆庆五年（1571）春，张居正安慰道："才人见忌，自古已然。春首浮议之兴，良亦由此。公论在人，其可泯乎？"[2] 所以，第一封信的写作时间肯定是在隆庆五年之前，不可能是之后。

二是，这封信中提及"冠冕人伦，沉抑数年""纾先世之积愤，展平生之所怀，在此时矣"等语，非常符合王世贞在父亲弃世七年后的多重语境。沉抑多年后，王世贞踏上为父平冤之路，其内心中有许多愤懑，而这些却又无法在嘉靖朝得到尽情抒发，此时新皇登基，大赦天下，无疑是一个绝佳时机。并且，在翻阅这15封信件后，发现只有这封信提及王世贞父亲之事。

可见，对于信件写作时间的错误把握，往往会带来一定的误读和误解，从而使认知偏离历史原貌。所以，我们有必要对此进行厘清，以更加清楚地认知王世贞和张居正的关系变化。

---

[1] 张居正著，张嗣修、张懋修等编纂：《张太岳集》（上册），第6页。
[2] 张居正著，张嗣修、张懋修等编纂：《张太岳集》（中册），第341页。

之前在叙述王世贞的仕宦经历时，笔者已经对王世贞和张居正的往来有所涉及，除此之外，还有几件值得一提的事，如在郧阳任上，王世贞虽然写了《地震疏》，以及没有照顾张居正的妻弟，但是当张居正的母亲七十岁生日时，王世贞还为她作名为"诰封少师太虚公元配一品张太夫人七十序"的寿序，大力歌颂其功德，甚至以姜嫄类比，极尽称赞之能事。

再如，在万历五年（1577）秋，发生了一件举国轰动的大事，一位老人去世了，这本来是司空见惯的，不过，这位老人的身份有点特殊，他是内阁首辅张居正的父亲。如此一来，事情就不一样了，因为按照传统礼制，张居正是要回家丁忧守丧的，之前王世贞父母逝世时，已经提及过守孝一事，这是士大夫很看重的。然而，张居正没有遵循礼制，以"夺情"未归，再加上其独特的内阁首辅身份，使得此事在朝堂之上引起了轩然大波，弹劾者不断，鉴于此事敏感，涉及人物众多，多种史料均有记载。当时是万历五年十月，翰林院编修吴中行、检讨赵用贤、刑部员外艾穆、主事沈思孝各自上疏议论张居正夺情之事，然而皇帝却把这些奏章都留在宫禁中，不予批答。只是下旨让锦衣卫将他们带到午门前，吴中行、赵用贤被杖责六十，并发回原籍为民，永不叙用，艾穆、沈思孝被杖责八十，发配边疆充军，即使遇到大赦也不能宽免。王锡爵连同数十人直接逼问张居正，不过张居正并没有采纳他们的建议，在这期间，由于王锡爵言辞激烈，还惹怒了张居正，张居正更是下拜众人，横刀于颈，说道："皇上强留我，你们却一起赶我，这是要杀了我吗？"众人看到张居正如此态度，便知道事情没有挽回的地步。除此之外，赵志皋、张位、于慎行、沈懋学等人再上疏，也是没有用。部分人还被贬，王锡爵、沈懋学则以身体疾病为由，请求归乡。刑部邹元标再次上疏论张居正夺情之事，却被杖责八十，发配边疆充军。[1]因此，张居正是用铁腕手段镇压了抗议者，极大地捍卫了自己的政治权力。如果张居正辞去首辅之职，回家守孝三年，那他在朝堂上的权力很快会被别人取而代之，自己的命运就会掌握在他人手上，根据历来的政治斗争，可知其下场会很惨，当然，历史也将被改写。

不过，在获知张居正父亲离世的消息后，王世贞进行了吊唁，这使得张居正极为感动，因为当时王世贞身为文坛盟主，代表着天下文士，况且张居正处于被众人斥责的状态，援助者不多。后来张居正回家葬父，王世贞遣使前往悼念，且张居正葬父还朝后，王世贞还写了书信给他，张居正自然愈发感激王世贞对他陷于孤立时的支持，并认为王世贞为其父作的碑文可以传世，自己会奉为传家之宝。且不说王世贞这一系列行为的具体动机是什么，但不可否认的是，他的行为有益于他日后的仕宦之路。其实对于王世贞为何如此做，也不用过多阐释，因为如前所言，他向来是政事和人事分开的，从不攀附权贵，张居正作为其好友，且在为王忬申冤一事上有所帮助，那么，现在好友张居正的父亲离世了，从王世贞的角度而言，他进行吊唁，并撰写碑文，也是合情合理的，这也是王世贞所擅长的，只不过部分研究者特意强调张居正的首辅身份，从而对此事进行过多的阐释，反而把简单的事情变得复杂了起来。换言之，如果王世贞真有如此投机和钻营的本意，那在这之前，他就有很多机会，

松间鸣玉：王世贞传

---

[1] "中央研究院"历史语言研究所校印：《明神宗实录》卷六十八，第1480页。

可是他全部拒绝了，始终捍卫着自己的行事准则，正因为此，使文坛多了一位传奇盟主，而官场只是少了一位普通官吏。

对这种矛盾性的行径有所了解后，就可以更好地理解另外一件事了。在万历十一年（1583）三月，当时朝堂热闹非凡，经万历皇帝授意，朝廷开始清算张居正的罪状。虽然之前张居正在去年六月二十日离世，终年五十八岁，赠上柱国，谥文忠，算是荣耀至极。但是随着时间的推移，他主政时所制定的诸多政策的弊端日益凸显，且欺上瞒下、包庇他人等事情也逐渐大白于天下，众多言官纷纷弹劾他。在今年正月里，朝廷就下诏将张居正之子张懋修的功名革去，贬为庶民。后来朝廷又褫夺张居正原有的名号，并将身为锦衣卫指挥使的张简修贬为庶民。除此之外，朝廷还将之前张居正所推荐的人，全部削减，或贬谪、或发配、或下狱，以尽可能地减少张居正及其党羽对朝廷的影响。

突如其来的巨变，引来朝臣们的纷纷议论，趁机攻讦张居正者居多，不过他们往往是以不切实际的言论来强加罪责，从而迎合新的朝局，以至张居正同年中进士、同乡之人皆受到不同程度的牵连，王世贞则因为不攀附张居正而幸免于难，而对于张居正身前身后的冷暖遭遇，王世贞深有感慨，之前他为亡父奔走时，就已经遇到过这种情形，盛时众人为友，称赞声不绝于耳，衰时他人离散，唯恐避之不及。虽然王世贞与张居正之间有种种是非，但是此时他保持了清醒的头脑，对世人、张居正、朝廷等主体之间，做出了恰当的评论，他认为张居正之罪是始于做事过激、自信过满，而身边没有一人能够提醒他的不当之处，对他所结交之人一网打尽的做法，则有不妥之处，未免过激，对于此事，他希望奉行"道"的原则，天下苍生要好好选择，懂得自爱。王世贞能够有如此之论，与其学道日久，心性平和有很大关联，他还站在了国家形象的角度进行整体思量，毕竟张居正是首辅之职，位高权重，掌权时代表着国家意志，因此对他的处理也要全方位考虑，以免招来海外之人的嘲讽，发出"得无伤国体乎"[1]的疑问。当然，这些只是王世贞个人的考虑和认知，朝廷对追罪张居正之人，以及遭受过其迫害之人，还是给予优抚，多人官复原职。如王世贞作《送赵汝师太史还朝序》送赵用贤还朝。所以王世贞是非分明，没有轻易地卷入到这场政治漩涡之中，而是继续潜心修行。

其实，王世贞和张居正的关系，历来成为众人关注的焦点，其中有关键的一问，即王世贞是否有意结交张居正？

作为文坛盟主的王世贞，主动写信给作为内阁首辅的张居正，并且几经官场的升迁、调任，都与张居正有直接联系，这自然让他人对二人的关系进行深入探究。孙学堂认为："《弇州四部稿》中仅载王世贞与张居正书一封，是请为其父讼冤，《续稿》则一封也没有。而张居正《张太岳集》则存与王世贞书十五封，差不多每一封都提到王世贞的去信与馈赠。由此看来，王世贞绝非无结交权臣之意。"[2] 而魏宏远也是从现存书信出发，指出："张居正得势时王世贞已将写给他的信函丢弃，由此更进一步说明王世贞并无交接

松间鸣玉：王世贞传

---

[1] 王世贞：《弇州山人续稿》卷一百七十四《陆与绳》。
[2] 孙学堂：《崇古理念的淡退——王世贞与十六世纪文学思想》，天津古籍出版社2004年版，第106页。

权贵之意。"[1]虽然说每一封信都提及馈赠有夸大之嫌，因为在张居正的第三、第四、第五、第七、第九、第十三封信件中就没有一语是关乎馈赠之物的，但是他们都是从这些信件出发的，居然得出了不一样的结论。其实，关键点就在于如何解读王世贞对待他与张居正信件的态度。

如前所言，从现有的完整书信来看，两人的往来源自王世贞的主动，自隆庆元年至张居正去世，两人始终保持着书信往来。这期间，虽然王世贞对张居正的职位安排有所不满，张居正对王世贞的治理能力感到愤怒，但是他们俩没有走向完全对立的一面，甚至对于言官的弹劾，王世贞都将责任归结到自身，而不是认为这出于张居正的指使，如他与潘季驯说道："世贞不能事言路，以致憎口，又非江陵公所仇弃者。"[2]事实也是如此，张居正自从回第一封信给王世贞之后，就一直没有完全放弃他，并且对他弟弟的仕途也多有关心。王世贞心存感激，在张居正夺情时，给予了莫大的支持，后来主动送怀素的《千文》。可见，王世贞是一直保持了与张居正的关系，并努力维护之，这也是因为他屡次有求于张居正，如之前在郧阳任上碰到大察时，他在上了不称职的乞休书后，时刻关心京察的进展，多次致信张居正询问情况，所以张居正第七封书信中就有"奉别札云云，昨大察时，未闻有异议者，似不必自生疑虑也"[3]的准确答复。这也说明对王世贞的信件，张居正并不是一一回应，

---

[1] 魏宏远：《王世贞与张居正关系再检讨》，《湖北成人教育学院学报》2009年第3期，第74页。
[2] 王世贞：《弇州山人续稿》卷一百七十五《潘大司寇》。
[3] 张居正著，张嗣修、张懋修等编纂：《张太岳集》（中册），第343页。

有时是多封一起回复。因此，王世贞结交张居正是既定事实，两人之间有着各自的目的。

不过，需要说明的是，王世贞始终没有攀附张居正。结交不等于攀附，结交在于联络友谊，攀附则是投靠有权势的人，谋求高升。在王世贞高中进士时，其父就叮嘱他进入仕宦后，要靠自己的努力和能力去获得相应的名位，不能依附权贵，"士重始进，即名位当自致，毋濡迹权路"[1]。在这点上，王世贞贯彻得很好，如前面也提及，严嵩对此拉拢，他均拒绝，不与之同流合污，他还直接前往陆炳府邸捉拿犯人，即使他人说情也是断然拒绝。所以多历情变的王世贞，始终能够保持文人的独立人格，为张居正父亲写寿序、吊唁其父等，也是出于友人之间的常情之举。这些不妨碍他公正处理王化之事，上《地震疏》影射张居正的大权独揽，并在朝廷清算张居正时，他还能秉持公正，并认为张居正之罪是始于做事过激、自信过满，"始于激、成于满"[2]，而身边没有一人能够提醒他的不当之处，对他所结交之人一网打尽的做法，则有不妥之处，未免过激。黄仁宇也可能是受此启发，他对张居正的如此结局进行了论述："为什么张居正这样令人痛恨？原因在于他把所有的文官摆在他个人的严格监视之下，并且凭个人的标准加以升迁或贬黜，因此严重地威胁了他们的安全感。这些官员之间关系复杂，各有他们的后台老板以及提拔的后进。他们又无一不有千丝万缕的家族与社会关系，因之得罪了一个人，就得罪了一批人；得罪了一批人，也就得罪了全国。这

---

[1] 王世贞：《弇州山人四部稿》卷九十八《先考思质府君行状》。
[2] 王世贞：《弇州山人续稿》卷一百七十四《与杨太宰》。

正如他同年王世贞所说，张居正一套偏激的办法，是和全国的读书人作对。"[1]

既然如此，那该如何看待王世贞和张居正的关系，如何进行定性呢？

这个我们可以从王世贞遭受弹劾后的心路历程出发，他的《题辩疏后》被众多研究者注重，该文中有这样一段："明年之九月，余以中丞节督治郧楚，念母以报上及知己，有所见辄言，言有示许者与示闻者，往往戆直不中节，而谗间入矣。前是余与楚棘事，愤伪学之披猖，发策一及之，而其魁方用事，又与余同年，往往阳托善余，而阴造不根伤政府语，使人不可闻。"[2] 对于其中的"知己"是谁，学界当下还是有争议的。有的研究者认为这显然是指张居正[3]，而有的研究者则认为这是指王世贞宗人，且为张居正的年家子[4]，莫衷一是。

具体而言，知己当为好友、密友，甚至是能与之推心置腹之人，如王世贞与李攀龙、徐中行等文学复古运动的倡导者。而除此之外，由于王世贞身处官场，知己便又指向赏识、提拔自己的上级，如他感恩丁以忠在山东时多次提携他，支持他的政见，让他如鱼得水，得以施展才能，他说道："古称知己重于感恩，何者，明其难全也。明公于仆进有鲍叔国士之知，退有薛公改馆之爱，且当流离颠沛间

[1] 黄仁宇：《万历十五年》，第 59 页。
[2] 王世贞：《弇州山人续稿》卷一百六十《题辩疏后》。
[3] 孙卫国：《16 世纪两类士大夫的代表：文人王世贞与相臣张居正》，《中国社会历史评论》2005 年第 6 卷，第 200 页。
[4] 魏宏远：《王世贞与张居正关系再检讨》，《湖北成人教育学院学报》2009 年第 3 期，第 74 页。

冒吏议、排众眳，务存余暖于不然之灰，又推右骖以资饘橐，即古所称衔珠投环，未足万一。"[1] 因此，"念母以报上及知己"中的知己就不太可能是指王世贞宗人，一来在王世贞信件中，并没有提及他在北京的非常好的宗人的名字，二来"年家子"是指同年登科者的儿辈，即王世贞的晚辈，三来如果有此宗人的话，其地位应该不高，不太可能在仕途上提携王世贞。

所以，此"知己"很有可能就是张居正。因为张居正为内阁首辅不久，王世贞能够去郧阳主政是张居正为之，而且两人是同榜进士，完全符合"督治郧楚""其魁方用事""又与余同年"之言。还有就是，如前所述，在张居正的书信中，转承文书的差役告知张居正，王世贞已经前往郧阳任职，即王世贞已经与张居正就此事有书信往来。如此称呼，此处并不是特例，而是王世贞的习惯用法，如他向徐中行说道："此役初无他，乃是以资耳。……仆不能出而再为知己所强，聊应之耳。……今已五十，前路足可知。"[2] 他向张助甫言及："昨抵武昌。……弟本不能出，而迫于一二当事者谬为知己。"[3] 这些信件的内容都与王世贞和张居正的交往过程相吻合。

对于张居正和王世贞的"知己"关系，张嗣修在编辑张居正书信时明确提及："又二卷报答知己。若徐、高、顾、王最著者，人为一类，各有编年，所以明师友谊义也。"[4] 即张居正书信总共有15卷，张嗣修编辑时，故意将其分为两部分，前面13卷是张居正

---

[1] 王世贞：《弇州山人四部稿》卷一百二十三《寄少司马丁公》。
[2] 王世贞：《弇州山人四部稿》卷一百十八《徐子与》。
[3] 王世贞：《弇州山人四部稿》卷一百二十一《张助甫》。
[4] 张居正著，张嗣修、张懋修等编纂：《张太岳集》（上册），第6页。

与普通友人的往来信件，而最后 2 卷则主要是他与徐阶、高拱、顾东桥、王世贞的。可见，在后人眼中，张居正和王世贞之间是存在"知己"关系的，友谊深厚。

至于王世贞在《嘉靖以来首辅传》中的《张居正》，较为真实地记录了张居正的一生，与四库馆臣对全书的整体评价一致，即"所纪则大体近实，可与正史相参证"[1]，此文成为后人写作《张居正传》时的重要支撑材料。《明史》在言及两人的关系时说道："张居正枋国，以世贞同年生，有意引之，王世贞不甚亲附。"[2] 此为确论，也是客观之论。

[1] 永瑢等：《四库全书总目》，第 524 页。
[2] 张廷玉等：《明史》卷二百八十七《王世贞》，第 7380 页。

与王锡爵：亲如兄弟

王世贞和王锡爵同为太仓人，两家相距很近，祖上也颇有渊源，王世贞属于琅琊王氏，王锡爵则来自太原王氏，同根不同枝。虽然两人自小相识，并有所往来，但是他们真正的熟知，直到亲如兄弟，恐怕是从万历六年（1578）秋季开始的。当时朝廷新任命王世贞为应天府府尹，应天府一般都是京城所在地，由于明朝永乐帝迁都至北方的顺天府，应天府便作为了留都，府尹就是京畿地区的行政长官，不过应天府府尹的职位比较特殊，不是一般的知府，品级为正三品。然而当王世贞走到丹阳时，他就听到了一些南京有关于他的流言，南京兵科给事中王良心、福建道御史王许之更是以"侈秽旷肆"之由弹劾王世贞，他们认为王世贞父难时不能请死，平冤昭雪后应该耻为人，且复仕无所作为，屡次乞休居家后又不能恪守礼节，还大修园林、骄奢淫逸、广交诸友，为官侵扰百姓、结党营私、乱敛钱财等，对于这些指控，王世贞便向朝廷上《乞恩勘辩诬蔑仍正罪削斥以明心迹以伸言路疏》，一一予以回击，言语甚为激切。不敢如何，有如此弹劾，王世贞心意难平，就不到任上，即南返家中。王世贞回到家后，正值王锡爵因为与张居正有间隙，且不愿参与朝廷的争斗而赋闲在家，两人同病相怜，于是相约一起游玩，逐渐成为了无所不谈的知己。

王世贞和王锡爵的关系更进一步是因为一起尊奉昙阳子[1]，为了能够更加虔诚地修行，在万历八年夏，王世贞和王锡爵一起搬到郊外居住，不幸的是，瘟疫忽然在太仓流行起来，以至死者不计其数。他们两人都没有逃过瘟疫的侵袭，被感染了，且王世贞比较严重，身体颓丧、疲困，于是他连忙从郊外搬回弇山园居住，经过一段时间调理后，其病情才得以控制，身体逐渐好转。此事有王世贞的手书为证。

其内容为："仆因野次受风，遂为疟鬼所侮。近始稍稍能起，已弃家受儿曹作一有发头陀矣。览裕春丈与眉公书，使人神悚。久不接徐使君，遂成宿诺。如及泉丈到，必当为精言之，然自了此一言后即杜口矣。近来觉得文者道之累，名者身之累也。诸公篇章日新，歌咏仙真，事甚盛且美。然不敢达之仙真，但与相知一晒赏耳。病起，不一一。眷生王世贞顿首复。"[2]随着年龄的增长，疟疾给他带来的痛苦也越来越持久。从文中提及裕春丈、眉公、徐使君和及泉丈四人的时间来看，"裕春丈"为袁洪愈（1516—1589），字抑之，号裕春，苏州府人，和王世贞是同年进士，累官至南京礼部尚书、吏部尚书，后帝重其清德，加太子少保致仕，《明史》有传。

---

[1] 关于王世贞和王锡爵一起尊奉昙阳子的始末，笔者在后面的"与昙阳子"一节会单独阐释，在此就不多叙述。
[2] 王世伟、郑明主编《上海图书馆藏明代尺牍》，上海科学技术文献出版社2002年版，第90-91页。

王世贞手书"仆因野次受风"

142

"眉公"为陈继儒（1558—1639），字仲醇，号眉公、麋公，松江府华亭(今上海市松江区)人，著有《陈眉公先生全集》60卷，另有《小窗幽记》《见闻录》《晚香堂小品》等作传世。"及泉丈"为李颐（1541—1601），字惟贞，号及泉，余干人，隆庆二年进士，授中书舍人，后以工部右侍郎治河，以劳卒，赠兵部尚书。"徐使君"则为徐中行（1517—1578），字子与，号天目山人，后七子之一，嘉靖二十九年进士，初授刑部主事，累官至江西布政使。

王世贞和王锡爵的修行之举引起了王世懋、王鼎爵的羡慕，随着王世懋乞休归乡，王鼎爵解官归乡，四人便在一起修道，众人之间的关系也越来越紧密，又因为四人皆为王姓，所以当时人们称他们为"四王"[1]。当王锡爵的父亲去世时，王世贞便为之作行状，并尽心尽力地帮助王锡爵料理其父后事。

万历十二年（1584）年底，王世贞获悉朝廷征召王锡爵的消息，此次是官拜礼部尚书兼文渊阁大学士，入阁办事，闻讯后，众人都非常高兴。王世贞早就认为王锡爵有匡平天下的能力，不能一直在外修行浪费自己的才华。然而王锡爵得到诏令后，却上疏请辞，不愿赴任。这种操作，和王世贞以往的行为类似，其实王锡爵也沉醉于修行之中，非常享受自由自在的闲适生活，厌恶官场的尔虞我诈，他当年就是因为和张居正闹得不愉快而返乡的。在稍微思考之后，王锡爵便向朝廷上书请辞。没想到，朝廷在来年正月就明确回复，拒绝了他的请求，并让他早日赴任。然而王锡爵近年来家庭连遭不

---

[1] 王世贞撰，魏连科点校：《弇山堂别集》卷十七《奇事述二·吾州四王》，中华书局2006年版，第395页。

幸，其弟王鼎爵重病，又连丧二子，他成天忙得焦头烂额，根本无法离开，于是再次上疏请辞朝廷的任命。最近几年，王世贞和王锡爵来往非常密切，无所不谈，他理解王锡爵的做法，深知其中的痛楚，不过此时，他也只好安慰王锡爵要多多注意身体，毕竟上任一事，王世贞没法代替，况且他自己也是多次拒绝朝廷的诏令，更不好直接劝王锡爵接受朝廷的任命。

结果还是一样，才到了三月份，朝廷便再次答复，还是不同意王锡爵的请辞，并且督促他最迟四月份就要启程北上赴任。对朝廷如此紧迫的做法，王锡爵非常反感，更是发自内心的不情愿，他打算接着上第三封奏疏，坚决乞休。王世贞知道后，急忙阻止了，他认为再上疏也没有意义，因为朝廷现在正值用人之际，需要像王锡爵这样的大才。他还向王锡爵说道，家里有什么事情的话，自己可以助力。结合王世贞的建议，王锡爵再次综合考虑之后，决定出仕。直到五月二十四日，王锡爵才正式准备启程北上，王世贞在郊外饯行，多年来，两人一起修行，奉昙阳子为仙师，真要离别时，自然是难舍难分。王世贞送至二十里桥，王锡爵难忍离别之痛，怆然泪下，而王世贞虽然当时还能强颜不哭，但目送王锡爵的身影渐行渐远之后，他便转身痛哭流泪，再也控制不住了。

王锡爵离开太仓才一个多月，王世贞就收到他的四封书信，在邮递不是很便利的古代，这种频率还是蛮高的，亦可见两人之间的情谊之深。王锡爵在信中问及王鼎爵的病情和家中的情况如何，王世贞则是尽全力帮助王锡爵照顾其弟，并帮忙打理家中上下事务，好让王锡爵放心。除此之外，他们还相互谈起朝局动态和地方事务，

松闻鸣玉：王世贞传

王世贞往往给出自己的建议，以在政治上帮助王锡爵，如他告诉王锡爵处理江南的天灾人祸时，要挑选那种能够真正怜悯百姓的官员，对待百姓要明辨是非善恶，减少他们的怒气。他还建议让进士袁黄查粮，大概有将别处的增量并入到原来该有的定量中，以一个地方的定额去补充其他地方该交的量，有最近增加而不能够省去的，有可以省去但部里规定不能省去的，以及中间通融的环节，这些恐怕不到十分之二，所以应该将可减免的数量报给司农，听从他们的安排，并把不可减免而有着落的粮食，明白告知百姓，以让百姓感其恩德而没有任何怨言。从中可见王世贞忧国忧民之心，并不因为他要潜心修道而被遮蔽。后来吴国伦写信过来，认为王锡爵入阁了，将来一定会提拔他，他即将再次步入官场。对于吴国伦的这种认知，王世贞予以委婉的否定，他此时也没有出仕之心，并说明在王锡爵入阁和自己的起用之间，没有必然联系，是"元驭、元美，两不涉也"[1]。

不久之后，之前病重的王鼎爵，在服药无效后去世。王世贞获知后，便立马写信给王锡爵，告诉他这一噩耗。王锡爵知道后悲痛万分，然而他还在京师，事务繁多，无暇返回吴中地区，便将家中的这些事务都交给王衡处理，并让他多多向王世贞请教。王衡虽然做事干练，但是他过于年轻，很多事情还是多亏王世贞的帮助。从中可见，王世贞和王锡爵的关系已经超过了挚友之间的往来，可谓是亲如兄弟。

之前提及王世贞为亡父申冤一事，虽然其父官复原职，但是没

---

[1] 王世贞：《弇州山人续稿》卷一百九十二《吴明卿》。

145

有得到恤典，这一直是他内心的伤痛之处。王世懋出任福建提学副使，后来马上被朝廷提拔为福建布政司左参政，再加上王锡爵入阁主事，他觉得为亡父请求恤典一事应该有机会，于是他便撰写为父乞恩之疏，恳请朝廷能够重新核查亡父的功绩，在官复原职的同时，赐予谥号，并让亡母也能够享受到祭祀的尊荣。该疏写成后，王世贞将此呈给王锡爵，恳请他帮忙裁定。王世贞的判断非常准确，做事也很有策略，后来王锡爵为王世贞请恤之事提供了许多帮助，并最终促成此事。以及王世贞在南京任职时，身体有所不适，想乞休回吴中，他多次直接上疏朝廷得不到应允，也是只好央求王锡爵了，才得以回到家中颐养天年。

后来听闻王衡高中顺天乡试第一名的消息后，王世贞立即写信给王锡爵表示祝贺，之前提及过王锡爵科举厉害，现在他的小孩又如此优秀，真是学霸家族。不过，王衡没有参加京城的会试，因为王锡爵在朝中身居要职，关于王衡的流言甚嚣尘上，认为其中必有徇私舞弊的嫌疑。为了维护王衡的清白，也要洗脱自己的不白之冤，王锡爵一气之下向朝廷上疏力辩，并乞休。朝廷非常重视，连忙派人核查王衡考试的所有过程，经过全面调查后，结论是根本不存在作弊的可能，于是朝廷诏令王衡可以参加会试。然而朝廷的诏令并没有让所有人信服，仍有好事者认为王衡的才能不足以让他位居榜首，王锡爵肯定脱不了干系，甚至认为这就是王锡爵的授意。王锡爵气得再次向朝廷上疏申辩，并且要求暂时休息。王锡爵作为朝中重臣，很多事情还需要他操持，朝廷自然没有准许王锡爵之请，当然，也惩治了那些捏造是非的人。诽谤也是罪，有时会给对方及其家人带来难以想象的伤害，不能忽视。

对于王锡爵这种不公正的遭遇，王世贞写信安慰他，让他不能意气用事，要能屈能伸，有所忍耐。不过王锡爵此次并没有听取王世贞的建议，而是三番五次地向朝廷上疏，不断申辩王衡之清白，希望朝廷能够认真对待此事，其所上之疏的言辞有些激烈，以至很多人都认为王锡爵此举有失相体，老是在此事上纠缠，可能就会越描越黑，反而对自己不利。王世贞见此，也是非常着急，多次写信劝诫，让王锡爵不要听信他人的挑唆和质疑，不能过于激烈，要保存大度之气，这样才符合自己的身份，以免让天下人笑话，王衡才学渊博，也不是他人想诋毁就诋毁得了的。真是当局者迷，旁观者清，不过在此事上，我们也不应该过多地责怪王锡爵。

王世贞遇到自己的事情，也是如此，如他获悉长子王士骐高中进士后写信给王锡爵，说道："我现在不知道自己儿子的甲数和名次，将来还是要多多地靠您照顾，如果能够免去外放州邑的苦差事，我们就心满意足了。外放州邑为官，本来就是男子汉该承受的，然而我这个孩子过于懒惰和散漫，根本做不了，就好比当年孔子不允许高柴去季氏那里任职。"这是满满的父爱体现，人之常情。高柴字子羔，比孔子小三十岁，身材矮小，不到五尺高，拜孔子为师，孔子认为他安分守己、憨直忠厚。有一天，在季氏那里任职的子路，想举荐高柴去做费邑的县令，孔子则是怕高柴不能胜任此职。后来王士骐在王锡爵的帮助之下，被朝廷授予兵部车驾司主事一职。除了祈求王士骐授官一事之外，他还本着一颗公心向王锡爵力荐处在弹劾之中的张九一，不希望人才就此埋没。

在万历十八年（1590）十月，王世贞知道自己大限将近时，还写信给王锡爵，直言自己已经看淡一切，现在有愧的是有负仙师昙阳子之道。在王世贞逝世后，王锡爵悲痛万分，并作神道碑以记录王世贞的一生。

与戚继光：武将儒化

王世贞与戚继光（1528—1588）的结识，很大程度上要归功于汪道昆从中牵线搭桥。不过王世贞与汪道昆之间的直接交集，直到嘉靖四十二年（1563）十月才正式开启。彼时二人开始书信往来，王世贞在信中极力赞赏汪道昆的文章具有汉代的雄浑风格，尽显钦佩之情。

事实上，在此之前，王世贞便已从友人处听过汪道昆的大名。而且二人在诸多观点上颇为契合，这让他对汪道昆心生仰慕。当时心怀立言不朽之志的王世贞，正迫切渴望结识更多志同道合的贤才，汪道昆的出现恰如一场及时雨。汪道昆对王世贞同样早有耳闻。即便王世贞因父难而遭受诸多非议，汪道昆却始终如一地对他推崇备至。这份在患难时刻依然坚定不移的支持，让王世贞深受感动，也深刻体会到了"患难见真情"的真谛。

京城中的文人墨客大多各奔东西，有的已然离世，有的选择隐居山林，有的则被罢官免职，处境大多艰难。在这样的背景下，汪道昆与王世贞的交流显得尤为珍贵，让王世贞有一种遇到知音的欣喜之感。王世贞还特意委托汪道昆，照顾当时尚在福建任职的吴国伦（当时汪道昆恰好在福建任按察司副使，负责福宁的兵备事务）。自那以后，两人书信不断，往来频繁，彼此的情谊也在这一封封书信中逐渐深厚，最终成为至交好友。

汪道昆在福建任职，肩负着军事管理的重要职责，他与戚继光又是好友，于是便介绍戚继光给王世贞认识。王世贞对汪道昆的推荐满怀感激，此后便与戚继光保持着密切的书信往来。据郑利华考证，嘉靖四十二年，王世贞就结识了戚继光[1]。在此需要注意的是，后人对戚继光的熟知，大多源于他卓越的军事才能。戚继光堪称明朝杰出的军事家、令人敬仰的民族英雄。在抗倭斗争的关键时期，他独具慧眼，于义乌招募了三千多名农民和矿徒，精心组练出一支纪律严明、战斗力强悍的新军。为提升军队的作战效能，戚继光苦心钻研阵法，创制了闻名遐迩的"鸳鸯阵"。他将士兵以十二人为一组进行编排，各组配备狼筅、长枪、短刀、火铳、镗钯等不同武器。在实际作战中，狼筅凭借其长竹制的独特构造，可有效阻拦敌军进攻；长枪手伺机出击，给予敌人致命刺杀；盾牌手则筑起坚固防线，守护己方安全；短刀手负责近身搏斗，应对突发状况；火铳手进行远程打击，扰乱敌军阵型。这种科学合理的阵型，犹如一把精准的手术刀，专克倭寇惯用的武士冲锋战术，在抗倭战场上屡建奇功。

随着战争形势的发展，戚继光并未满足于现有的战术成果。他高瞻远瞩，敏锐地意识到步兵与炮兵协同作战的重要性。于是，他积极推动步兵与炮兵的配合训练，使军队的战术体系更加完善，战斗力得到了进一步提升。凭借戚继光卓越的指挥才能，以及"戚家

---

[1] 郑利华：《王世贞年谱》，复旦大学出版社1993年版，第145页。

军"将士们日复一日地刻苦训练，这支军队在 16 世纪冷兵器主导的战场上，铸就了一段令人惊叹的传奇。

台州之战，堪称"戚家军"辉煌战绩中的璀璨明珠。面对来势汹汹的倭寇，"戚家军"犹如一把出鞘的利刃，以雷霆之势发起攻击。最终他们仅付出了 3 人牺牲的微小代价，便将 3300 余名倭寇斩于马下，战损比高达 1∶1100。这一惊人的战绩，不仅彰显了"戚家军"超强的战斗力，更让倭寇闻风丧胆。

隆庆年间，"戚家军"又迎来了一场硬仗——突袭蒙古朵颜部 3 万铁骑。面对如此庞大的敌军，他们毫不畏惧，凭借着精湛的战术和顽强的斗志，在战场上纵横驰骋，并成功俘获敌军酋长的侄子，迫使朵颜部不得不低头请罪。这一胜利，再次证明了"戚家军"在面对不同敌人时的强大适应能力和战斗力。

万历初期，"戚家军"再度展现出其无敌之姿，全歼五万蒙古骑兵。这一壮举，如同在军事史上书写了一篇波澜壮阔的史诗，让世人见识到了"戚家军"的恐怖实力。

在多年转战南北的戎马生涯中，"戚家军"历经无数大小战役，累计歼灭敌军达 15 万之众，而自身伤亡却仅有 200 余人。如此惊人的战损比例，在冷兵器时代堪称奇迹，"戚家军"也因此被誉为"16 世纪最强军团"，其威名至今仍在历史的长河中回荡。《明史》认为"继光为将号令严，赏罚信，士无敢不用命。与大猷均为名将。操行不如，而果毅过之。大猷老将务持重，继光则飙发电举，屡摧大寇，名更出大猷上"。[1]

---

[1] 张廷玉等：《明史》，第 5613 页。

此前曾提及，王忬当年在福建投身抗倭大业，在此期间，他慧眼识珠，提拔并重用了俞大猷、汤克宽等一批能征善战的将领，为抗倭事业立下汗马功劳。王世贞同样有过抗击倭寇的经历，他曾兵备青州等地，在当地积极组织防御，与倭寇展开殊死搏斗，为维护一方安宁贡献自己的力量。

不过王世贞与戚继光的交往，并未是人们想象中那样在战场上并肩杀敌、共赴生死，他们之间的情谊更多地体现在文学活动方面。戚继光不仅是一位战功赫赫的军事家，还在文学方面颇有造诣，他所著的《纪效新书》，堪称其军事生涯的智慧结晶。这部书是他在东南沿海平倭战争期间，结合自身练兵和治军经验精心撰写而成，内容详实、见解独到，对后世军事发展产生了深远影响。

当时王世贞在文坛声名远扬，其文章才情备受赞誉，拥有极高的影响力。戚继光深知《纪效新书》的价值，渴望能让更多的人了解这部著作，于是便委托汪道昆，诚挚地邀请王世贞为《纪效新书》作序，期望借助王世贞在文坛的声望，进一步扩大此书的影响力。

直至隆庆元年十一月，戚继光奉诏入京协理军事，恰逢此时汪道昆因故需回乡休养，二人便决定结伴同行。一路上，他们谈笑风生，倒也增添了不少旅途的乐趣。当行至吴中地区时，戚继光与汪道昆想起好友王世贞也在此处，便商议一同前去拜访。王世贞听闻好友远道而来，心中自是欣喜万分，他赶忙与弟弟王世懋一同在小祇园设下盛宴，热情款待二人。

席间，众人推杯换盏，气氛热烈非凡。他们谈诗论文，从古人的经典佳作到当下的文学潮流，无所不涉；又聊及军事，从排兵布

戚继光"鸳鸯阵"示意图

电影《荡寇风云》中的影视效果

阵到战略战术，侃侃而谈。要知道，诗文是王世贞毕生所爱、钻研颇深的领域，而军事则是戚继光纵横沙场、建功立业的专长，二人相谈甚欢，仿佛找到了知音一般。这场欢宴持续了整整三天，大家都沉浸在这份相聚的喜悦之中，忘却了时间的流逝。

酒宴之上，戚继光神情恭敬，双手呈上一柄宝剑赠予王世贞。原来这宝剑所用之铁是戚继光在东南海中追赶贼寇时偶然打捞所得，当时那巨铁呈黑里透红之色，重达二百斤，极为罕见。戚继光见此铁非凡，便命良匠精心打造，其中一半打造成了八把刀，另外一半，则铸成了三柄宝剑。他自己和汪道昆已各得其一，如今这第三柄，便作为珍贵的礼物送给了王世贞。王世贞接过宝剑，心中大喜。想当年他也曾怀揣着仗剑天涯、建功立业的豪情壮志，如今这宝剑在手，仿佛又让他回到了那个意气风发的年代。他感动不已，当即挥毫泼墨，创作了《戚将军赠宝剑歌》组诗十首，以表达对戚继光的感激之情。

此后，王世贞还特意陪同戚继光和汪道昆游览了当地的各种园林美景。他们漫步于亭台楼阁之间，欣赏着奇花异草，感受着江南园林的独特韵味。直到送至吴门，三人才依依不舍地相互道别，这段相聚的时光也成为他们心中一段难忘的美好回忆。

随着王世贞与戚继光的交往愈发密切深厚，彼此间的情谊与信任也与日俱增。一次，戚继光受人之托，且考虑到王世贞在文坛的卓越声望与深厚才情，便诚挚地邀请王世贞为张居正的父亲创作一篇《寿封少师张翁七十序》。王世贞欣然应允，他凭借着精湛的文笔和细腻的情感，精心构思、反复斟酌，最终写就了这篇情真意切、文采斐然的序文，为张居正父亲的寿辰增添了一份别样的光彩。后来，当王世贞得知戚继光因战功赫赫、政绩卓著，被朝廷加封为太子太保这一崇高荣誉时，心中满是欢喜与钦佩。他深知戚继光为保家卫国、守护一方安宁付出了无数心血，这一加封是对戚继光多年来无私奉献与卓越贡献的高度认可。于是王世贞满怀激情地创作了《戚都督加太子太保奉贺短章》，以诗传情，向戚继光表达最诚挚的祝贺与敬意。

由于朝廷内部权势争斗暗流涌动，局势错综复杂。在这般风云变幻的政治环境下，戚继光无奈之下，只能自南粤解去官职，黯然踏上归乡之路。七月，骄阳似火，戚继光途经吴中之地。他始终铭记着好友汪道昆的嘱托，特意将精心准备的《沧州三会记》赠予王世贞。一方面，此书承载着他对王世贞六十大寿的美好祝愿；另一方面，他此行更重要的目的，是恳请王世贞为他所撰写的《止止堂集》作序。

王世贞见到戚继光，心中满是欢喜，多年的情谊在这一刻尽显无遗。他热情地挽留戚继光当晚在家中过夜，二人秉烛夜谈，回忆往昔岁月，畅谈人生感悟，仿佛时光都为这份情谊而停留。次日，戚继光要继续赶路，王世贞赠诗一首为他送别，诗中饱含着对友人的深厚情谊与美好期许。

时光匆匆，大半年之后，王世贞终于完成了《止止堂集》的序文。在这篇序文中，他毫不吝啬对戚继光的赞美之词，大力推崇戚继光作文犹如带兵，皆能做到出神入化、堪称上乘。王世贞在文坛的崇高地位和巨大影响力，使得这篇序文一经问世，便引起了广泛关注。这在一定程度上，极大地提升了戚继光的文学之名，让越来越多的人开始认识并了解这位在军事领域战功赫赫、在文学创作上也颇有造诣的人物，真是武将也有儒雅的一面。这一事件再次深刻地启示我们，在研究历史人物和历史事件时，不能仅仅局限于现代人的眼光和观念，而应当努力进入具体的历史语境之中，去感受那个时代的风云变幻，去理解历史人物在当时情境下的选择与行为，如此方能更全面、更准确地把握历史的真相。

对于戚继光和王世贞的交往，黄仁宇曾经专门论及过，他说道："在当代高级将领之中，除了'少好读书'的俞大猷之外，戚继光的文章造诣已无与伦比。在平常的谈话中，他可以随口引用儒家的经典和史书上的教训，以此，文官们对他刮目相看，认为他不是樊哈式的武人。等到他的官阶越来越高，就有更多的文官把他引为同类，在一起饮酒赋诗，往来酬对。当时的文苑班头王世贞和戚继光的交情就非同泛泛，在他的文集中有两篇赠送给戚帅的寿序，并且还为《纪效新书》和《止止堂集》作序。……戚继光罢官家居以后，只有很少几个朋友仍然和他保持来往，文豪王世贞也是其中之一。"[1]

由此可见，王世贞与好友之间的交往，纯粹而真挚，更多地着眼于彼此间的情谊，而非那虚无缥缈的浮名，亦非实实在在的利益。在王世贞的交友准则里，唯有志趣相投方能相谈甚欢。无论是身居庙堂之高、手握重权的达官显贵，还是身处江湖之远、平凡质朴的平民百姓，只要彼此心意相通、言语投机，便能一同把酒言欢，畅叙人生。他们在推杯换盏间，分享着生活的喜怒哀乐，交流着思想

[1] 黄仁宇：《万历十五年》，第164—165页。

的火花，这份情谊不掺杂任何世俗的杂质，纯粹而美好。反之，若是与对方话不投机，即便对方权势滔天、地位尊崇，王世贞也绝不会为了迎合而曲意逢迎。他坚守着自己的原则和底线，秉持着"道不同不相为谋"的态度，不予理睬。这种不随波逐流、不为权势所屈的独立傲然人格，在物欲横流、阿谀奉承之风盛行的时代里，显得尤为珍贵。这份独立人格是王世贞一生都在坚守的高贵品质，它如同一盏明灯，照亮了他在人生道路上前行的方向；又如同一座巍峨的高山，让他在纷繁复杂的世界中始终保持着自己的尊严和风骨。

与李时珍：助书刊刻

王世贞早年曾于湖广地区任职为官，在那片人文荟萃、山水灵秀的土地上，他积极与当地文人士大夫、隐逸于山林的名士们广泛结交、往来频繁。湖广之地，才俊云集，既有在朝堂上挥斥方遒的文官雅士，也有远离尘嚣、寄情山水的隐逸高人，王世贞与他们在思想的碰撞与交流中，结下了深厚的情谊。李时珍（1518—1593），字东璧，晚年自号濒湖山人，湖北蕲春县人，是明代声名远扬的医药学家，当时或许也活跃在湖广的某个角落，或行医济世，或潜心钻研医术。以王世贞交友之广泛、结交之积极，他与李时珍很有可能在当时就已相识。毕竟，在那个文化交流相对活跃的时代，文人墨客与各界贤达之间的互动颇为常见，王世贞与李时珍或许也曾在某个场合有过交集，或探讨医学之道，或交流文化见解。

然而令人颇为遗憾的是，在王世贞现存的大量文集中，却找不到关于那时他与李时珍交往的任何记载。这或许是因为当时两人的交往并未给双方留下特别深刻的印象，又或许是岁月流转，相关记录在漫长的时光中遗失了。但无论如何，这段可能存在的交集，依然给后人留下了无尽的遐想空间，也为研究两人的人生轨迹和文化交流提供了一丝神秘的线索。

在王世贞全身心投入到为昙阳子仙升之事奔波忙碌之际，发生了一段看似不起眼的小插曲。在当时，这或许只是王世贞与他人之间一次再普通不过的会面，然而，从历史的长远视角来看，这次会面却意义非凡，至少在医学界的发展进程中留下了浓墨重彩的一笔。

李时珍为了编写一部全面、准确的医药典籍，他不辞辛劳，足迹遍布湖广、安徽、河南、河北等地，广泛收集药物标本和处方。他以《证类本草》为蓝本，历经无数个日夜的钻研与整理，终于完成了《本草纲目》的初稿。然而当李时珍想要将这部心血之作刊刻成书时，却遭遇了重重困难。在湖广地区，他四处寻访，却找不到愿意刊刻此书的书商。毕竟刊刻书籍需要巨额的费用，而李时珍仅凭一己之力，根本无力承担。无奈之下，万历七年（1579）秋天，李时珍怀揣着最后的希望，来到了当时书商云集的南京。

在南京，李时珍不辞辛劳，遍访了众多书商。但《本草纲目》无名家作序，体量又极为庞大，书中还配有大量的插图，增加了刊刻的难度和成本。而且，当时李时珍在南京并无一定的知名度，再加上这部书是对前人《本草》著作的修正与补充，其中存在不少需要商榷探讨之处，这些因素综合起来，导致没有一家书商愿意接手刊刻《本草纲目》。走投无路的李时珍，只能抱着最后的期望，前去拜访文坛盟主王世贞，恳请他为这部书稿作序。在他看来，王世贞在文坛的影响力巨大，若能得到他的序言，或许能为《本草纲目》的刊刻带来转机。

可惜的是，李时珍这次拜访的时机实在不佳。当时，昙阳子跨龙升天的消息传得沸沸扬扬，王世贞正为此事忙得焦头烂额，根本无暇顾及为《本草纲目》写序之事。这是王世贞和李时珍的第一次正式会面，对于李时珍而言，这是他在困境中无奈做出的选择，而这次会面，也成为两人之间一段特殊缘分的开端。

王世贞热情地留李时珍在家中饮宴数日，宾主尽欢。对于李时珍求序之事，他并未敷衍了事、置之不理。在李时珍停留期间，王世贞大致翻阅了《本草纲目》的部分内容。兴之所至，他戏题诗作一首，诗中写道："李叟维稍直塘树，便睹仙真跨龙去。却出青囊肘后书，似求元晏先生序。华阳真逸临欲仙，误注本草迟十年。何如但附贤郎舄，羊角横抟上九天。"[1] 诗中既有对李时珍来访情境的描述，也透露出一种诙谐的意味。不过，王世贞虽能以诗相赠，但在对待为《本草纲目》作序一事上，极为谨慎。他并未当场应允，而是委婉地向李时珍指出，书中尚存在诸多错误之处，需要进一步修正完善。王世贞深知，为这样一部鸿篇巨制作序，不仅要有深厚的文学功底，更要对书中的内容有严谨的考量。他希望《本草纲目》能以更完美的姿态呈现于世，不愿因自己的一时之笔而让这部书留下遗憾。

李时珍求序未果，未能达成预期目的，心中虽不免有些失落，但也深知王世贞所言在理。数日后，他便带着未竟的心愿重回蕲州。回到家乡后，李时珍立刻投入到对书稿的再次修改之中。他以精益

[1] 王世贞：《弇州山人续稿》卷十《蕲州李先生见访之夕，即仙师上升时也，寻出所校定本草求叙，戏赠之》。

求精的态度，逐字逐句地审视书中的内容，不放过任何一个可能存在的错误。

历史的发展也充分证明了王世贞当初的谨慎与正确。后来，清人赵学敏撰写了《本草纲目拾遗》一书，共十卷。此书旨在拾《本草纲目》之遗，共载药 921 种，其中竟有 716 种是《本草纲目》未曾收载的。不仅如此，赵学敏还对《本草纲目》中的一些错误之处进行了修正。倘若李时珍在拜访王世贞后，没有根据其建议对书稿进行再次修改，那么《本草纲目》中的错误之处很可能会更多，其经典性的形成也必然会受到一定程度的影响。王世贞的严谨与李时珍的虚心接纳，共同为这部医学巨著的完善与流传奠定了坚实的基础。

时光悠悠流转，直至万历十八年（1590）正月十五日，那是一个花灯璀璨、寓意团圆的上元佳节。在这充满祥瑞与希望的时刻，王世贞终于为李时珍的《本草纲目》完成了序言。此时，距离他与李时珍上一次相见，已然悄然过去了十年之久。这十年间，世事变幻，沧海桑田，但王世贞对《本草纲目》的关注与思考从未停止。此刻，他怀着对医学的敬重、对李时珍的钦佩，提笔写下了这篇意义非凡的序言，其序曰：

《纪》称，望龙光知古剑，觇宝气辩明珠。故萍实、商羊，非天明莫洞。厥后博物称华，辩字称康，析宝玉称倚顿，亦仅仅晨星耳。楚蕲阳李君东璧，一日过予弇州园谒予，留饮数日。予窥其人睟然貌也，癯然身也，津津然谭议也，真北斗以南一人。解其装，无长物，有《本草纲目》数十卷，谓予曰："时珍，

161

荆楚鄙人也。幼多羸疾，质成钝椎，长耽典籍，若啖蔗饴。遂渔猎群书，搜罗百氏，凡子史、经传、声韵、农圃、医卜、星相、乐府诸家，稍有得处，辄著数言。古有《本草》一书，自炎皇及汉、梁、唐、宋，下迨国朝，注解群氏，旧矣。第其中舛缪、差讹、遗漏，不可枚数。乃敢奋编摩之志，僭纂述之权，岁历三十稔，书考八百余家，稿凡三易，复者芟之，阙者缉之，讹者绳之。旧本一千五百一十八种，今增药三百七十四种，分为一十六部，著成五十二卷。虽非集成，亦粗大备，僭名曰《本草纲目》。顾乞一言以托不朽。"予开卷细玩，每药标正名为纲，附释名为目，正始也。次以集解、辩疑、正误，详其土产形状也；次以气味、主治、附方，著其体用也。上自坟典，下及传奇，凡有相关，靡不备采。如入金谷之园，种色夺目；如登龙君之宫，宝藏悉陈；如对冰壶玉鉴，毛发可指数也。博而不繁，详而有要，综核究竟，直窥渊海，兹岂仅以医书觇哉？实性理之精微，格物之通典，帝王之秘箓，臣民之重宝也。李君之用心，加惠何勤哉！噫！碔玉莫剖，朱紫相倾，弊也久矣。故辩专车之骨，必俟鲁儒；博支机之石，必访卖卜。予方著《弇州卮言》，恚博古如《丹铅卮言》后乏人也，何幸睹兹集哉！兹集也，藏之深山石室无当，盍锲之，以共天下后世味《太玄》如子云者。时万历岁庚寅春上元日，弇州山人凤洲王世贞拜撰。[1]

全录此序，一来此序对《本草纲目》的传播影响很大，王世贞

---

[1]　李时珍：《本草纲目》，国家图书馆藏明刻本，第1—2页。

傳支機之石必訪賣卜予方著弇州

厄言憲博古如丹鉛厄言後乏人也

何幸覩茲集哉茲集也藏之深山石

室無當盍鎋之以共天下後世味太

玄如子雲者　皆

萬曆歲庚寅春上元日弇州山人鳳

洲王世貞拜撰

進本草綱目疏

湖廣黃州府儒學增廣生貢李建元謹

奏為遵奉

明例訪書進獻本草以備采擇事　臣　伏讀禮部儀制

司勘合一欵恭請

聖明勅儒臣開書局纂修正史移文中外凡名家著

述有關

國家典章及紀君臣事跡他如天文樂律醫術方技

諸書俱言可以善于方來者即訪求

在序中高度肯定了《本草纲目》的价值，赞其"博而不繁，详而有要，综核究竟，直窥渊海"。此序一出，犹如一颗璀璨的明珠，为《本草纲目》照亮了刊刻之路。很快，书商胡承龙被此序打动，愿意出资刊刻这部五十二卷的鸿篇巨著。《本草纲目》刊行之后，迅速流传开来，不仅在国内引起了巨大反响，还漂洋过海，传播到了朝鲜、日本、英国等国。英国生物学家达尔文阅读后，盛赞其为"古代中国百科全书"；英国科技史专家李约瑟更是将李时珍誉为"药物学界中之王子"。这部巨著在世界医学史上留下了浓墨重彩的一笔。

二来此序确实是王世贞所作，却不见于其《四部稿》《续稿》《弇山堂别集》等文集，实属散佚之作，这对于认知王世贞和李时珍的关系，以及《本草纲目》的成书和刊刻过程而言，具有不可估量的文献价值。

三来通过此序，我们不仅能够深刻认识到《本草纲目》一书的巨大价值，还能再次领略到《艺苑卮言》的特点——内容博广。王世贞在序中将《艺苑卮言》与《本草纲目》相提并论，并非有意抬高《艺苑卮言》的价值，而是巧妙地借助当时众人熟知的《艺苑卮言》来称赞《本草纲目》，旨在让读者第一时间认可并接受《本草纲目》。毕竟在当时《艺苑卮言》的知名度远高于《本草纲目》，王世贞此举足见其用心之良苦。

不过令人遗憾的是，受当时技术条件的限制，刊刻过程耗时漫长。王世贞和李时珍两位大家直至去世，都未能亲眼见到刊刻好的《本草纲目》。这无疑成为历史长河中的一大憾事，但他们的贡献与精神，却如璀璨星辰，永远闪耀在人类文明的天空中。

与昙阳子：学道修身

　　王世贞对修道成仙之事，一直抱有好奇之心。早在嘉靖二十九年（1550）三月二十八日时，王忬结束了对湖广地区的巡察，在入京前暂时居住于天宁寺，想等休整后再去朝廷汇报巡察情况。王世贞获知父亲的行程，就立刻前往天宁寺与之相见，父子久别重逢，自然高兴，彻夜畅谈而不知疲倦。第二天中午，父子二人还饶有兴趣地去观赏天宁寺可放光之塔。也就是此次天宁寺之行，王世贞从寺内童子处，偶然知道了钟丫髻的相关情况，童子建议王世贞可以去白云观拜访一下，反正离天宁寺不远，王世贞听闻后，便按童子所言，前去拜访。据说钟丫髻是嘉靖年间居住在白云观的一位老道人，其具体事迹少有记录，也没有准确的生卒年，但是当时别人都传说他已经有一百一十四岁了，这种年龄，即使放到现在社会，也是少有的长寿，在五十而知天命，医疗技术不是很发达的古代，那更是罕见的，且他长期在道观修炼，一心问道，不问世事，使得他具有神秘感，近乎仙人，增添了不少传奇色彩。后来王世贞在知道徐献忠赶赴仙约未成而逝时，虽对仙道之事抱有怀疑，但仍怀好奇之心，更因顿感人生无常，

165

故对仙道之事没有全盘否定。

到了万历初年的太仓，有一人必须提及，她就是王锡爵次女王焘贞，又名"昙阳子"。王世贞和王锡爵两家非常近，王世贞除了熟悉王锡爵之外，他还经常与王锡爵之父王梦祥游玩，后来王世贞次女嫁于王锡爵内弟朱绂，因此两家既有同乡之谊，又有姻亲之好。

其实王世贞早就知道王焘贞了，王焘贞自小体弱多病，又生疥疮，肤色发黄，可以说，这个长相与江南美女的形象没有任何关联，就连她自己的父母都不太喜欢她。王锡爵家族是太仓的望族，富甲一方，王焘贞是含着金勺子出生的。再加上王锡爵富有才学，嘉靖四十一年会试名列第一，廷试名列第二，成为当年的榜眼，这名次，是王世贞当年都未曾获取的。王锡爵贵为榜眼，又懂得官场法则，在万历二年（1574）八月时，王锡爵就升为国子监祭酒，其权力相当于现在的教育部部长了。有了如此的家族，以及如此优秀的父亲，那王焘贞的长相就不是那么重要了。万历二年，王焘贞十七岁，来攀亲的人早就排起了长队，王锡爵知道自己女儿的身体状况，他曾说道："这孩子还不见得能做我家闺女，哪里谈得上做别人家媳妇。"说归说，做归做，毕竟是自己的孩子，肯定不能亏待了，挑来选去，他们最终许了一个叫徐景韶的官家子弟，他是浙江布政使司参议徐廷裸的儿子。不过就在两家将要举办婚礼时，徐景韶突然因病去世，王焘贞知道后连着哭了三天三夜。王锡爵等人均劝她另找他人，认为两人没有正式拜堂，还有挽回的余地，而她却认为自己已经许诺徐景韶，那就是徐景韶的人，应该奉行一女不事二夫之责，并愿意为徐景韶守节。王焘贞此举得到当时众人的赞赏，认为这是对传统礼制的守护，徐家为之感动，王锡爵等家人也无可奈何，只能听从她的决定。不过，王焘贞没有安静地过着守节生活，她干脆做了女道士，并在自我禁闭、经常半绝食的状态中，出现了精神彷惚的状态，认为自己是昙鸾菩萨的化身，并自号"昙阳子"，开始修道以求成仙。渐渐地，昙阳子事迹越传越广，传得神乎其神，也燃起了王世贞的好奇心。

在万历八年（1580），王世贞对于学道之事开始付诸行动，他获得了昙阳子出神之际所遗留的黄冠、双环等物，认为通过这些可以上通仙界，解决当下的烦恼，走出困境，于是他结下了香火之盟。后来王世贞前往王锡爵家中致谢时，得昙阳子脱离苦海之法，且在当日，王世贞遇见了道印上人无心有，两人相谈甚欢，从而更加坚定了自己的学道之心。

到了三月十五日，昙阳子说她将在家中邀请多位仙人，让其父王锡爵见证，并请王世贞奉上誓帛，正式录取他为弟子，这也标志着王世贞正式入道了。不过半月之后，昙阳子才又让王世贞和王锡爵拜见诸位仙人，此次是王世贞首次拜谒昙阳子，只见昙阳子嘴唇是朱红色的，身体样貌呈黄金色。昙阳子与众人谈论羽化之事，并决定让王世贞负责最终的移龛任务，从中可见昙阳子对王世贞的信任。后来王世懋受王世贞的影响，逐渐钦慕昙阳子之事，他还上呈书信给昙阳子，说明自己愿意拜于门下。

王世贞因身体衰老、疾病缠身，加之沉醉道学，想摆脱世俗困扰，最终他痛下决心，决定召开家庭会议，将家产进行分割，自己不再过问，好安心地入观修行。其实早在年初之时，王世贞就已经断绝房事，平日饮食以素食为主，饮酒也渐渐少了，放不下的只有文学事业和乡里应酬。将家产进行分割后，王世贞便有了一种如释重负之感，如其诗曰："仲儿仅十三，少者乃十二。颇解学占毕，不晓人世事。一旦付以家，毋乃为之累。吾患在有身，况彼儿女计。兴者任其兴，废者任其废。何必学庞公，尽抛洪涛内。斗大一团焦，宽然若天地。"[1]

为了完成昙阳子的任务，王世贞在太仓城的西南角新建成昙阳恬憺观，将此处作为昙阳子仙升后的归宸之所，昙阳子亲自为此观题名。道观虽然不大，但也有几间房，方便王世贞和众人修行。由于道观地处僻远之地，地广人稀，有多处庭院空置了，有人劝王世贞可以多多栽种花草树木，以美化道观，不过他没有采纳他们的建议，而是愿意回归到自然的本真世界，庭院就空置吧，让其自由地成长，不想徒增烦恼。

在昙阳子仙升之事中，王世贞前后操劳，还急忙修筑亭阁，以及可供居住的简便房舍，并在外修建了一围栅栏，以不影响昙阳子的仙升，同时方便他人到时远处祭拜。到了九月初五，昙阳子端坐在房屋中间，王世贞与其他弟子先后拜见昙阳师，一一接受其叮嘱，这算是最后的道别。第二天，昙阳子将《八戒》传给王世贞，后来王世贞撰写《昙阳子八戒赞》，以感谢昙阳子对道之永恒的指点。第三天，王世贞与王锡爵及其子王衡一同拜见昙阳子，再次聆听其教诲，临别之意愈加明显了。初九，王世贞在昙阳子一旁侍奉，午后得昙阳子的遗教和辞世韵语，之后昙阳子便关闭亭阁

---

[1] 王世贞：《弇州山人续稿》卷六《授产儿辈作》。

而羽化。当时众弟子在亭阁外拜谒，悲痛欲绝，哭声不绝于耳。据多种文献记载，在栅栏外齐聚的信众多达十万人，声势浩大，非常悲壮。后来王世懋赴任陕西提学副使，顺道归里，便懊悔自己作为昙阳子的弟子，却不能及时赶上其仙升的日子。王世贞还在张佳胤赠送的钱财基础上，在昙阳观的南面新建禅堂，以便众人居住和修行。

在昙阳子仙升后，进香入拜者更是络绎不绝，白天和晚上都有。王世贞还作《重九日为庚辰岁昙阳仙师化辰，敬成长歌一章志感》一诗来抒发内心的情怀，诗中表达出王世贞对昙阳子的推崇，认为他可以与日月相媲美，"吾师可虞日月毁，大教岂逐云雷屯"，以及对他离去的伤感，"是时弟子皆伏泣"，并叙述自己主动学道的过程，"老生舍身侍香火，自甘佛奴或道民"，和对佛道修行的理解及期望，"更祈仙伴有邹子，大吹黍律回阳春"[1]，其实，这又包含着王世贞内心的自我寄托。

有一天晚上，王锡爵梦到了昙阳子，说是有话要告诉王世贞，第二天一早，王锡爵就将此事告诉王世贞，王世贞听闻后，自然非常虔诚地期待。当晚，他与王锡爵同寝，两人都梦到了昙阳子，虽然看不清样貌，但是可以清楚地听到声音，而昙阳子告诉王世贞的话语，比王锡爵所说得更少些，不过主要内容没有变，这印证了王锡爵之语。

到了十一月初二，虽然当天下着大雨，但是王世贞还是冒雨为昙阳子移龛，将其奉入到恬憺观中，并且将每月廿一日定为昙阳子

---

[1] 王世贞：《弇州山人续稿》卷十《重九日为庚辰岁昙阳仙师化辰，敬成长歌一章志感》。

的"岳降日"。第二天天气好转，王世贞与众人一起去拜谒昙阳子的成道处，参观其开凿的井。当时发生了一件奇怪的事情，就是大家在参观时，王世贞说道："这口井就王锡爵和我经常喝，王世懋也沾了光，而现在呢，昙阳师又在哪里了呢？"然后用一个小瓮打了水上来，众弟子十多人，每人喝一瓢，感觉水非常甘美、清洌。而家人或者随从拿着小瓮直接喝，剩余的水却变得浑浊了。众人一起赶紧去看井水，发现井水也浑浊了，于是大家惊恐万分，再次跪拜后赶紧离开。为什么会这样呢？也许是心诚的人才能饮用，众弟子心诚，拜过昙阳子为师，而家人及随从可能没有如此心诚。

其实，王世贞非常清楚自己所修的到底是什么，当有人怀疑他是修成仙之道时，他立即予以否定，直言自己的修行只是远离世俗，清心寡欲，以延长点年岁而已，根本不是那些玄乎的求仙之法。王世贞以昙阳子门徒自居，不仅自己践行昙阳子的理念，他还在与友人的书信中多次谈及学道之事，宣传昙阳子之法，徐益孙、王道行、沈懋学、屠隆、赵用贤等多人均受影响，遇到他人有疑问时，王世贞会耐心解读，如陆光祖不理解王世贞的修行，王世贞便写信给他，详细介绍。而在遇到别人的抨击时，王世贞则据理力争，体现昙阳子之教的优越性，如居住在嘉兴东禅寺，以传法为己任的高僧明得，认为昙阳子的教义不纯，祸害教众，王世贞就与之辩论。

王世贞之前受昙阳子的嘱托，撰写传记，到了冬季才完成《昙阳大师传》，全文一万多字，详细地叙述了昙阳子的成长过程，突出其成道始末，以及仙升之事，这是了解昙阳子生平经历，及其教义的重要资料，此文刊行后，王世贞将其赠送给多位友人。随后，王世贞又作《昙鸾大师纪》，进一步阐释昙阳子的由来。

作为焦点人物，在王世贞身上，向来不缺话题，他侍奉昙阳子，潜心学道，撰写《昙阳大师传》等事，早有人暗中注意，并切实关注王世贞的动态。令人没有想到的是，言官借昙阳子之事弹劾王锡爵、王世贞，并波及赵用贤、王世懋、屠隆等以昙阳子弟子自居之人。吴中地区诸多官吏原来与王世贞、王锡爵相游玩，听闻他们被弹劾后，居然纷纷远离他们。患难见真情，时任苏松兵备副使的李颐不顾他人言语，依然与王世贞、王锡爵相往来。幸运的是，此事经张居正、徐学谟等人斡旋之后，最终平息，众人也没有受到惩罚。王世贞和王锡爵则分别写信给张居正、申时行、徐学谟等人，表示谢意，信中他们也对昙阳子之事进行辩护，王世贞认为自己创作《昙阳大师传》之本意，是在宣扬昙阳子言行之正，且传中所言，皆是自己亲身经历，没有任何夸大粉饰之语，不是妖言惑众。在详细地知道事情缘由之后，徐学谟劝诫王世贞等人可以潜心修道，不能太过张扬，这其实也是当时张居正、申时行等人的一致意见。于是王世贞、王锡爵等人接受他们的建议，安居昙阳观修行。

在昙阳子仙升三年的祭日中，王世贞作《上昙阳大师》一文，这篇文章是王世贞三年来潜心修道和日常感悟的总结，通过此文可知，王世贞对三年的修行不是很满意，认为没有达到预期的效果，经书只能窥之一二，自己更是不能断绝世俗应酬，且负文债，"苦役形神"，每每思及此，内心充满焦虑。他非常渴望仙师昙阳子能够指引修行之路，自己也会与世俗断绝往来，立马了结文债，然后废弃笔砚，专心求道。同时，他也代为王锡爵相请求，因为三年来

卷二

171

王锡爵守丧艰辛，身形羸弱，他恳请昙阳子同情其父，降以灵丹，传授法旨，以让其父脱离苦海。此文值得好好一读，可以很好地走进王世贞此时的内心世界。

其实王世贞长期生活在修行和自责之间，一方面，他答应昙阳子要好好修行，自己也向往这种生活；一方面，他主盟文坛，向他求序和应酬之作的友人屡屡不断，以至文笔债越还越多，使他离世俗越来越近，离修行的境地越来越远。

正因为此，王世贞有次在睡梦中突然获得仙师昙阳子的飞偈二百言，告诫王世贞不能倾心于名利，要净心修行，鉴于近期表现不佳，暂缓传道之期，以图自悟。王世贞顿时被惊醒，觉得此事动心摄魄。其实世上本没有什么鬼怪之事，更多的是日有所思夜有所梦而已，这或许就是王世贞日夜自责过深形成的。再如王世贞居住于弇山园尔雅楼，有一天四更时，他突然听到楼下有三声巨响，似乎是炮声，又像是大鼓的声音，或是板子断裂的声音。巨大的声响打乱了他的睡眠节奏，对于这些不知所以然的声响，他也很困惑，醒后便无法再次入睡，他思索声响为何，越想越觉得奇怪，甚至怀疑这是仙师昙阳子对他的警策，也可能是鬼神前报，想来想去，莫衷一是。

虽然王世贞和昙阳子的直接交往时间很短，但是王世贞受昙阳子的影响很大，这主要是源于他内心的自主选择。昙阳子的教义让王世贞找到了摆脱世俗的理由，同时获得内心的释放和安宁，而王世贞对昙阳子的推崇，促进了昙阳子本人及其教义的广泛传播。有人说，昙阳子很聪明，抓住王世贞赋闲在家，且内心愁闷的时候，

台北"故宫博物院"藏王世贞铭涵星砚 1

台北"故宫博物院"藏王世贞铭涵星砚 2[1]

---

[1] 据《写尽繁华 晚明文化人王世贞与他的志业》（林丽江、何炎泉主编，故宫博物院 2022 年出版）一书介绍：砚作长方抄手式，砚底挖空成斜面，可将手伸入托起，是宋代特有的砚式。砚台的墨池畔有一短柱突起，柱心为石眼，呈青绿略带黄色，一般喻为"星"。石眼是成岩过程中铁质成分不断聚集形成的结核体。宋人十分重视石眼，将黑色墨池中的石眼想象成夜空中的星或月，赋予文雅的艺术内涵。砚壁刻王世贞草书题词："玉为质，温润而栗；金为声，和之则鸣。世贞。"此明仿宋砚充分反映王世贞等明人对于宋代文化的仰慕之情。

彻底发挥其长处，从而让文坛盟主自愿地来宣传她，直接拉满了效果。然而，从整体来看，这绝对是一个双赢的局面，如后来王世贞在回绝朝廷的任命时，其中一个理由便是自己已经许诺仙师昙阳子要潜心修道。

卷
三

一   游山玩水抒真情

　　之前提及，在走出第一次科举失败的阴影后，
王世贞就喜欢游玩，不经意间，其声名也在逐渐
提升。高中进士后，王世贞更是与好友多次相聚、
宴饮，游玩京城，当然，其中的花费也是不少的。
有一天，王世贞认真地考虑了这个事情，他粗略
地算了下中进士那年迎来送往、参加各种宴会、
外出郊游的支出，并回忆自己科举时的费用，一
算之后，他自己都为之一惊，没想到花费居然多
得吓人，他于是扪心自问："哎，都是因为自己
不能勤俭节约，科举时最初的岁费是 300 两，在

自己同年的进士中，他们的费用有不到 100 两的，不过，现在的费用却多达六七百两，有些没办法的学子，就只能向别人借贷了。然而，在这之后的各种人情往来、游玩宴饮，又比之前多很多，以至花费更是之前的好几倍，如今过着豪华的生活而不知道节省，如果一直这样的话，那以后又怎么去教他人节省呢？"作为比较，当时一个生员一年所得廪膳银，多者仅 18 两，维持一家生活尚属勉强，更遑论与新中进士相比 [1]。

前面对王世贞的仕宦经历进行了全面叙述，其中已经包含部分的游山玩水之举了，在游玩中，既与好友相聚，同时又提升名望，如王世贞在吴中与周天球、袁尊尼、张凤翼等人游玩虎山桥、虎丘、太湖等地时，几乎每次出游都带着王世懋，使其诗文创作水平也大为长进，并让他和吴中名士相互认识。李攀龙在见到王世懋最新的诗作后，为之赞赏，称呼他为"小美"，并认为"小美真才子也"。[2]王世贞字元美，王世懋字敬美，他们被合称为"大美小美"，成为吴中文坛的美谈。在这之外，还有以下几次游玩值得一提。

如王世贞对朝廷安排的青州之任颇为不满，使他远离京城诸友了，也缺少可以一起游玩的好友。嘉靖三十六年正月王世贞获悉当年的好友吴维岳调任山东提学副使，虽然王世贞和吴维岳的诗学主张不同，并且当年吴维岳想拉回王世贞失败后，产生了一些误会，但并没有产生根本性的冲突，在以后多次的诗友聚会时，两人均参加，还互相唱和。此时两人能够相聚山东，对于喜好交游的王世贞

松间鸣玉：王世贞传

---

[1] 陈宝良：《明代秀才的生活世界》，北京师范大学出版社 2020 年版，第 387 页。
[2] 王世贞：《弇州山人续稿》卷一百四十《亡弟中顺大夫太常寺少卿敬美行状》。

而言，自然感到欣喜，于是作诗《喜吴峻伯来视山东学》以祝贺。不过，由于各自事务繁忙，直到来年正月，王世贞才借吴维岳将要前往山东东部地区巡察之机，相邀一聚。吴维岳接到信件后非常高兴，一来他也喜欢交游，王世贞是其好友；二来他在山东地区较少遇到志同道合的人，渴望有人与之交流。两人一拍即合，再续佳话。兴许是上天要见证诗人们的欢聚，欣赏那美妙的诗歌，吴维岳刚到青州时，之前还下着的大雪突然就停止了。王世贞不想错过这样的好时机，于是建议一起游览云门山，此山不高，海拔 421 米，群峰突起，就像座千仞高山。山顶有一个南北贯通的天然洞穴——云门洞，洞高约 3 米，宽约 4 米，深 6 米余，远处望去，如一块高悬于天空的明镜，拱壁镶嵌。冬天雪后登山，虽然会增加难度，但是别有一番风味，如一片茫茫的白色之景就是其他季节所不能拥有的，况且山顶的温度低，气候多变，很多景色都在刹那间，甚至有些瞬

卷三

云门山风景图

177

间可以成为永恒的经典。更加惊奇的是，两人游览完云门山之后，又下起了大雪。可见上天也是通人情事理的，自古而然。

在一次宴席间，王世贞与众人聊天，吴维岳说："当官啊，不一定必须是中原地区，我认为即使是云南、四川、福建、广东等地，也都是可以的。游览各地的名山大川，观看风土人情，最后做到尚书之职，如此告老还乡，算得上是圆满了。"王世贞则说道："我可不想为了做到尚书之职而一直为官。我想的是能够拥有两顷山坡，在四周种些梧竹、垂杨、芙蓉之类的植物，在山中的池塘里养殖数千条鱼，中间建造一座小岛，然后筑起三间高大的楼阁。在下边靠左的房间放置书籍、金石古文之类的物品，靠右边的房间则全部存放各类美酒，旁边弄一个小间，摆放茶具和炊事用具，并存放一些鱼肉和瓜果蔬菜。在阁楼上放一张长椅和两张茶几，读书有些疲惫后，就拿出一些美酒小酌，如果醉了那就直接休息。在小岛旁边放两艘小舟，一艘用来平时的往返，一艘用来捕鱼喝酒，不问时间的早晚，只是随心所欲。若有俗客相扰，则不多理睬，不进行过多的世俗应酬。如果能这样终此一生，我自当心满意足了！"吴维岳追问道："那哪种人是俗客呢？"王世贞答道："那种一心做官想做到尚书的人，我看您就是俗客。"话音刚落，众人大笑。这是王世贞与众人笑谈之间的言语，却是他内心真实想法的具体体现。可见，王世贞虽然谨遵父命继续走仕途之路，并尽职尽责地做好分内之事，一心为公，不曲意奉迎，切实维护民众的利益，但是内心对官场已经有厌恶感，他愿意选择的生活是自由自在的田园耕种，隐居岛内，远离世俗，与书籍、美酒相伴，偶尔与一二雅客相聚，而非世俗的应酬。

　　当然，山东最有名的是泰山，王世贞岂会错过！他和巡按御史段顾言曾在六月初一日到达泰安，两人一起游灵岩寺，并登灵岩绝顶，如此游玩，他们感觉还不是很尽兴，便相约初三日一同登泰山。泰山可是五岳之首，绵亘于泰安市、济南市、淄博市之间，古称"岱山""岱宗"，春秋时改名为"泰山"。该山东西长约 200 千米，南北宽约 50 千米，主脉、支脉、余脉涉及周边十余县，盘卧面积达 426 平方千米，主峰玉皇顶海拔约 1532.7 米。先后有秦始皇嬴政（秦朝）、汉武帝刘彻（西汉）、汉光武帝刘秀（东汉）、唐高宗李治（唐朝）、唐玄宗李隆基（唐朝）、宋真宗赵恒（北宋）等六位皇帝在泰山举行过封禅大典。山体上既有寺庙、宫、观等古建筑群 29 处，古遗址 128 处，还有大小碑碣、摩崖石刻 2000 余处，每年慕名前往者络绎不绝。因为每条道路上游览之人都非常多，过不了车马，王世贞便向段御史建议，他初二先和徐文通登山，然后再会合。当天傍晚突然天下大雨，到第二天才停，王世贞一行入山后，经回马岭、五大夫松、十八盘，穿天门，过元君祠，最终到达玉皇祠，即泰山之顶，晚上众人就一起住山上。初三日四点左右，众人早早起来，一同观赏日出，太阳冉冉升起，云彩多变，景色宜人，让众人欣喜若狂。后来段顾言也来到了山顶，大家汇聚一处，到玉皇祠南柏树下休息。第二天又是大雨倾盆。此次居然连着下了四天才停歇，以至部分友人居住的房屋漏水严重，屋内也有不少积水，王世贞和徐文通居住的地方就水深二尺了。不过，这种环境对于富有诗性的文人而言，似乎别有一番雅趣，他们依旧饮酒相谈。

泰山风景图 1

泰山风景图 2

此次是王世贞自青州任上以来少有的与众人一起交游，虽然没有京城诸子相伴，但是众友之间亦有诗歌唱和、宴饮不断。

再如，王世贞执意卸任湖广按察使之职后，便乘舟向东而行，同行的人有长洲人陈道易、玉山人程福生，因为他们都擅长古隶，王世贞便选择感觉写得最好的古诗，拜请二人以古隶书写留念。众人到武昌东时，江面风浪大起，有一个叫于信夫的武陵人驾着一艘小船前来拜访王世贞，王世贞之前就知道这个人，并充满好奇感，此次相见，一聊很是投缘，众人且歌且醉。三天后，众人才再次出发，并与于信夫相别。

王世贞等人行至九江后，陈道易与众人辞别。第二天，他便与程福生及其他友人一同登庐山。庐山，又名匡山、匡庐，耸峙于长江中下游平原，北濒长江，东接鄱阳湖，长约 25 千米，宽约 10 千米，主峰汉阳峰，海拔 1474 米。该山以雄、奇、险、秀闻名于世，素有"匡庐奇秀甲天下"之誉，成为众多文人吟诵的对象，如李白的"飞流直下三千尺，疑是银河落九天"，苏轼的"不识庐山真面目，只缘身在此山中"。王世贞一行路上经过东林寺、香炉峰、三笑亭、虎溪、云峰寺、锦涧桥、锦绣谷亭、蹑云亭、甘露亭、披霞亭等处，然后到了庐山的最高处。欣赏美景之后，再由竹林寺向左转，望天池山，进入竹林寺，登凭虚阁，并拜请程福生作古隶题游日，他们还在壁上记录了大家的姓名。可见，如此行为，不仅是很多小孩喜欢的，那些高雅的文人们也很喜欢，而将此发扬光大的，无疑是那个能上天入地的孙悟空。

渐渐地，天色临近傍晚，又因为山上温度较低，天气多变，伴

松间鸣玉：王世贞传

庐山风景图

有一点雨雪，而景点太多，不能全部参观完，他们便返回东林寺。此次游玩的是庐山背面，再加上时间仓促，匡庐五老等名胜风景游玩了不到十分之一，众人内心都有所遗憾，在这之后，程福生也因有事而道别。关于此次游玩，王世贞在《游东林天池记》中有详细记载，《入东林精舍》《由云峰取道锦涧，历险至绝顶》《幡经台》《三笑亭有感》《卢顶放歌》《游匡庐，不能从南康道入，取瀑布石梁之胜，志叹》《程孟孺谒余武昌，以是日至，而余以是日发，因偕登庐岳，各返故里，遂成二绝为赠，并呈豫章诸王孙》等诗都是作于此时。

　　另外，在郧阳任上，王世贞与友人一起游玩了武当山[1]。武当山的道教历史可以追溯到东汉时期，唐代时因其地位提升，成为皇家敕建的道观之地。明成祖朱棣为巩固政权，大力推崇真武信仰，并在武当山修建了规模宏大的道教建筑群，包括紫霄宫和金殿等著名宫观，以供奉真武大帝为核心，形成了独特的真武信仰文化，使武当山成为全国道教活动的中心。该山胜景有箭镞林立的 72 峰、绝壁深悬的 36 岩、激湍飞流的 24 涧、云烟雾蒸的 11 洞、玄妙奇特的 10 石 9 台等，天柱峰海拔 1612 米。当时王世贞一行在三月十五日过净乐宫、紫云亭、迎恩宫、玉虚宫，晚上居住于紫霄宫。第二天，众人登太和山，至绝顶天柱峰，礼金殿，并借此机会拜访异人范丫髻。第三天，众人下天柱峰，过摘星桥、文昌祠，抵达南岩宫。王世贞在此等候张九一，却迟迟不见他来，因为他们之前有

---

[1]　武当山，又有太和山、谢罗山、参上山、仙室山等称呼，在王世贞及友人的文集中，多以"太和山"之名出现。

约，约定十六日一同登玄岳。于是王世贞边等边玩，转而去拜访不二和尚，然后返回南岩宫，入谒真武殿。

武当山风景图

可别小看这个不二和尚，他可是充满传奇色彩的。相传他有一百二十岁的高寿，不仅王世贞拜访过，就连后来的袁宏道也还拜访过，甚至在了解了他一生的经历后，自愿出钱为不二和尚修筑一座石塔。那么不二和尚为何要前往武当山呢？道教圣地武当山，又怎么能融入一个和尚呢？现代学者李峻对此进行了研究，他认为是因为明朝正德七年，皇帝赐给不二和尚（当时叫圆信和尚）"千佛衣"的同时，下旨奖赏在武当山周围剿贼有功的湖广行都司周景。当代皇上如此重视武当山，使不二和尚有了入武当的动机。嘉靖庚申年，刚好是武当道士王绍瑞入京城化缘，得到定国公徐延法及众锦衣卫官员集资，派官兵工匠，在天柱峰后苍龙岭建造雷坛，铸制诸神铜像。乘此时机，不二和尚就从北京来到武当山。况且自宋代以来，儒释道三教互有联系，很多士大夫甚至将三者合一，各自的排斥性没有那么强烈。再加上据传不二和尚有个舅舅叫潘记，当时为武当山玉虚宫提点，在不二和尚的屡次要求之下，潘记只好与众提点商量，最终同意不二和尚进入武当山，但是"下不为例"，因此原来叫圆信和尚的，现在又叫不二和尚，不过不二和尚的名气比他之前的原名大很多。[1]直到十八日，众人从南岩宫出发，过北天门、青羊桥、五龙宫、仁威观，到达玉虚宫，在望仙楼宴饮之后，晚上就住在迎恩宫了。此次游玩，王世贞感慨武当山的广大、雄伟，几日走下来，竟然还不到全山的十分之三，不过他们已经精疲力尽了，看了不少美景，可见王世贞非常满意此时的状态。回去后，王世贞才知道张九一那时是因为有病在身，以至未能按时赴约。张九一待

---

[1] 李峻：《武当120岁高僧——不二和尚》，《武当》2010年第7期，第43页。

病好后，专程带其弟张九二过访致歉，并让张九二主动拜王世贞为师。

王世贞在六十一岁时，与众友有一次非常愉快的泛海游玩。当年四月，汪道昆与汪道贯、龙膺、徐益孙等人前来赴"来玉之约"（万历十一年，汪道昆、汪道贯、汪道会、胡应麟、张佳胤等友人过访弇山园，王世贞盛情招待。后来在离别时，汪道昆和王世贞相约明年再聚，并因选择的地点是弇山园的"来玉阁"，故此次相约又叫"来玉之约"，玉也是君子的象征，其用意非常也）。他们在王世贞处欢聚十日之久，汪道昆认为他过访太仓五次，而王世贞没有去过自己那一次，于是特邀王世贞回访，王世贞高兴地答应了，两人遂订"齐云之约"。众人觉得弇山园已经游遍，不能尽兴，于是他们计划一起游玩东海。王世贞事先叫新城张榜备好船只，出发当日，天有雨水，王世贞仍然带领众人驾驶两艘船出行，到达新城后，他们与张榜相会，当晚就住在船中的蓬底下。第二日，王世贞与众人将之前的船换成了张榜准备的大的船舶，然后借助退潮之势顺利出港。大船航行至海上，靠近崇明后才返回，一路上风清日丽，景色宜人，最后大船从进港处入港。当夜，众人在船中开怀畅饮，玩击鼓传花等游戏助兴，直至次日方才返家，王世贞作《东海游记》以记之，并有《张将军要余与沈令尹，潘、林、曹三子，骏儿同泛海，时风日清美，颇穷胜概，乐而赋之》《月夜与张将军及诸贤合饮海舶，即事》等诗作。后来由于身体、任职等原因，王世贞再也没有和友人一起如此欢快地游山玩水了。

除此之外，王世贞的有些游玩经历有待进一步补充和辨析。如在现有王世贞的诸多年谱中，有一次游玩没有被提及，可能是受制于文献资料的不足。即嘉靖四十三年（1564）八月，王世贞与彭年、黄姬水、周天球、徐学谟、张献翼等人交游兴盛，据台北"故宫博物院"所藏王世贞题跋《薛道祖杂书卷》来看，周天球言及："嘉靖甲子八月既望，球从王元美伯仲纵游西山，归舟示道祖此卷。"黄姬水则说道："元章真迹虽罕得，往往有之，道祖则仅见此耳，元美尚宝之哉。中元甲子八月廿四日。"文嘉更是在直言创作题跋的缘由时说道："嘉靖甲子八月，元美按察携示，命题因书。"故而可知他们此次集中游玩和创作题跋的时间是在嘉靖甲子八月。[1]

嘉靖四十五年（1566）的阳羡之游则值得一辨，王世贞因为疮疡而卧床，疮疡"是中医外科最常见的疾病，广义的疮疡泛指发于体表的外科疾病的总称，狭义的疮疡主要指以体表化脓性感染为主的一类疾病……创伤后引起局部红肿疼痛等体表感染，最后化脓"[2]。此病有因外在创伤而形成的，也有因内在气血、脏腑、经络等不调而引起的，不过在经历多种病变后，最终都有化脓这一症状，会给患者带来长时间的疼痛。王世贞曾在文集中多次直言疮疡给他带来的痛苦，此次是王世贞第一次患该病，前后长达半年之久，甚至差点因为此病，到了快要面对死亡的地步，"几殆"[3]。关于

---

[1]　具体可以参见贾飞：《王世贞散佚文献整理与研究》，社会科学文献出版社2024年版，第163—164页。
[2]　杨恩品：《中医疮疡病学》，科学出版社2017年版，第2页。
[3]　王世贞：《弇州山人四部稿》卷一百五十一《艺苑卮言卷八》。

这次疮疡，王世贞两次提及，一次是说自己卧床半年，另一次是说自己五月份病了，八月份稍好，然后与友人去了江苏宜兴的阳羡游玩，"为阳羡之游"[1]。这样看来，王世贞的自述和友人的书信所言似乎有所出入，一个是逾半岁，一个则是五月到八月。其实不然，王世贞的疮疡在八月份的确好转，甚至邀好友游玩阳羡诸山，如《发自义兴，由东九抵湖汊一首》《出张公洞经游玉女潭一首》《探龙湫，因观古琼树一首》《归自东九，泛西九，访善权寺一首》《游善权洞作》《善权水洞一首》《张公洞怀李于鳞》《游善权寺，僧云距长兴可两合，因怀徐子与》《史恭甫玉虚仙院》《李程二生皆国手也，同入张公洞，视仙人局，戏赠一绝》《善权寺遇秀才》《出张公洞示沈道振》等诗作皆是作于此时，可见其乐也。不过，王世

---

[1] 王世贞：《弇州山人四部稿》卷一百二十二《许殿卿》。

嘉靖甲子八月既望某偕王元美伯仲继游
西山憩舟宗道祖此卷清森秀与秋山
读真迹浮白酉之偶书识状　周天球

元章书史载道祖所蓄晋唐法书
皆富至二王帖不惜倾橐购取与元
章每以鉴定相高淳失评较宁寄道
祖诗亦老季书兴独未忘颜浮薛老
同街件书名与元章茔今徒元美所
観道祖四帖平直苍劲骀骨气依存而
无枯槁巨石之病者其之为不诬矣元
章真蹟虽罕浮注々有之道祖则惟
见此百元美尚实之我
中元甲子八月廿四日黄姬水识

宗思陵称小宗伯经来襄阳薛河
东浮晋人遗意虞道园则谓黄
长睿有书学而举不远识铭垫
最佳世遂不传米氏父子举世学
其奇伟佹僳垒彩比卷雪顶山
诗帖粘以拙藏巧上清连年帖
吹之一纸浮意浮波梯之际飞趣
浑发左孙帖其之青文顷八口

台北"故宫博物院"藏
王世贞跋《薛道祖杂书卷》

贞回家后疮疡立即复发，他只能再次卧床，这可能是其与众友频繁饮酒所致。后来吴中文士将王世贞游阳羡时所作的诸多诗文，汇编为《阳羡诸游稿》，并在冬至日请张献翼为此集题词，据台北"故宫博物院"藏明刻本《阳羡诸游稿》所载，该文集题作"天弢居士王世贞撰"，可见此时王世贞已有"天弢居士"之号。

园林楼阁求自适

　　园林楼阁，是古代文人士大夫追求自适生活的诗意栖居地。王世贞一生宦海沉浮，历经波折，内心渴望一方能让自己卸下疲惫、安放自我的天地，园林楼阁便成了不二之选。他所营造或游赏的园林楼阁，宛如世外桃源。在这里，他摆脱了官场的勾心斗角与世俗的纷扰喧嚣。于楼阁之上，他可极目远眺，赏四季更迭之景，感受自然的韵律与节奏；在园林小径漫步，能沉醉于花草芬芳，聆听鸟语虫鸣，让心灵与自然相融。他常邀友人于楼阁中雅集，吟诗唱和、品茗论道，在交流中抒发才情、畅谈人生。园林楼阁为王世贞提供了宁静而富有诗意的空间，使他得以在精神上获得自由与超脱，尽情享受那份远离尘世、悠然自适的生活，实现内心的平和与满足。

　　在园林楼阁的审美喜好与营造情怀方面，王世贞深受伯父王愔的影响。王世贞的祖父王倬膝下有王愔、王忬两个儿子，王愔身为长子，却对科举仕途毫无兴趣。他宛如一位超脱尘世的雅士，将全部的热情与精力都倾注于园林建设之中，精心构思每一处亭台楼阁的布局，用心挑选每一株花草树木的品种，力求打造出心中的理想园林。

同时，他还热衷于筹划与友人的游山玩水之行，在山水之间尽情享受生活的闲适与惬意，在享受生活这件事上，他绝对称得上是首屈一指的人物。他所营造的麋场泾园，富丽堂皇，宛如一颗璀璨的明珠镶嵌在东南大地之上，在当时声名远扬，引得无数人慕名而来。园中，假山堆叠，似龙蟠虎踞；池水潋滟，如明镜映天；亭台楼阁，雕梁画栋，尽显奢华与雅致。每一处角落都彰显着主人的匠心独运，每一处景观都诉说着一段美好的故事。然而，天不遂人愿，王忬去世后，他的后人缺乏能力与才干，无法妥善打理这座园林。随着时间的推移，曾经繁华一时的麋场泾园逐渐荒废破败，杂草丛生，亭台坍塌，池水干涸，往日的辉煌不再，只留下一片凄凉与沧桑。

后来，王世贞与多位亲朋好友一同前往参观这座荒废的园林。当他们踏入园中，目睹眼前的一片衰败景象，再联想到园林曾经的荣华模样，以及伯父对自己的疼爱，王世贞的内心不禁涌起一阵伤感，仿佛时光倒流，那些与伯父共度的美好时光又浮现在眼前。从弟王世望也深受触动，悲从中来，他毅然决然地决定翻新此园，让这座承载着家族记忆与情感的园林重焕生机。

翻新工程启动后，王世望特意委托王世贞为新园作记。王世贞怀着对伯父的深深思念与敬意，提笔写下了一篇情真意切的文章。文章中，他回忆了伯父的生平事迹，描绘了麋场泾园昔日的繁华盛景，也表达了对园林翻新的美好期许。文章写成之后，王世贞还特意拜请画师尤求为新园绘图。那一幅幅精美的画卷，不仅是园林的写照，更是王世贞寄托对伯父念想的精神载体，承载着他对伯父的无尽思念与对家族往昔辉煌的深深眷恋。

往昔岁月，王世贞与王世懋兄弟二人因在外地为官，远离故土，又逢父难之痛，身心俱疲。待守孝期满，他们才从那充满哀伤与变故之地，缓缓搬回城中居住。城中虽繁华，但市井喧闹，人声鼎沸，扰人心神。兄弟二人本就对仕宦之路心生厌倦，更兼父亲冤屈未雪，如巨石压在心头，让他们对那黑暗复杂、充满钩心斗角的官场彻底失望。于是，他们萌生出在原有住宅旁新建一座园林的想法，一来可寻得一方清幽净土，远离尘世纷扰；二来也能有个静谧之所，方便读书自娱，沉淀内心。

这座新建的园林，被命名为"离薋园"。此名源自《离骚》，王世贞曾感慨道："我在研读屈原的《离骚》时，偶得'离薋'二字。薋、菉这类恶草，在屈原笔下象征着世间那些奸佞小人、丑恶现象。取此名，意在表明我学的是屈原，要与这些世俗的污浊之物保持距离，不与它们同流合污。"这简单的园名，承载着王世贞对高洁品格的坚守，对黑暗官场的唾弃，以及对纯净精神世界的执着追求。步入离薋园，园中景色清幽雅致，花草树木错落有致，仿佛一处与世隔绝的世外桃源。在这园林之中，王世贞特意单独建了一间小屋，取名为"鹪适"。屋内经史、古文、图籍等各类书籍琳琅满目，散发着淡淡的书香。王世贞以鹪自喻，鹪是一种小鸟，自由自在，无拘无束。他期望在这舒适的书屋中，能如鹪鸟一般，摆脱尘世的羁绊，自由自在地遨游于知识的海洋，沉浸于内心的宁静世界。在这里，他才仿佛寻回了真正的自我，那是一个不被世俗所染、纯粹而自由的灵魂。

由于生活环境和内心心态的变化，王世贞越来越主动地学习佛

卷
三

台北"故宫博物院"藏
王世贞书《秋日离簪园即事作》

193

学经典，这逐渐成为其日常生活中的重要组成部分。为了更好地收藏与佛学有关的书籍，他在隆福寺右方的空僻处新建了一个藏经阁，并将离薋园中友人所赠的经书全部藏于阁中。同时他还修治小祇园，认为如果在看经书之外，还能够诗歌咏唱，小酌小饮，那就心满意足了。他还作诗以表明自己的心态，其诗有"我友条净业，慷慨惠函经。……稽首两足尊，发此希有诚。破除诸疑网，摧伏群魔兵。前因获心通，后果希胜增。愿以一切智，回施一切情"[1]之句，可见其诗在抒发内心情性的时候，还融有丰富的佛学元素，这也引起了众多好友的注意，如吴国伦直言："我的好友王世贞，在中年时喜欢上了佛学，并修建了小祇园，作为专门休养的地方。"

后来，王世贞多居于太仓，他便在小祇园的基础上精心营建，最终落成了弇园。此园另有弇州园、弇山园等雅称，各具风韵。弇园之名，取意深远，源自《庄子》与《山海经》的奇幻世界。据传，在那缥缈的仙境中，有一座弇州山巍然屹立，一种身披五彩羽毛的神鸟悠然自得，它昂首向天，发出清越的嘘鸣，这便是鸣鸟。同时，山间还弥漫着各式各样美妙的乐曲与歌舞，宛如神仙极乐世界的写照，映射出王世贞内心深处对超凡脱俗、逍遥自在生活的无限向往。此外，《山海经》中还记载着轩辕之国，其民居于江山之南，以吉祥为伴，即便是寿命不长者，也能享年八百。这样的神仙境地，无疑是世人皆向往的乌托邦。

王世贞还新建尔雅楼，用来收藏书画、古器，当时他家中所藏之书已然蔚为大观，其中不乏珍贵的宋版书籍以及诸多名人字画佳

---

[1] 王世贞：《弇州山人四部稿》卷十一《奉释典诸部经于小祇园藏经阁中，有述》。

卷
三

台北"故宫博物院"藏
钱穀为王世贞绘《小祗园图》

195

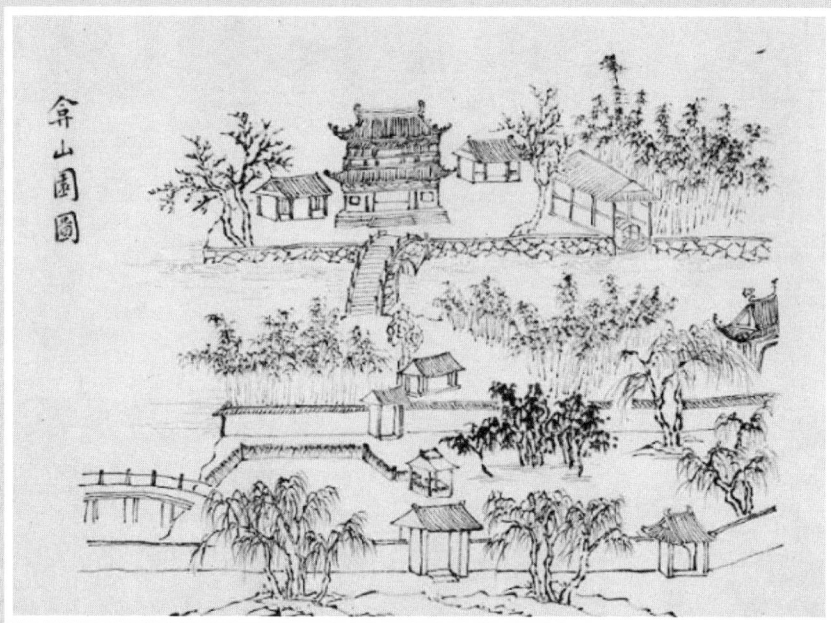

松间鸣玉：王世贞传

太仓博物馆藏
《弇山园图稿》，此图稿为殷继山先生 2018 年捐赠

作。具体而言，小酉馆内藏书浩如烟海，多达三万卷；尔雅楼则成为宋刻本书的专属栖身地，散发着古朴而典雅的气息；至于佛道经典著作，依旧稳稳地置于藏经阁中，彰显着深厚的文化底蕴。在尔雅楼前，王世贞精心规划了一方方形池子，池中碧波荡漾，金鱼悠然自得地游弋其间，为这方文化天地增添了几分灵动与生机。闲暇之余，王世贞与友人常至池边，或赏鱼，或以池水濯洗毛笔、砚台，享受那份超脱尘世的宁静与雅致。后来，命运之神似乎格外眷顾这位文化巨匠，让他有幸收得北宋大书法家米芾亲笔题写的"墨池"二字。王世贞如获至宝，立即请能工巧匠将这两个字精心刻成石碑，并巧妙地内嵌于池子的北岸，使之成为一道独特而亮丽的风景线。

园林落成之后，王世贞并未筑起高墙，将美景与游人隔绝，反而以一种开放包容的姿态，热情地迎接每一位慕名而来的游客入园

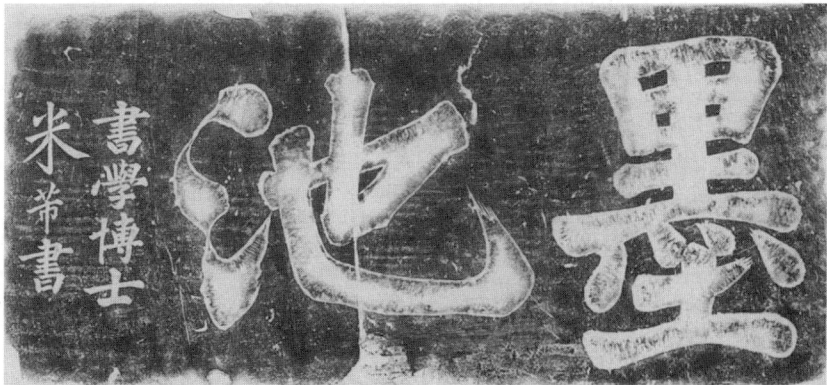

太仓市博物馆藏《墨池》碑石[1]

---

[1] 据太仓博物馆徐超介绍，由于历史原因，原有的碑石遭到破坏，只有左半边存世，后来太仓博物馆根据完整的拓本将其补全。

参观、游玩。随着弇园的名声如日中天，前来一睹其风采的游客络绎不绝，弇园渐渐热闹得宛如一座人民公园，充满了欢声笑语与生机活力。然而人红是非多，随着弇园声名远扬，外界对王世贞的议论也如潮水般涌来。一些不明就里的人，仅凭弇园的盛景，便妄自揣测，认为王世贞出身豪绅之家，财力雄厚，才会如此肆意纵欲、奢靡享乐，甚至将其视为不良的示范。这些无端指责，如同一把把利刃，刺痛着王世贞及其家人的心。此时，王世贞的胞弟王世懋挺身而出，为兄长仗义执言。他深知兄长的为人，深知兄长本性好客，心怀宽广，不愿独享这园林之美，而是希望将这份快乐与众人分享。同时，他也深知兄长对自己要求极为严格，生活简朴，绝非外界所传的那般贪图享乐之人。因此，王世懋常常不遗余力地为兄长辩解，试图澄清那些不实的传言，还兄长一个清白。但王世懋的辩解，终究难以堵住天下悠悠之口。毕竟，人心复杂，看法各异，其中不乏别有用心之人。他们嫉妒王世贞的成就与地位，故意编造谣言，散布中伤之词，企图抹黑他的形象。对于这些无端的指责与恶意的中伤，王世贞向来淡然处之，因为他深知，真正的成就与品格，不会因这些流言蜚语而黯淡无光。

弇园于王世贞而言，已然化作一方心灵的净土、精神的栖息之所。在园内，他每天玩赏典籍、书画、金石、古器等物，听鸟垂钓。有一天，王世贞在弇园悠闲地居住，他听说有人在卖鹦鹉，他对这种动物非常感兴趣，然而当他买来后，经过仔细辨认，却发现这不是鹦鹉，而是红倒挂鸟，于是作《红倒挂鸟赋》以铭记此事。红倒挂鸟与鹦鹉类似，今人欧佳和王化平通过研究认为："宋代以来，一种名为'倒挂鸟'的美丽珍禽因为羽色艳丽、外形小巧、习性特殊而得到文人雅客的关注和吟咏。文章通过整理古代笔记、方志和诗文中的相关记载，对倒挂鸟的外形、习性、产地等进行了综合分析，认为古籍所载倒挂鸟并非极乐鸟，也不是单指某一种鸟，而是指鹦形目鹦鹉科短尾鹦鹉属的若干种类。"[1] 可见王世贞知识渊博、认真严谨之态并非浪得虚名。

弇园的美景如诗如画，美酒醇香四溢，更添几分惬意。儿女环绕身旁，欢声笑语回荡在园中，处处洋溢着温馨与欢乐，一幅悠然自得的生活画卷就此徐徐展开。曾经因遭弹劾而生的愤懑之情，如阴霾般笼罩着他的心田，不过在这弇园的滋养下，那阴霾渐渐消散，心中的郁结也随之解开。如今仍让他感到些许无奈与操劳的，便是那如雪花般纷至沓来的文笔之债，以及不得不应付的世俗应酬。他只能苦笑着，无奈地感慨"不得并谢笔砚耳"[2]。

随着岁月流转，王世贞声名日隆，如璀璨星辰般在文坛闪耀。加之他常年居住于弇园，这座园林也因他的名气而备受瞩目。一时间，拜访者如过江之鲫，接踵而至；求文者更是纷至沓来，比比皆是；与他交游往来之人，亦是不胜枚举，弇园仿佛成了当时文化交流的一处胜地。王世贞对弇园的喜爱，早已融入骨血。万历十五年（1587）十月，秋风送爽，正是出游的好时节。他怀着对江南园林的无限向往，与友人一同踏上了探寻名园的旅程。他们一路游赏练川、云间、松陵等地的诸多名园，每一处都独具风韵，令人流连忘

---

[1] 欧佳、王化平：《倒挂绿毛幺凤：古籍所见"倒挂鸟"考辨》，《自然科学史研究》2017 年第 1 期，第 22 页。
[2] 王世贞：《弇州山人续稿》卷一百九十《茅鹿门》。

返。当他们抵达嘉定时，徐学谟在家中精心布置的"归有园"设下盛宴，热情款待王世贞一行。园中亭台楼阁错落有致，花草树木争奇斗艳，大家在觥筹交错间，畅谈古今，共享这难得的欢聚时光。而后，众人又来到松江，喻均早已在顾氏的"西郭园"备好佳肴美酒，等待王世贞等人的到来。西郭园内，曲径通幽，小桥流水，别有一番江南水乡的韵味。众人在此欢聚一堂，谈笑风生，好不惬意。此次江南之行，他们还游玩了上海的露香园、水竹清居园、豫园等闻名遐迩的江南名园。每一处园林都像是大自然与人类智慧完美融合的杰作，让人叹为观止。

归家之后，王世贞对弇园的感情愈发深厚，他怀着对这座园林深深的眷恋与自豪，自题所居园林为"弇园"。在他眼中，那些游历过的江南名园虽各具特色，但大多过于雕琢，失了自然之趣。唯有弇园，宛如一位不施粉黛的佳人，自然闲适，可居可赏，在众多园林中独树一帜，自成风格。

万历十七年（1589），王世贞在赴任南京刑部尚书之前，特意在家休养了一段时间。彼时正值八月，酷热难耐，又逢干旱少雨，弇园的山池水位急剧下降，眼看着就要干涸。王世贞心急如焚，他深知这山池是弇园的灵魂所在，绝不能任其荒废。于是他果断招募工人，引河水入池，为山池注入新的生机。同时，他还命人将池中的小岛去掉，如此一来，一眼望去，池面辽阔无垠，再无他物阻碍视线，整个弇园也因此更添几分豁达与空灵之美。

王世贞甚至与子孙还有一个约定，即告诫他们，弇园能够守护好就好好守护，传承下去，如果觉得守护不好，那就赶紧售卖给富有之人，以使园林不至于荒芜。有此等胸襟者，可谓是园林的知音。

除了热衷于亲自营造园林楼阁，打造一方独属于自己的精神天地外，王世贞对友人精心构筑的园林亦是赞赏有加，从不吝惜自己的肯定与赞美。

在王世贞怀着沉痛的心情重新安葬亡父之后，张凤翼三兄弟于次日便匆匆赶来祭奠。这份真挚的情谊与关怀，如同一股暖流，温暖了王世贞悲痛的心。自此，王世贞与张氏兄弟的交往愈发深厚。

张凤翼才华横溢，且对园林营造情有独钟，他精心打造了一座名为"求志园"的园林。园中亭台楼阁错落有致，花草树木相映成趣，每一处布局都彰显着主人的高雅情趣与独特品位。张凤翼深知王世贞在文坛的声望与才华，便诚挚地向他求文，希望王世贞能为自己的园林作一篇记文，以留后世。王世贞本就欣赏张凤翼的才情与为人，又对"求志园"喜爱有加，欣然应允，提笔写下了《求志园记》一文。文中，王世贞以细腻的笔触、生动的语言，描绘了求志园的秀丽景色与独特韵味，字里行间流露出对这座园林的赞美之情。

其实，在当时，张凤翼还特意邀请画家钱穀绘制了《求志园图》。这幅图卷犹如一幅生动的画卷，将求志园的每一处美景都栩栩如生地展现出来。王世贞看到这幅图卷后，爱不释手，当即在图卷上进行题跋。他的题跋，或是对园林景色的进一步描绘，或是对友人营造园林之心的理解与感悟，为这幅图卷增添了更多的文化内涵与艺术价值。

后来，王世贞对题跋内容进行了删改，力求更加精炼、准确地表达自己的情感与见解。他将这篇文章收录在《弇州山人四部稿》

松间鸣玉：王世贞传

故宫博物院藏钱穀《求志园图》

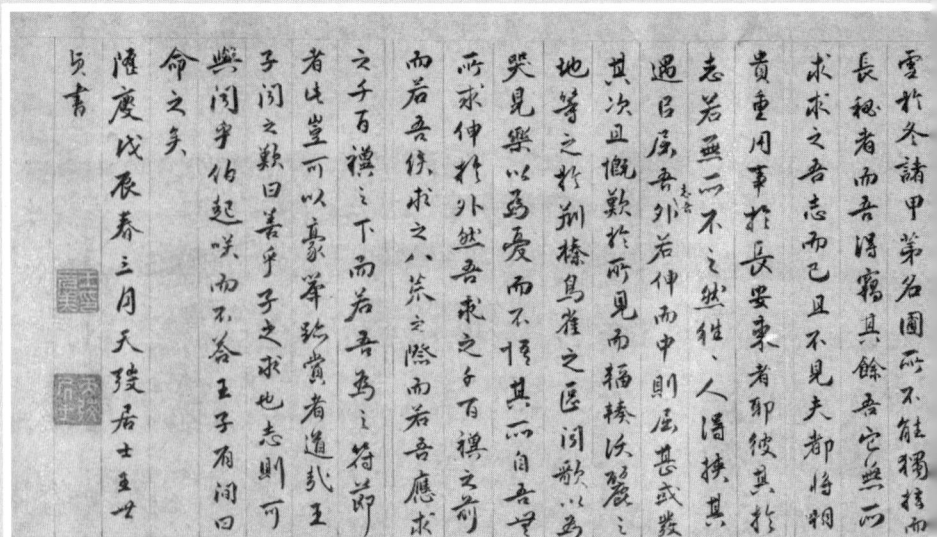

王世贞题跋《求志园图》的内容

求志園記

吳城之東北隅為友人張伯起園
園當其居之後闢道以度入門
而香數則雜荼蘼玫瑰屏焉名其
徑曰采芳示吳奮也徑遠數十武
而近有亭示名其軒曰怡瞻示而
遊目也軒之右三而榴者以奉其先
隱君儀名之曰凧水堂示歲也堂不能
當軒之半然不敢以堂名怡瞻者示
有尊也軒之右也齋以柶圖史名之曰
尚友、古也齋之後館中多大假皓
大池中多金銀玳瑁雜細鱗也曰
又魚池二蓄也穿池而橋循檺稱而
南為古梅十餘樹名其廊曰香雲言
梅德也伯起之言曰吾吳以饒樂稱
海內冠不倭夫差之堰甲第名園
亡應數十計即屈諸君指且編亡及
吾園者諸材求之蜀楚石求之湖石
武康英茨磬衎木求之百粤曰南安

卷七十五之中，使其得以流传后世 [1]。如今这幅承载着王世贞题跋的《求志园图》卷，静静地藏于北京故宫博物院，它就像一位沉默的历史见证者，见证着王世贞与张凤翼之间的深厚情谊，也见证着那段充满文化韵味与艺术气息的过往岁月。

---

[1] 贾飞：《王世贞散佚文献整理与研究》，第 171—173 页。

书画鉴藏寄雅怀

在历史的长河中，文人雅士常以书画鉴藏为乐，寄寓高雅情怀，王世贞便是其中翘楚。他生于文风鼎盛的时代，自幼受书香濡染，对书画艺术有着独特的敏锐感知与深厚热爱。虽然他一生宦海浮沉，但是始终未忘对书画的痴迷。他广交书画界名流，四处寻访珍品佳作，不惜重金购藏。其藏室之中，名家书画琳琅满目，每一幅书画，在他眼中都不仅仅是笔墨的堆砌，更是艺术家情感的寄托、时代精神的映照。

王世贞书画鉴藏，绝非单纯为占有珍宝，而是借此寄寓雅怀。于他而言，鉴藏书画是与古人对话，是跨越时空的精神交流。在把玩品鉴间，他能忘却尘世烦恼，沉浸于艺术之美，寻得心灵的宁静与慰藉。

在嘉靖三十二年（1553）的春夏交替之际，由于王世贞平时喜欢读书和买书，家中的书籍越堆越多，他于是开建"万卷楼"，以方便集中藏书，可是刚开建不久，倭寇就入侵太仓了，仓皇间，他只能将楼搁置，和母亲等家人一起前往吴中地区躲避战乱[1]。虽然楼没有建好，但是从中可见王世贞对书籍的喜好。他嗜书成癖，在知道有书商要出售宋版《汉书》时，竟以一座庄园之价换取。

由于王世贞藏书丰富，宁波人范钦知道后就主动写信给他，希望两人能够各自列出书目清单，互通有无，以了解各种书目信息，方便收藏和阅览。范钦也喜欢藏书，他在宁波自家房屋的东侧建造了藏书楼，取"天一生水、地六成之"之义，命名为"天一阁"，范钦就是历史上赫赫有名的天一阁藏书主人，现在天一阁成了全国重点文物保护单位。王世贞响应了他的倡议，并且回信给他介绍了自己的藏书情况，从而造就了一段明代藏书家相互交流的佳话。之前笔者曾在美国访学，就发现藏于伯克莱加州大学东亚图书馆的《艺苑卮言》中有两枚印章，一为"东明"，一为"天一阁"，范钦除了有"天一阁"之名外，本身字号就是"东明"。[2] 当然，王世贞并不满足于现有之藏，如他随后见到吴城汤氏售卖仇英临摹的《海天落照图》，便眼馋，将它与《宣示》《兰亭》相媲美，最终他不论价格多少，直接将其收购了，以大饱眼福，这份阔气且迅速出手，似乎只有收藏家才能更好地体会吧。

王世贞还曾在古玩市场购得北宋《大观大清楼帖》残卷。他不仅喜欢收藏字画，对字画的品评功力也非常深厚，如在他的文集中，就有很多墨迹跋，谈论过《兰亭序》《清明上河图》等名画，均有独到的见解，以至后世托名王世贞者也不少[3]。

---

[1] 王世贞：《弇州山人四部稿》卷一百十九《宗子相》。
[2] 贾飞：《〈艺苑卮言〉成书考释》，《文献》2016 年第 6 期，第 143 页。
[3] 贾飞：《王世贞散佚文献整理与研究》，第 180–184 页。

台北"故宫博物院"藏
仇英《海天霞照图》（局部）

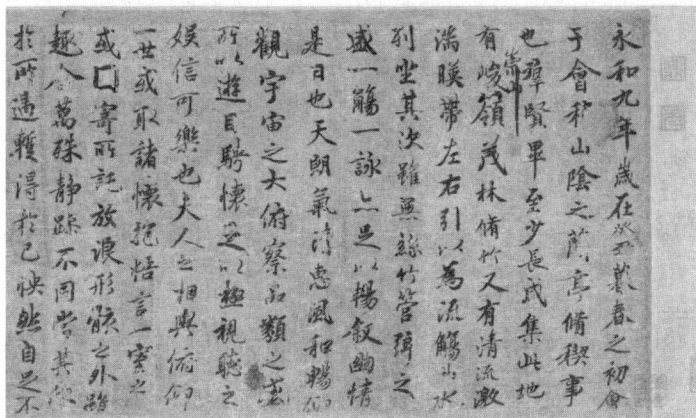

台北"故宫博物院"藏
褚遂良《黄绢本兰亭卷》（局部）

关于《清明上河图》，流传着这样一个故事：

在明朝那风云变幻的朝堂之上，严嵩可谓是一手遮天，权势到达了顶峰。他家中的珍宝堆积如山，金银财宝、奇珍异宝数不胜数。或许是他觉得单纯的财富已经无法满足他膨胀的欲望，便开始将目光投向了书画古董这类高雅的艺术作品，仿佛只有拥有这些，才能彰显他与众不同的身份和地位。

当时，朝堂中有几个依附于严嵩的大臣。鄢懋卿总管着江淮一带的盐务，这可是个肥差，他凭借着这个职位，搜刮了不少民脂民膏，也一心想着如何讨好严嵩。胡宗宪和赵文华，则以督兵使的身份在吴越地区任职，他们手握兵权，也一心想着攀附严嵩这棵大树。他们三人得知严嵩对书画古董感兴趣后，便各自行动起来，不遗余力地在各地搜罗古玩，想要以此博得严嵩的欢心。

有一天，朝堂上突然传出了一个消息，说有一幅绝世珍宝——《清明上河图》的手卷。这幅画可是宋代张择端所画，描绘了北宋都城汴京的繁华景象，是一幅不可多得的历史画卷。而这幅画，据说就收藏在已故宰相王鏊的孙子家中。王家富可敌国，家财万贯，想要用钱财打动他们，让他们割爱这幅画，简直比登天还难。

严嵩得知这个消息后，心里痒痒的，可又没有办法直接得到这幅画。这时，他想到了一个人——苏州人汤臣。汤臣因擅长装裱书画而闻名，他一直寄居在严嵩门下，靠着严嵩的势力过活。严嵩便把汤臣叫来，让他去想办法弄到这幅画。而且，汤臣还和娄江的王忬中丞有来往。

汤臣接到这个任务后，心里也在打鼓。他知道王家不好对付，但又不敢违抗严嵩的命令。于是，他想到了一个办法，那就是劝说王忬去购买这幅画。王忬当时镇守蓟门，是个有头有脸的人物。汤臣找到王忬，添油加醋地说了一番这幅画的珍贵之处，还说如果王忬能得到这幅画，那在朝堂上可就更有面子了。王忬听了汤臣的话，便立刻命令汤臣出高价去求购这幅画。

汤臣领命后，风风火火地赶到王家，想要买下这幅画。可王家的人根本就不把他放在眼里，一口回绝了他的请求。汤臣没办法，只好垂头丧气地回来向王忬复命。王忬一听没买到画，心里又急又恼。于是，他想到了一个办法，那就是找苏州人黄彪临摹一幅真本。黄彪也是一位绘画高手，在苏州一带颇有名气。王忬找到黄彪，许以重金，让他临摹一幅《清明上河图》。黄彪欣然答应，经过一番精心绘制，一幅以假乱真的《清明上河图》临摹本便诞生了。

汤臣拿着这幅临摹本回到严嵩府上，严嵩看到这幅画后，眼睛都直了。他视若珍宝，觉得这是自己收藏的众多画作中的压卷之作。为了炫耀这幅画，他还特意摆下酒宴，邀请各位贵人一同赏玩。在酒宴上，严嵩得意洋洋地向众人展示这幅画，仿佛自己拥有了天下最珍贵的宝物。

然而，好景不长。朝堂上有个嫉妒王忬的人，知道了这件事。他心想，这可是个打击王忬的好机会，于是便直接向严世蕃揭发说这幅画是赝品。严世蕃一听，又羞又恼，他觉得自己被王忬耍了，顿时对其心生怨恨。一场针对王忬的阴谋就此展开，祸根也就此种下了。

这件事传开后，有人说，其实是汤臣因为怨恨王世贞兄弟而泄露了事情始末。原来，汤臣和王世贞兄弟之间有过一些矛盾，他一直想找机会报复他们。这次，他借着这件事，想要把王世贞兄弟也牵连进来。不过，这件事到底是不是汤臣所为，也没有确凿的证据，谁也不知道真相究竟如何。

这个故事源自沈德符《万历野获编》的"伪画致祸"[1]说，詹景凤也曾说道："《清明上河图》本两宋院人张择端画，然太仓王

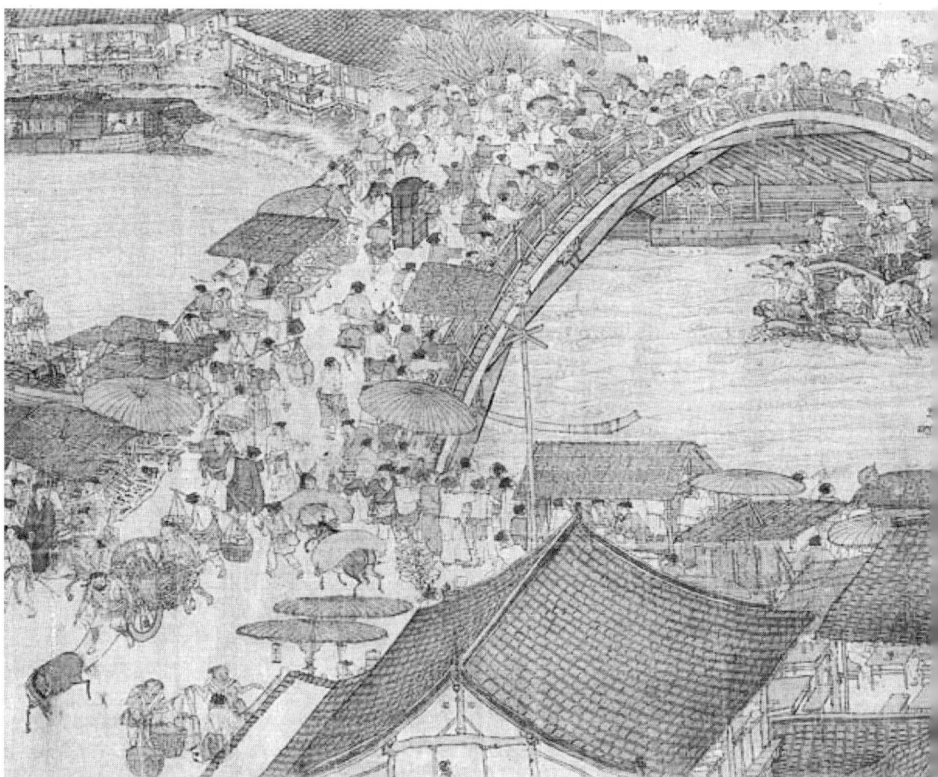

故宫博物院藏《清明上河图》

[1] 沈德符：《万历野获编》，中华书局1989年版，第827页。

氏以之贾祸，严相以之杀人。"[1] 沈德符对此事评价道："仅仅因为一件文房雅玩，就引发了一场大狱，严嵩一家也因此更加臭名昭著。但让人疑惑的是，张择端不过是南宋画院中的一位画家，与萧照、刘松年等人地位相当，为什么他的画作身价会陡然上升，还引发了如此严重的灾祸呢？如今《清明上河图》的临摹本最多，市面上流传着各种各样的版本，我所见过的也有好几卷，真迹却不知道

[1] 詹景凤：《詹东图玄览编》，卢辅圣主编：《中国书画全书》（四），上海书画出版社 1993 年版，第 14 页。

落在谁手中。当年宋高宗南渡后，追忆汴京的繁华盛景，命令各位画工各自凭借记忆描绘昔日的游览场景作画，不止张择端一人。就像《瑞应图》，描绘了宋高宗出使河北脱险以及中兴等场景，也不止一人绘制，如今流传下来的只有萧照所绘的版本。"历史就像一幅长长的画卷，充满了无数的谜团和故事，等待着后人去探寻。

随着王世贞修道的日益深入，他在之前的基础上再次题跋赵孟𫖯所书的陶潜《归去来辞》卷，他对陶渊明的领悟也越来越深，并结合当下昙阳观之景，有十绝[1]之论：一绝是因为陶渊明是隐士的典范，作如此隐士生活的文字；二绝是这个《归去来辞》卷为赵孟𫖯所书写；三绝是赵孟𫖯画的陶渊明画像；四绝是赵孟𫖯用退笔手法写的，手法高超；五绝是赵孟𫖯的画，出尘脱俗，非常贴合陶渊明之风；六绝是题跋在柯敬仲、黄子久等名人之后，对他们有深入的辨析；七绝是此卷幸好没有到权贵之手，是赵孟𫖯同乡的姚生所得，其价值不低于彝斋之宝《定武本兰亭》；八绝是王世懋、王锡爵和我这些修道的人，都欣赏到了其美；九绝是现在刚过重阳节四天，秋高气爽，适合欣赏此卷；十绝是在道观中，众人焚香观赏，树枝下垂，篱英欲舒，院子里有松菊盛开，环境优美。此十绝，内外结合，王世贞欣赏《归去来辞》，其实也是对自身的反思，这有助于我们深入了解陶渊明和《归去来辞》。

王世贞对苏轼的喜爱不用多言，其实在陶渊明和苏轼之外，他还非常雅慕白居易。当王世懋从陕西回家时，带回宋画《香山九老图》，王世贞见到后爱不释手，并为之作跋，基于自己和白居易存

[1]　王世贞：《弇州山人续稿》卷一百六十二《赵松雪书归去来辞》。

故宫博物院藏《赵孟頫画陶渊明轶事图卷》（局部）

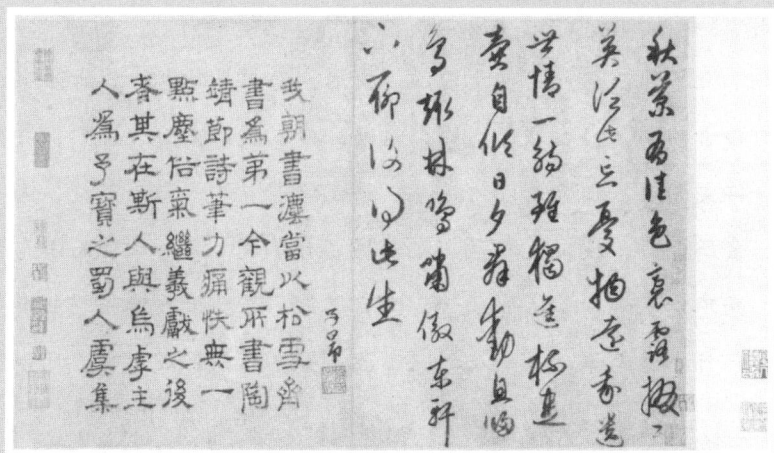

故宫博物院藏《赵孟頫行草书陶渊明诗册页》

在相似的人生经历、文学主张，他明确言及"吾生平雅慕乐天"[1]，具体论述可以参见拙作[2]，在此不再赘述。

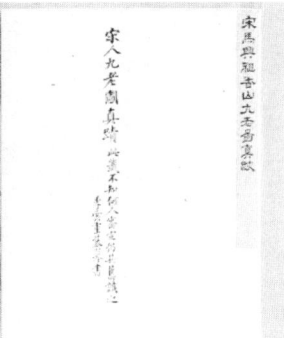

美国弗利尔美术馆藏《香山九老图》（局部）

纵观王世贞的生平经历可知，他是一个情感细腻之人。在闲暇之余，他非常注重对生活的体会，如他曾作《九友斋十歌》组诗十首，前有一总序，言曰：

> 斋何以名九友也？曰山，曰水，斋以外物也；曰古法书，曰古石刻，曰古法籍，曰古名画，曰二藏经，曰古杯勺，并余诗文而七，则皆斋以内物也。是九物者，其八与余周旋，而一余所撰著，故曰九友也。九友得之有早晚，亦有从余而游与留而不能从者。其不能从者，既日思御，而从者亦倦而思归矣。秋日山镇无事，每一及之，不胜莼鲈之感，乃成十歌。所以有

[1] 王世贞：《弇州山人续稿》卷一百六十八《宋画香山九老图》。
[2] 贾飞：《王世贞雅慕白居易胜论》，《文学遗产》2018年第6期，第181—184页。

十歌者，并余身而十，亦欧阳居士六一意也。[1]

其九友为山、水、古法书、古石刻、古法籍、古名画、二藏经、古杯勺和所撰诗文。他在此其实有所寓意，这九物，均是适情适性之物，尤关乎个人的内心修养，不带一丝官场的名利和世俗的纷扰，且寄托着以诗文求不朽的念想，"从者亦倦而思归"虽然言及的是从者，但又何尝不是代表着自己内心的归意呢。"欧阳居士六一意"，说明九友加上王世贞自己为十，是效仿欧阳修之意。对于"六一"的来源，欧阳修曾有明确的回答，他在《六一居士传》中假借主客问答的形式，客人问道："您取'六一'这个称谓是什么意思？"主人回答道："我家藏书有一万卷，另外集录三代以来的金石遗文一千卷，还有琴一张，棋一局，以及经常相伴的酒一壶。"客人疑惑地再次问道："这些东西算起来的话，应该是'五一'，这又是为何呢？"主人笑道："我这个老翁常常在这五物之间，这样算起来的话，不就是'六一'了吗？"由此，欧阳修就号"六一居士"[2]。可见王世贞此时的心态和欧阳修当时的心境十分相似，也许两人只有年岁的差别，那时欧阳修六十三岁。

王世贞对书画的喜爱，还体现在他编撰《画苑》《书苑》《古今法书苑》等书。有一次，王世贞答应为周天球作传，而交换的条件竟然是要周天球为他写一份《道德经》，这可谓是共赢的典范，因为周天球书法造诣非常高，在吴中地区享有盛誉。

而当他听闻尤求欲用二两金银之价出售苏轼《后赤壁赋》，以

[1] 王世贞：《弇州山人四部稿》卷二十二《九友斋十歌》。
[2] 宋涛主编：《欧阳修文集》，辽海出版社2013年版，第123页。

卷三

换取过年的钱物时，他便立马赠予尤求二两金银，对《后赤壁赋》进行题跋后，再归还给尤求，劝诫其不要随便卖给他人，如果有困难，可以直接找他。王世贞的义举不仅让尤求感动，还得到了吴中文士的大力赞赏，其实这是王世贞一贯的行为处事风格。

另外，在现存的书画及其题跋中，还可以见到王世贞雅致的一面。如尤求所作的《秋窗博弈图》，是王世贞为明朝围棋国手李釜专门定制的。王世贞喜欢下棋，且技术颇高，与颜伦、程汝亮、李釜多有往来，尤其与李釜交往颇深，其文集中，《送李时养游金陵》《后围棋歌赠李时养》等作皆可为证。王世贞还对围棋有所研究，他写下的《弈旨》，叙述了明代围棋的发展历史，是当时第一篇较完整评述历代围棋人物和轶事的文章，在围棋史上，具有重要地位。

美国哈佛大学燕京图书馆藏明刻本《古今法书苑》的内页

卷四

一　后七子文学复古阵营的形成

在明代文学发展的历程中，有三次复古思潮，分别是前七子、后七子、复社和几社，从其名字就可知，他们都是一个个群体，而不是某个作家的单打独斗，对于这种现象，廖可斌指出："文学流派和文学社团已经成为文学活动的主流。"[1]王世贞以文名世，与李攀龙、宗臣、徐中行等人组建后七子阵营，倡导文学复古运动，并在李攀龙逝世后，独自主盟文坛二十年，文名响彻宇内，

---

[1]　廖可斌：《明代文学思潮史》，人民文学出版社 2015 年版，第 5 页。

拜访者络绎不绝，只要得到王世贞的赞赏，那声价就会飙升。如《明史》将其放入到《文苑传》，并言其"才最高，地望最显，声华意气笼盖海内。一时士大夫及山人、词客、衲子、羽流，莫不奔走门下。片言褒赏，声价骤起"[1]。黄仁宇先生在《万历十五年》中更是直接称王世贞为"文苑班头"[2]。

后七子的形成经过了一个漫长的过程，主要还是得益于王世贞的苦心经营和无私奉献。

虽然王世贞在科举高中后，首先是和与刘尔牧结社，但是影响更大的则是他在大理寺结识李先芳。李先芳才华横溢，以诗作著称于世，他主张取法唐代诗人孟浩然和岑参，力倡古文辞，不避俚语，为文以意为先，追求内心情性的抒发，这些与王世贞的诗文认知有相契之处，因而李先芳和王世贞交谈时便一见如故。又由于李先芳比王世贞大十六岁，他对王世贞更是多有照顾。当时李先芳就已经与高岱、谢榛、李攀龙、靳学颜等名士有诗歌往来，相互标榜，不过后来因为李攀龙生病、靳学颜有新职等原因，他们在京城相聚的友人逐渐变少。后来王世贞任职刑部后，碰巧的是，在刑部的吴维岳、王宗沐、袁福征等人也都喜欢文学创作，并结成了刑部诗社，由吴维岳主盟，不巧的是，他们的诗文取法王慎中和唐顺之，二者宣扬唐宋之风，并且侧重"道"，注重文以载道，文为道服务。这种学说传承的是明初风气，如宋濂倡导的复古是与道相结合，文章也只不过是体现道德仁义和礼乐刑政的一种工具，他甚至极端地认为"文

松间鸣玉：王世贞传

---

[1] 张廷玉等：《明史》卷二百八十七《文苑》，第 7381 页。
[2] 黄仁宇：《万历十五年》，第 165 页。

之至者，文外无道，道外无文"[1]。同时，这也是株守程朱理学的结果，如黄宗羲指出明代的学术，都是传承前人的，没有反思自身的具体实际，以至"此亦一述朱，彼亦一述朱"[2]，孟森则是在纵观明代的文道关系后，感慨"明代学术，皆尊程、朱"[3]。而王世贞崇尚的是情性之学，他不喜欢王慎中和唐顺之的文学主张，其实在他初入文坛时，就对王、唐产生了怀疑和动摇[4]，并认为他们的创作是遮蔽了内心情性的抒发，使文章创作失去了原动力。不过，吴维岳等人却不知道王世贞的取法，他们高兴的是刑部又来了一位擅长诗文的新人，并且已经小有名气，于是想方设法要拉王世贞入社，以壮大诗社的力量。王世贞无奈，只能半推半就地答应了吴维岳，其实，他的内心还是坚持自己的文学主张，只不过暂时没有在身边找到同盟者罢了，如他在写给陆粲的书信中，就肯定陆粲之文与王慎中和唐顺之的不同，且没有六朝风气，是"不作一今人语，又不袭一古人语"，源于内心的真情性，可视作诗文创作的"正统"。

后来李先芳被朝廷新任命为新喻（即现在的新余）县令，李先芳在京城时，两人相近，还能时常小聚，而新喻距京城有两千多里的路程，以后相聚怕是难了。听闻这个消息，王世贞顿感悲伤，虽然刑部环境和之前的大理寺类似，也有好友相聚，但是诗文主张完全不同，他只能表面迎合，内心很煎熬。李先芳知道王世贞的处境，在临别时，将刑部同僚李攀龙介绍给王世贞。李先芳可能也没有想

[1] 宋濂：《宋学士文集》卷五十一《徐教授文集序》，上海图书馆藏明刻本。
[2] 黄宗羲：《明儒学案》，中华书局2008年版，第178页。
[3] 孟森：《明朝的历史》，新世界出版社2018年版，第257页。
[4] 何诗海：《王世贞与吴中文坛之离合》，《文学评论》2018年第4期，第70页。

卷四

到，正是自己的这一举动，居然奠定了后七子阵营的主要核心力量，对后世文坛的发展产生了巨大影响。

李攀龙参加了嘉靖二十三年（1544）的科举考试，并且高中，王世贞也参加了，但最终落败，也就是说，他们在甲辰年就有了时空的交集，但是从目前的文献资料来看，并没有记载表明两人在那时相识。从李攀龙文集可知，他认识王世贞是经过李先芳介绍，两人相见时，李攀龙一下就在人从中认出了王世贞。在王世贞文集中，也有相关记载，由于又涉及两人的文学主张，为了方便读者全面了解，现移录于下：

> 而是时，有濮阳李先芳者，雅善余，然又善济南李攀龙也。因见攀龙于余，余二人者相得甚欢。间来约曰：夫文章者，天地之精而不朽之盛举也。今世所慕说贵人，沾沾自喜，夸诩其粗而龀吾精，以为无益世治乱。即季札所陈兴衰大端，又曷故焉？夫君子得志，则精涣而为功；不得志，则精敛而为言。此屈信之大变通于微权者也。《诗》《书》，吾窃有志焉，而未之逮也。《诗》变而屈氏之《骚》出，靡丽乎长卿圣矣；乐府，三诗之余也；五言古，苏李其风乎，而法极黄初矣；七言，畅于《燕歌》乎，而法极杜李矣；律，畅于唐乎，而法极大历矣；《书》变而《左氏》《战国》乎，而法极司马史矣。生亦有意乎哉！ [1]

---

[1] 王世贞：《弇州山人四部稿》卷七十一《王氏金虎集序》。

220

可见，李先芳的确是中间人，他让李攀龙和王世贞能够在此时相遇。如文中所言，在文学主张上，王世贞和李攀龙存在着高度一致性，均肯定文章创作是立言，是追求不朽之业的盛举，而要创作好的文章，就要回归到诗文文体本身，追根溯源，取法各类文体发展的最好阶段，如文学司马迁，诗学李杜。文学上又遇到了知音，这让王世贞伤感于李开先的离去，高兴于与李攀龙的新识。王世贞和李攀龙的相互认可，是基于共同的文学主张，有其平等性，并不是王世贞一味地舍弃自我而追随李攀龙。

对于王世贞的这种选择，算是优秀社员的流失了，吴维岳自然是愤愤不平，毕竟，重要人才具有不可替代的属性，他想把王世贞重新拉回至自己的阵营。不过王世贞好不容易找到了知音，并且与吴维岳等人的文学主张出入较大，所以他一再坚持不能再违心创作，也不想违心依靠吴维岳的文坛影响而扩大自己的名声，于是他恳请徐文通、蔡汝楠等人劝说吴维岳，以至吴维岳的想法最终没有实现。可喜的是，王世贞和吴维岳并没有因为此而断绝往来，如该年冬天，王世贞便与谢榛、蔡汝楠等人前往吴维岳的府邸相聚，并在酒宴间分韵赋诗。

不久之后，新一轮的科举刚刚落下帷幕，新科进士无疑成了众人需要吸收的对象，由于王世贞、李攀龙、谢榛等人的名气和身份，他们成为新科进士们的首选，梁有誉、宗臣、徐中行、吴国伦等富有才情之士直接壮大了诗社的力量。此后他们延续此法，陆续招揽余曰德、高岱、魏裳、刘景韶等人。除此之外，他们还注重对文坛上已有名气的文人进行招揽，以便更加迅速地扩大影响，提升知名度，如 1497 年出生的皇甫汸，在那时已经素有才名，当王世贞知道他前来京城谒选官职时，便主动邀请他一起游玩，这让皇甫汸非常感动，从而对王世贞、李攀龙等人赞赏有加。

虽然王世贞、李攀龙等人在努力推行诗社主张，招收新成员，以扩大诗社影响，但是他们始终被压制，在人员资历、诗社年份等方面都不如吴维岳主盟的诗社，况且刑部整体上盛行的是唐宋之风，学习王慎中、唐顺之等人。直到七月份博学多识、擅长诗文的顾应祥出任刑部尚书，此种现象才有所改变。顾应祥看完王世贞之文后，内心感到非常惊异，并向别人说道："现在全国从事文学创作的人太多了，几乎每个人都可以，可是能够有名士风流，代表正始之音的，恐怕就在王世贞了。"有了顾应祥如此的高度肯定，王世贞、李攀龙等人不再被刑部诗风打压，再加上他们之前已经小有名气，崭露头角，此时更是声名顿起，称赞声不断，这对王世贞、李攀龙等人的发展极为重要。关于此事，明人文集多有提及和评论，黄宗羲更是直言在顾应祥升任刑部尚书后，他"在曹中荐拔于鳞、元美，由是知名天下"[1]。人生之路，能够遇到伯乐，乃人生幸事。

这年春天，对王世贞、李攀龙、谢榛等人的诗友团体而言，发生了一件重要的事情，即震惊一时的卢柟案最终以其平冤昭雪而终结，这使得出力良多的谢榛名声大振。事情的起因是放逸不羁且喜欢酒后谩骂的卢柟，有一天，他准备了酒宴，并且邀请了县令，可天色已晚县令迟迟不到，卢柟非常生气，于是叫人撤去酒席，灭掉

---

[1] 黄宗羲：《明儒学案》卷十四《尚书顾箬溪先生应祥》，第 296 页。

灯火，自己直接卧睡了。等县令来时，发现卢枏已经酩酊大醉，这就很没有礼数了，县令很生气。不久后，碰巧卢枏请的工人在劳作时被倒下来的墙压死了，县令于是马上叫捕快抓住卢枏，判处他死刑，暂时囚禁至监狱。在狱中，不巧的是，有一个乡里的小人是狱卒，他非常忌恨卢枏，在鞭打卢枏数百下之后还不解恨，甚至想以垒土的方式压死卢枏。幸运的是，此举被另一个狱卒看见，并及时制止，这才使得卢枏暂时逃离死神。

卢枏在狱中继续读自己所携带的书籍，并作《幽鞫》《放招》二赋，赋作基调悲凉、凄婉。而谢榛坚信卢枏是被冤枉的，他虽是布衣之身，但是毅然决然地为之奔走诉冤，想早点把卢枏从监狱中救出来，王世贞佩服谢榛能够有如此义举。后来陆光祖继任卢枏老家的县令，他通过多方搜集证据，多面了解情况后，认为卢枏无罪，是他人故意陷害。当卢枏出狱时，王世贞感到非常高兴，作《闻卢生将出狱，志喜》三首，其一曰："闻道游梁狱，斯人实可悲。红颜翻自累，白璧转堪疑。失意乾坤小，孤踪雨露迟。向来吹黍律，开落竟由谁。"[1] 王世贞同情卢枏的遭遇，也表达了自己对案情大白于天下之后的欣慰，由于王世贞还在刑部，他对此感触更深。最初卢枏家境颇为富裕，在当地小有名气，还是太学生，不过此案前前后后长达十年之久，以至卢枏家道渐趋衰落，最终落得个穷困潦倒，令人唏嘘。

当谢榛将要离京时，王世贞、李攀龙等人一同相送。虽然谢榛经常与他们相聚，但是从年龄来看，谢榛比李攀龙大十九岁，比王

卷四

---

[1] 王世贞：《弇州山人四部稿》卷二十三《闻卢生将出狱，志喜》。

世贞大三十一岁，明显是他们的长辈。在李攀龙、王世贞成名之前，谢榛在文坛上早有名气，只不过他一直科举不中，影响到个人的发展，而此次他营救卢柟有功，自然成为众人敬仰的对象。王世贞在送别谢榛时，创作了一首五百余字的长诗，全面肯定了谢榛的文学成就、傲然气骨和侠义精神，几乎是英雄式的歌功颂德。如其诗曰："人握隋珠户和璧，及吐中夜无精光。谢家一瓿椒浆水，晨兴自荐开元鬼。俯仰宁教俗子骂，声名肯傍豪贤起。……剧谈尘尾击唾壶，囊中欲探一钱无。其时卢柟下浚狱，白雪无功白云辱。……生不在天之上地之下，前不值古人后不值来者。纵无长绳系汝足，安能一揖轻相舍。"[1]这首诗基本上是王世贞对谢榛几十年来生活的高度总结，该诗的赞美之情，溢于言表。也正因为谢榛身上有如此多的亮点，且在文坛早有美誉，所以后来王世贞和李攀龙极力拉拢他组建以后七子为首的复古阵营。

谢榛也非常看好王世贞、李攀龙等人的诗社，并认识到他们未来的发展前景一片光明，所以双方一拍即合。他们在游玩时，请了一个姓李的画师绘制《六子图》，以记录众人的游玩之盛。

为了进一步推广诗社，李攀龙倡导大家各自创作《五子诗》，这等于正式向文坛宣告他们的存在了。对于五子的组成，学界多有研究，也有多种说法，如周颖在对相关文献进行梳理后说道："上海图书馆藏明宗书刻《宗子相集》十五卷中附李攀龙、徐中行、梁有誉、王世贞四人之《五子诗》。李诗所咏五子依次谢榛、徐中行、梁有誉、宗臣、王世贞，徐诗所咏依次为谢、李、梁、宗、王。梁

[1] 王世贞：《弇州山人四部稿》卷十六《谢生歌，七夕送脱屣老人谢榛》。

诗所咏以谢榛为首，攀龙次之，以下为徐、宗、王；世贞诗亦以谢榛为首，攀龙次之，以下为徐、梁、宗。是集卷四有宗臣《五子诗》，所咏五子依次为谢、李、徐、梁、王。总之，此集中所录诸子《五子诗》，皆以谢榛为首，攀龙次之，徐中行又次之，梁有誉又次之，宗臣又次之，最末为世贞，当以齿相序。"[1] 廖可斌更是直接指出："显然按年龄排列，大约诸子结社之初，大家还是比较谦虚还能'相序以齿'。"[2] 王世贞因为年龄最小，排位在最后，至此，五子或六子已经完备，这也成为"后七子"之称的基础。他们诗社的构成不同于李先芳、吴维岳，论文学创作也与唐宋派的取向相左，有着自己的文学主张和反思，实际上就是自立一派，预示着文坛新局面的开始。

其实诸子相聚的人数都不是很多，且有所不全，毕竟各自的工作岗位不一样，各自的身体、家庭等情况不相同，要每次相聚都是诗社大聚会的话，还是蛮有难度的。如暮春时，梁有誉的身体患有疾病，他便上书给朝廷请休，想要离开京城回到南海，王世贞、李攀龙、徐中行听闻后，马上前去探望。至于梁有誉想要离开京城的具体原因，历来多有猜测，说者不一，王世贞曾认为梁有誉是思念家人而致病，何乔远则指出梁有誉知道严嵩父子的为人，为了躲避他们的拉拢，以患病为由离开京城。不过，后来五月份时，王世贞、李攀龙、徐中行、宗臣四人一同探望梁有誉，梁有誉自己给出的答案是身体疾病，他不适应北方的天气，其诗曰："卧病长安愁毒热，

---

[1] 周颖：《王世贞年谱长编》，第 127 页。
[2] 廖可斌：《明代复古文学运动研究》，商务印书馆 2008 年版，第 230 页。

225

五子詩

謝山人榛

謝生隱者流偃蹇来京國朝遊燕山東暮
遊燕山北悲歌慨以慷驚飈奮迅翼興詞
日百篇一一作者則嗟彼雕蟲子不得施
顏色帝褐以捲形藜藿不充食榮華人
世罪其心所惑盧生雁世網袯之一何力
卒能脫其患惠言者長嘆息非君策高蹤斯
義久荊棘

李郎中攀龍

大雅久寂寥作者徒縱横之子起海嶽吾
道雖其盟中心寡所啁長揖謝羣英春言
二三子斗酒惟相迎寅思何可測奇語頻
自驚仰亞雲霞翔俯奧江河傾高寰墜白
日非君誰與華瑾篇一以出紛紛出時名
譬彼韶護奏缶音空爾鳴功名亦垂世無
乃非其情

徐比部中行

上海图书馆藏
明刻本《宗子相集》中的《五子诗》（局部）

雨来爽气满乾坤。西山雷过蛟龙斗，北极云垂海岳昏。万里乡心还促膝，百年风物谩开樽。彩丝艾叶随时俗，弹剑酣歌怆客魂。"[1] 然而从京城到南海路途遥远，梁有誉受制于身体患疾，不能长途跋涉，需要卧床休养，导致迟迟没有启程回归南海。这样一来，梁有誉与众人相聚的机会就少了。后来，谢榛离京，宗臣乞休，诸子一起相聚的机会更加稀少，聚少离多成为常态。

当梁有誉的病情有所好转后，他就决定启程回南海，王世贞与众人在天宁寺为他送行，此次相聚是他们几个月以来的第一次，众人开怀畅饮，诗作不断。不久后，徐中行杀了一只麋鹿，王世贞、李攀龙、宗臣等人一起豪饮，各自都创作了《击鹿行》，此次只是小聚而已，人员也不全，并且还是源于戏谑之言。事情是这样的：有一天，李攀龙和王世贞去徐中行家里，看到庭院中有一只麋鹿，李攀龙便笑着说道："这只麋鹿很壮实，我将用徐夫人铸造的匕首去刺杀它，腌制后风干，这必将是美味。世贞啊，你难道不愿和我一起吗？"过了一段时间，李攀龙和王世贞再次去看望徐中行，徐中行就当众将这只麋鹿杀掉了，给王世贞他们食用。不久宗臣也来了，便一起就着水果、鹿肉豪饮起来。

在诸子之中，谢榛是特殊的存在，因为除了他之外，王世贞、李攀龙、梁有誉等人都是进士身份，这就决定了谢榛的行为和诸子会有所不同。如他还要考虑生计，还要想尽办法结交权贵，还要到处奔波，随着他营救卢柟义举的光环逐渐退却，他与诸子之间的不

---

[1] 梁有誉：《兰汀存稿》卷四《五月五日雷雨，时于鳞、子与、子相、元美过访，共赋》，《明代论著丛刊》本，台湾伟文图书出版有限公司1976年版，第136页。

匹配也愈发凸显。还有就是谢榛的情商其实不高，引起了诸子的不满。如他对李攀龙的诗论有所不满，两人的具体取法有点不一致，他却将这种不满直接告诉了吴国伦，而吴国伦又将此事转告给了李攀龙，李攀龙知道后很愤怒，其余诸子也认为谢榛的做法欠妥。在知道其他诸子的强硬态度后，谢榛稍微放低了自己的姿态，主动与李攀龙论诗，两人关系有所缓和，后来李攀龙在年底时还邀请他到家中相聚。

谢榛在来年三月份见王世贞时，又主动说出自己对李攀龙的不满。谢榛说他赴京之前，曾去拜谒李攀龙，李攀龙却未能及时相见，自己感觉受到怠慢，最终不欢而散。后来王世贞了解到，李攀龙没有及时相见，其实事出有因，并且给了谢榛赠金，还赋诗赠行。为了缓和众人之间的关系，促进诗社友好的发展，王世贞主动拜访了谢榛，分析其中原委，让谢榛放下内心的芥蒂。然而令人感到吃惊的是，不知为何，谢榛在京城开始大肆诋毁李攀龙，说他能力有限，其管辖区域治理无状，混乱不堪。鉴于谢榛的身份，他如此说后，顿时流言四起。当时幸好魏裳知道李攀龙治理地方的实际情况，便及时出来制止，与谢榛理论。魏裳一问才知，原来谢榛只不过是道听途说罢了。谢榛被魏裳数落之后，知道自己此次是理亏了，便不再言语。王世贞也很关心此事，他曾专门写信给李攀龙，李攀龙知道后，非常气恼，并一一向王世贞解释，且有理有据。王世贞知道李攀龙勤政爱民，他也暴跳如雷，痛斥谢榛的行径，直言谢榛是负心汉，六十岁的老翁了，还如此破坏诗社的团结，真是可以去死了，他的左眼也可以让别人挖去！王世贞此言，是因为谢榛自幼右眼失明，他还感慨道："生平交好，叛溃殆尽。"[1]自此以后，大家都知道了谢榛的恶劣品性，一心为名利而奔波实可理解，不过诋毁他人的手段，着实不可取。谢榛遭到众人排挤，以至其声名在京城日益衰落，这与他入京时的最初想法大相径庭。

其实，在内部矛盾之外，诸子诗社还有来自外部的压力。如蔡汝楠在顺德与李攀龙讨论诗文创作之法后，又在京城与王世贞进行辩论，他之前虽然和王世贞、李攀龙共事，并且王世贞在离开吴维岳时，还请他帮忙，但是蔡汝楠持论始终跟随王慎中、唐顺之等人，以唐宋文为宗，注重文道关系。对于论争，李攀龙、王世贞都是积极应对，他们认为当下的部分创作是以"理"成文，实际上是文辞匮乏，并没有理解"理"的真实内涵，没能很好地继承前人精髓，空洞地泛泛而谈，不知道《史记》《汉书》的本质所在。王世贞对自己的言论很负责，直言不怕时人攻击，并且享受论辩。他之所以这么言辞犀利地做出回应，是因为唐宋派和诸子主张的不兼容性，且唐宋派在文坛的势力不容小视，诸子的复古主张要被世人广泛接受，成为文坛主流，势必要战胜唐宋派。这使得他们之间的几次辩论，都是想说服对方，不过分歧过大，最终只能以持论不和而作罢。

在诸子结交的过程中，还有一个人物必须提及，那就是李先芳。李先芳不仅成名早，年长于李攀龙、王世贞，他还是众人相识的桥梁，然而李先芳在新喻做知县，远离京城，结社成员主要是京城诸子，或者经常往返京城的人，这样一来，李先芳就没有被招揽入社。后来李先芳由新喻县令升职为户部郎，王世贞就意识到可能会产生

[1]　王世贞：《弇州山人四部稿》卷一百十七《李于鳞》。

卷四

误会。王世贞立即写信给李攀龙，告知他要尽快邀请李先芳入社。而对于此事，李先芳事先不可能毫不知情，对于诸子之举，他是有想法的，他曾向好友邢侗抱怨过，王世贞、李攀龙等人成立诗社时，没有招他入社。因此，李先芳到达京城后，并没有和诸子有过多的往来，甚至有意回避。自此之后，李先芳与诸子渐行渐远，毕竟在他看来，诸子在此事上，对他没有足够的尊重。诸子对于此事，就处在被动的一面了。

对于诸子之间的种种复杂情况，以及外在的种种发难，王世贞非常不满，很是伤心，他曾作《恨》以释怀。到嘉靖三十四年正月，王世贞收到了梁有誉的讣告。梁有誉经常跟王世贞游玩，诗歌唱和，并且十分坚定地支持李攀龙、王世贞的复古主张，他的离去，让王世贞非常痛心。当时诸子较为分散，他们在各地仕宦，再加上谢榛的反复，他们亟需更多人的支持，"五子尚寻盟"[1]，梁有誉的离去，对于诸子结社而言，无疑又是一不小的损失。且众人都在为梁有誉撰写哀婉的诗文时，谢榛却迟迟没有动静，这种无情无义之举，让众人为之愤怒，从而加剧了谢榛与诸子之间的矛盾。

旧友的离去让诸子感到悲伤，但是新人的加入，让诸子倍感欣喜。之前张佳胤在滑县为县令时，李攀龙守顺德，两地相距不远，且李攀龙已有诗名，张佳胤便主动拜访李攀龙。在交往中，张佳胤对李攀龙十分恭敬，虚心请教，李攀龙也非常善待张佳胤，自此，两人之间的来往逐渐增多。后来张佳胤升任户部主事，前往京城上任，李攀龙便写了一封推荐信给王世贞，恳请王世贞多加照顾。初

---

[1]　王世贞：《弇州山人四部稿》卷二十五《哭梁公实》。

到京城，张佳胤便和余曰德一同拜访王世贞，在知道李攀龙的想法后，王世贞立即招揽张佳胤入社。既然张佳胤已经入社，王世贞在七夕时便邀请张佳胤与吴国伦、宗臣等人共同游玩张园，恰逢雨水，众人便分韵赋诗。

随着众人游玩次数的增加，诗社成员有所增加，他们所奉行的诗文主张又趋于一致，之前的"五子"也逐渐变成了"七子"，关于"七子"的成立过程，王世贞曾经做过梳理，他说道："我在刑部时，李先芳让我认识了李攀龙，在经过彻底的交谈后，彼此都认可对方，自此知道诗要学大历之前，文取西京之上。过段时间，谢榛加入，后来徐中行、梁有誉、宗臣也先后加入诗社，众人便经常一起谈诗论道。之后谢榛、梁有誉先后离开京城，李攀龙号召大家一起写《五子诗》，相互唱和，记录大家交游的盛况，同时扩大诗社影响力。来年，我公事办好后，回到京城，此时李攀龙去顺德了，诗社成员则去除了谢榛，招揽了吴国伦。下一年，同为刑部的余曰德加入诗社，再过一年，户部的张佳胤也加入了诗社。众人一起交游、唱和，有人称为'七子'，也有人叫'八子'，不过，我们始终没有相互吹捧。"虽然有王世贞自己的叙述，但是他没有明确众人是"七子"还是"八子"。对此，周颖解释道："世贞云'七子'之称并非七人标榜，李攀龙等人文集亦未对'七子'有所指定。此称或为世人所奉，且明人说法各异，难以统一。而世贞所言'七子'，除己之外，当有李攀龙、徐中行、吴国伦、宗臣、余曰德、张佳胤等六人，已摈去谢榛与梁有誉。'八子'则疑有谢榛或梁有誉在内。"[1] 即"七

---

[1]　周颖：《王世贞年谱长编》，第 168 页。

卷
四

231

子"应为李攀龙、王世贞、徐中行、吴国伦、宗臣、张佳胤、余曰德。其实，王世贞对此有明确的解释，他曾说："余曰德进诗社时，诗社已经有李攀龙、徐中行、梁有誉、吴国伦、宗臣和自己，梁有誉去世后，张佳胤补进，众人名气之大，有的人认为可以比肩邺中七子了。"对于此，清人钱大昕在其文集中，有"盖自茂秦、公实二人，一摈一死，遂以德甫、肖甫补七子"[1]之语。明末清初的钱谦益则将"五子"和"七子"进行了对比，使这个演变过程更加清晰，他认为："当时叫五子的有谢榛、李攀龙、王世贞、徐中行、宗臣、梁有誉，虽然名字叫五子，其实是六子。后来谢榛和李攀龙不和，矛盾凸显，众人就将谢榛除名，加入吴国伦，后来又招揽余曰德、张佳胤，这就是后来常称的七子了。"由此可见，"七子"成员是在不断变化之中的，但始终以李攀龙和王世贞为核心。

不过，对后世影响最大的莫过于《明史》中所言：

> 攀龙之始官刑曹也，与淮州李先芳、临清谢榛、孝丰吴维岳辈倡诗社。王世贞初释褐，先芳引入社，遂与攀龙定交。明年，先芳出为外吏。又二年，宗臣、梁有誉入，是为五子。未几，徐中行、吴国伦亦至，乃改称七子。诸人多少年，才高气锐，互相标榜，视当世无人，七才子之名播天下。[2]

有了《明史》的盖棺定论，后世所说的"七子"通常就是李攀

---

[1] 钱大昕：《潜研堂集》卷十六，上海古籍出版社1989年版，第267页。
[2] 张廷玉等：《明史》卷二百八十七，第7377—7378页。

龙、王世贞、谢榛、宗臣、梁有誉、徐中行、吴国伦。钱大昕、邢云路[1]等人也持此论,这就是大家目前所熟悉的说法了。

可见,诗社从无到有,王世贞付出了多大心血!他先是处于迷茫之中,与李攀龙相识后,走出迷茫,愈发自信,不过他始终要克服对立功和立言的选择,这也是很难的。诗社在成长的过程中,既有内部矛盾的凸显,又有外部其他流派的打压,面对此,王世贞往往会身先士卒,始终维护诗社的发展,这才有了"后七子"的确立,文坛才出现了新的格局。

文人结社,看似只是诗文往来,相互唱和,其实还有其复杂性,关乎人性,涉及选择,稍有不慎,很可能就会散伙。当然,众人能够在一起结社,会比单打独斗的成名快一些。

---

[1] 如邢云路在《刻谢茂秦诗序》中认为:"嘉靖中,东郡谢征君茂秦、济南李观察于鳞、吴王大司寇元美、广陵宗宪使子相、武昌吴参政明卿、吴兴徐右丞子与、南海梁比部公实,结社为诗,世于是称七子。"(谢榛著,朱其铠、王恒展、王少华校点:《谢榛全集》,齐鲁书社 2000 年版,第 12 页。)

"文必秦汉、诗必盛唐"的发覆

　　对王世贞文学思想的研究，学界取得了丰富的研究成果，且对此似乎也有了大致的定论。徐朔方论述道："王世贞和李攀龙共同鼓吹的文必西汉、诗必盛唐的口号，就古文而论，问题不单单在于笔法和技巧上的亦步亦趋，还在于他对司马迁的刻舟求剑式的仿效和追求。"[1] 与此遥相呼应，魏连科也认为王世贞："文则刻意模仿秦汉以前的作品，讲究无一字无来历。结果是文字佶屈聱牙，令人难以卒读；诗歌则模仿《诗经》、汉魏六朝、唐人李杜，亦步亦趋，完全失去创新这一文学基本特征。"[2] 德国接受美学大师姚斯认为："第一个读者的理解将在一代又一代的接受之链上被充实和丰富，一部作品的历史意义就是在这过程中得以确定，它的审美价值也是在这过程中得以证实。"[3] 但是如果第一个读者的理解有偏差，那这将给后来的读者及研究者带来不可估量的影响。因而如果只是站在前人的肩膀上，先入为主地对研究对象进行研究，所得出的结论

[1]　徐朔方：《晚明曲家年谱·苏州卷》，浙江古籍出版社1993年版，第487页。
[2]　王世贞撰，魏连科点校：《弇山堂别集》，第3页。
[3]　H.R. 姚斯 R.C 霍拉勃著，周宁、金元浦译：《接受美学与接受理论》，辽宁人民出版社1987年版，第25页。

则不一定符合研究对象的实际。徐朔方和魏连科等人的解读，则是进一步深化了读者对王世贞"文必西汉，诗必盛唐"的接受。而对王世贞"文必西汉，诗必盛唐"文学思想的官方认定，最早的恐怕属于《明史》，书中论述道：

> 世贞始与李攀龙狎主文盟，攀龙殁，独操柄二十年。才最高，地望最显，声华意气笼盖海内。一时士大夫及山人、词客、衲子、羽流，莫不奔走门下。片言褒赏，声价骤起。其持论，文必西汉，诗必盛唐，大历以后书勿读，而藻饰太甚。[1]

而在后来的《四库全书总目》中，论述王世贞时，则认为：

> 考自古文集之富，未有过于世贞者。其摹秦仿汉，与七子门径相同。而博综典籍，谙习掌故，则后七子不及，前七子亦不及，无论广续诸子也。[2]

《明史》和《四库全书总目》对王世贞的如此评价，必将影响到后来的读者和研究者，然而《明史》这种盖棺定论式的评价，却不尽符合王世贞的文学思想内涵，至少不能代表王世贞文学思想的全部。

首先，就"文必西汉"而言，并不完全准确。笔者在翻阅王世

---

[1] 张廷玉等撰：《明史》卷二百八十七《文苑》，第 7381 页。
[2] 永瑢等撰：《四库全书总目》卷一百七十二《弇州山人四部稿》，第 1508 页。

贞的《凤洲笔记》《艺苑卮言》，及《弇州山人四部稿》和《弇州山人续稿》等书时，并没有发现王世贞在文论中采用过"西汉"这一词，因而"西汉"并不是王世贞的常用语。那么，王世贞的文的观念，是否是只主张师法"西汉"时期的文，而对其他的都一概否定呢？事实也并非如此。王世贞确实对西京时文的创作大加赞赏，认为："汉兴治马上，而自柏梁以来，词赋称西京无偶者，贾谊、司马相如、子卿、虞丘寿、王褒、雄，诸大夫东西南北人也。"[1]并认为"西京而下有靡而六朝，有敛而四家，则文之变也，语不云乎，有物有则，能极其则，正可耳，变亦无不可"[2]。虽然王世贞持文学正变观，辩证地看待文的历史，但是在王世贞的心目中，西京的文还是高于六朝的文的，而且随着时间的推移，文的发展也是一代不如一代，"自西京以还至于今千余载，体日益广而格则日以卑"[3]。王世贞在《袁鲁望集序》中就对文章创作时取法标准的高低做了一个总结，他认为：

> 余窃谓天下以文名家者，未易屈指数，然大要不过二三端。高者，探先秦，撅西京，挟建安，俯大历，次乃沿六季华靡之好，以饾饤组绣相豪倾，其下始托于理，务于简，俭以逃拙。[4]

可见，王世贞肯定取法先秦、西京为最高，但是他并没有完全

---

[1] 王世贞：《弇州山人四部稿》卷五十七《赠李于鳞视关中学政序》。
[2] 王世贞：《弇州山人续稿》卷五十二《蒙溪先生集序》。
[3] 王世贞：《弇州山人续稿》卷四十《刘侍御集序》。
[4] 王世贞，《弇州山人续稿》卷四十《袁鲁望集序》。

否认先秦、西京之外的文的取法和创作，他甚至鼓励他人取法广泛，不拘一格。在与颜廷愉的书信中，王世贞告诫他："愿足下多读《战国策》、史汉、韩欧诸大家文。"[1] 而对于那些取材狭窄，只知先秦、西京的学士，王世贞并没有多大的肯定，甚至是嘲讽。如在《古四大家摘言序》中，他论述道："明兴弘正间，学士先生稍又变之，非先秦、西京弗述，彼见以为溯流而获源，不知其犹堕于蹊也。夫所谓古者，不能据上游以厌群志。"[2] 可见，不仅仅是先秦、西京，王世贞还青睐韩愈、欧阳修等诸位名家的文的创作。

其次，就"诗必盛唐"而言，这种结论也有一定的偏颇性。王世贞在诗论中，往往提及盛唐，并表达出他对盛唐诗歌的向往和追求，他曾自述道："余少年时，称诗盖以盛唐为鹄云已，而不能无疑于五言古，及李于鳞氏之论曰唐无古诗而有其古，诗则洒然悟矣，进而求之。"[3] 以至于王世贞后来认为"盛唐之于诗也，其气完，其声铿以平，其色丽以雅，其力沈而雄，其意融而无迹，故曰盛唐其则也"[4]。在他的心目中，盛唐的诗歌是最好的，值得众人效仿和学习，并将盛唐的诗歌作为师法的标准。此时，王世贞已经将盛唐诗歌推至无以复加的地步。盛唐诗固然好，但是王世贞并没有仅仅取法于此，而是有着更加宽广的视野，在指导晚辈徐孟孺写作时，王世贞认为：

---

[1]　王世贞：《弇州山人续稿》卷一百八十二《颜廷愉》。
[2]　王世贞：《弇州山人四部稿》卷六十八《古四大家摘言序》。
[3]　王世贞：《弇州山人续稿》卷五十五《梅季豹居诸集序》。
[4]　王世贞：《弇州山人四部稿》卷六十五《徐汝思诗集序》。

237

今宜但取三百篇及汉魏、晋宋、初盛唐名家语，熟玩之，使胸次悠然有融液处，方始命笔，勿作凡题、僻题，险体、险韵，坌入恶道，俟骨格已定，鉴裁不爽。然后取中晚唐佳者，及献吉、于鳞诸公之作，以资材用，亦不得临时剽拟。至于仆诗门径尤广，宜采不宜法也。[1]

王世贞教徐孟孺写作，虽然注重盛唐诗的重要性，但是仍然让他在学习盛唐诗后，要博取诸家，即使是中晚唐，也确有可取之处。而王世贞对于自己学诗的认知也是自认为门径犹广，并不仅仅局限于盛唐。只有诗不必尽盛唐，跳出预先设定的圈子，才能博取众家之所长，才能写出更好的作品。这也难怪王世贞在《周叔夜先生集序》中，旗帜鲜明地说道："诗不必尽盛唐，以错得之，飒飒乎，岑李遗响哉。"[2]

"文必西汉，诗必盛唐"，这样的结论，将原本具有多元化文学思想的王世贞，变成了一个平面化、单一化的复古提倡者，那何谈从根本上对王世贞的文学思想进行全面的把握，从而进一步了解后七子的复古主张？这是后人对历史人物的歪曲解读，而要对研究对象进行较全面的把握，则要尽可能地还原研究对象本身。那么破除这些已经存在的歪曲解读，则是我们必须要做的。

对所谓王世贞"文必西汉，诗必盛唐"的定论性文学思想进行辨析，并进行否定，不是为了更好地掩盖王世贞文学思想中的复古

[1] 王世贞：《弇州山人续稿》卷一百八十二《徐孟孺》。
[2] 王世贞：《弇州山人续稿》卷五十《周叔夜先生集序》。

松间鸣玉：王世贞传

行径，而是破除先验，还原研究对象本身，并从此出发，力求更加全面地认识王世贞的文学思想。

　　复古，在明朝中后期，是一个非常流行的创作趋势，前七子的领袖李梦阳就强调"学不的古，苦心无益"[1]。李梦阳倡导的"复古"，是通过对前代历史、文学、思想的情感认同，以扭转当下世风或时风，其实是有着很强的"今"的关怀。当然，这种复古风潮引发文学创作法式前代，"自李梦阳、何景明崛起弘正之间，倡复古学，于是文必秦汉、诗必盛唐，其才学足以笼罩一世，天下亦响然从之"[2]。这种复古风气，到了后七子时，更是有过之而无不及，李攀龙就认为"视古修辞，宁失诸理"[3]，王世贞针对当时的复古风气描述道："嘉靖间，当是时天下之文盛极矣。自何李诸公之论定，而诗于古无不汉魏、晋宋者，近体无不盛唐者，文无不西京者。"[4]而作为后七子的领袖人物，王世贞自然也加入复古的潮流之中，并对前七子的复古运动大加赞赏，认为他们"一扫叔季之风，遂窥正始之途，天地再辟，日月为朗"[5]。王世贞受李攀龙的强烈影响，甚至是想将自己之前的作品"悉烧弃之"[6]，并在复古潮流中，身先士卒，而为了更好地提倡复古，他更是书写了《艺苑卮言》一书，郦波就认为："作为前后七子文学复古运动的代表性理论专著，《艺苑卮言》无疑具备着最鲜明的'复古'特性……正担当了复古运动

[1]　李梦阳：《空同集》卷六十二《与周子书》。
[2]　李东阳：《四库全书总目》卷一百九十六《怀麓堂集诗话》，第1792页。
[3]　李攀龙：《沧溟先生集》卷一十六《送王元美序》。
[4]　王世贞：《弇州山人续稿》卷五十二《蒙溪先生集序》。
[5]　王世贞：《弇州山人四部稿》卷一百五十一《艺苑卮言》。
[6]　王世贞：《弇州山人四部稿》卷一百二十三《上御史大夫南充王公》。

中'武器的批判'的角色。"[1]的确，王世贞不遗余力地宣扬复古，强调创作时的法度。他认为：

> 首尾开阖，繁简奇正，各极其度，篇法也。抑扬顿挫，长短节奏，各极其致，句法也。点缀关键，金石绮彩，各极其造，字法也。篇有百尺之锦，句有千钧之弩，字有百炼之金，文之与诗，固异象同则。[2]

王世贞认为文和诗只不过是表现出来的形式不一样，但在创作的过程中，两者都必须遵循同样的法度，必须讲究篇要有篇法，句要有句法，字要有字法。与之相辅相成的是，王世贞还主张格调，他认为：

> 才生思，思生调，调生格，思即才之用，调即思之境，格即调之界。[3]

虽然王世贞在强调格调时，也肯定了才和思的重要性，但是王世贞更加强调的是格和调对才和思的制约性。才和思是属于用的基础层面，而格和调则是创作中所要达到的最终境界。

王世贞早年提倡复古，并积极投入到复古的实践之中，从而推动了复古潮流的发展，这是不可否认的事实。但是我们对王世贞文

---

[1] 郦波：《王世贞文学研究》，中华书局2011年版，第151页。
[2] 王世贞：《弇州山人四部稿》卷一百四十四《艺苑卮言》。
[3] 王世贞：《弇州山人四部稿》卷一百四十四《艺苑卮言》。

学思想的认识也不能仅仅拘泥于他的复古实践，因为在他复古的外衣下，时刻隐藏着真正的自我，一个追求"自足""自得"的内心世界。

王世贞走上复古道路，受李攀龙的影响尤深，和李攀龙一起的日子，更是大力从事复古创作，然而在其二十七岁南下途中，王世贞写了《初拜使命抵家作》《杂诗六首》《乱后初入吴，舍弟小酌》《将军行》等作品，而《将军行》更是直接取法白居易新乐府。王世贞这些发自内心的创作，正好是其与李攀龙第一次长期离别后而作。徐朔方先生就认为："当他暂时离开这位诗友而南下时，他的诗作就出现了另外的调子。"[1] 其实，相对于王世贞的复古之作，这些南下作品确实可谓是另外的调子，然而就王世贞本人而言，这些调子是他自身具备的，只不过之前受他人影响，短暂压抑了对"自足""自得"的追求罢了，王世贞对"自足""自得"的追求始终伴随着他，追求自我内心的满足和解脱。

王世贞早年为学的取向就和当时文坛上主模拟之风不尽一样，当别人热衷于模拟创作时，他却陶醉于自己喜爱的王阳明、苏轼等人的文集中。即使王世贞后来投身于复古潮流中，他对模拟之作的评价，都不是很高，如他认为薛蕙的作品"诗如刻锦云霞，叠石岛屿，欲以人巧而拟自然，未及大观"[2]。在对待模拟的问题上，王世贞有独到的见解，堪称精辟：

卷四

---

[1]　徐朔方：《晚明曲家年谱·苏州卷》，第488页。
[2]　王世贞：《凤洲笔记》卷九《明诗评》，北京大学图书馆藏明黄美中刻本。

今天下人握夜光，途遵上乘，然不免邯郸之步，无复合浦之还，则以深造之力微，自得之趣寡。诗云："有物有则。"又曰："无声无臭。"昔人有步趋华相国者，以为形迹之外学之，去之弥远。又人学书，日临兰亭一帖，有规之者云："此从门而入，必不成书道。"然则情景妙合，风格自上，不为古役，不堕蹊径者，最也。随质成分，随分成诣，门户既立，声实可观者，次也。或名为闰继，实则盗魁，外堪皮相，中乃肤立，以此言家，久必败矣。[1]

可见，王世贞批判那些模拟时只知道邯郸学步，而没有深造之力和自得之趣的作家，不断地模拟形迹，最终只会离对象越来越远。他认为模拟也是分层次的，其"最也"的标准，则强调即使是模拟，但是也应该注重在模拟时，做到情景相互融合，不为文而造情，风格自然属于上乘，最终也不会受古代的影响而停留在模拟的阶段，而这样的作品才有作者的自得，才有真我的存在。而对于那些近似盗魁之人，更是给予了辛辣的嘲讽，认为他们"久必败矣"。因而王世贞对谢晋的作品给予了肯定，认为他是"文实胜诗，颇自足发"[2]。

王世贞不仅自己追求"自得"，还时常告诫别人注意"自得"，在王世贞看来，即使是对他人作品的欣赏，自己有所得也是很重要的，"宋诗亦有单句不成诗者，如王介甫：'青山扪虱坐，黄鸟挟

---

[1] 王世贞：《弇州山人四部稿》卷一百四十八《艺苑卮言》。
[2] 王世贞：《弇州山人四部稿》卷一百四十八《艺苑卮言》。

书眠。'又黄鲁直：'人得交游是风月，天开图画即江山。'潘邠老：'满城风雨近重阳。'虽境涉小佳，大有可议，览者当自得之"。[1]

由此可知，早年的王世贞虽然在复古上不遗余力，但是在复古之外，他内心时刻保持着对"自足""自得"的认可。

纵观王世贞一生所历官职的变化，他二十二岁就考中进士，并被授予大理寺评事一职，正七品；二十三岁就任刑部主事，正六品；二十八岁时升刑部郎中，正五品；三十一岁为按察司副使，正四品；四十九岁改官太仆卿，从三品；同年九月，为右副都御史，正三品；六十四岁时更是官至南京刑部尚书，正二品。王世贞所任官职很多，能从七品小官做到正二品的高官，说他官运亨通似乎不为过。但是王世贞的一生却是"多历情变"，家难，小儿子夭折，再加上自己在官场也是屡遭排斥，不受重用，并被弹劾。年轻时尚能肯定曹丕认为文章"经国之大业，不朽之盛事"之说，怀有"尚庶几铅刀之割，以少吐文士气"[2]的梦想，然而在现实的磨砺中，王世贞在"京师且十载，所目睹乃大谬不然者"[3]，并"不幸与用事者忤驯，致大变"[4]，从而使得这一切都在慢慢淡化。

家难及种种不幸给王世贞带来的痛苦，使他深刻地感受到内心的痛苦，"所谓欲哭则不敢，欲泣则近于妇人，以故不得不托之辞"[5]。梦想与现实之间的差距，使王世贞更加深刻地认清眼前的实际，并对于立功和立言有了自己的体会，在与刘子成的书信中，王世贞就

---

[1] 王世贞：《弇州山人四部稿》卷一百四十七《艺苑卮言》。
[2] 王世贞：《弇州山人四部稿》卷一百一十九《汪伯玉》。
[3] 王世贞：《弇州山人四部稿》卷七十一《王氏金虎集序》。
[4] 王世贞：《弇州山人四部稿》卷一百二十六《与岑给事》。
[5] 王世贞：《弇州山人四部稿》卷七十一《幽忧集序》。

说道："仆则既私喜且幸矣，因于足下窃效微规古人业，鲜两至名成，在专不朽之业，唯此一举，可以自力，其他大半由天、由人。"[1] 在立功和立言无法共同实现时，王世贞还是选择了可以自力为之的立言。

王世贞早年就已经具有的"自足""自得"，在现实不如意的情况下，被凸显得更加鲜明，内心之外求转向求内，注重追求自我内心的满足和解脱。与此同时，他自身的创作也有所变化，认为"仆于诗，格气比旧似少减，文，小纵出入，然差有真得以告"[2]，即使在古代的法度和格调面前，他也认为不必处处遵循，"聊以寄吾一时之才，以偶合于所嗜而已，非必其尽权法衡古也"[3]。可见，他在创作中，"自足""自得"，真我的体现，超过了古法，占有重要地位。

晚年官场不如意，反而使王世贞在文学创作中怡然自得，"来日一饭一白粥，从兰若借藏经、案牍之暇，时展一卷以自娱耳"[4]，其早年认为白居易的诗作太浅陋，"元轻白俗，郊寒岛瘦，此是定论"，而晚年却"偶诵长庆集，因展四部编。才情焉能拟？俱为俗耳传"[5]，对白居易极其赞赏。而在对自己的创作进行再认识时，王世贞认为自己"于文章鲜所规象，师心自好，良多谬戾"[6]，"于诗质本不近，而意甚笃好之，然聊以自愉快而已"[7]。在文和诗的创作中，"自

[1] 王世贞：《弇州山人四部稿》卷一百二十四《刘子成》。
[2] 王世贞：《弇州山人四部稿》卷一百一十八《徐子与》。
[3] 王世贞：《弇州山人四部稿》卷六十六《瑶石山人诗稿序》。
[4] 王世贞：《弇州山人四部稿》卷一百一十八《徐子与》。
[5] 王世贞：《弇州山人续稿附》卷一《归弇多暇读白香山〈长庆集〉况然有感》。
[6] 王世贞：《弇州山人四部稿》卷一百二十六《答王新甫》。
[7] 王世贞：《弇州山人四部稿》卷一百二十八《答周组》。

足""自得"始终放在第一位，而这种"自足""自得"的追求，在王世贞看来，却又是非常符合自己本来的情性的，他认为："自不佞之为诗，触于兴，述于赋，寄于比，乃充然若有得，而吾之性与情，又若相为用矣。"[1]这也说明了王世贞这种内在的对"自足""自得"的追求，一贯有之。

"自足""自得"也是作为王世贞评价他人创作的一条重要标准。如在《霍先生传》中，王世贞对霍先生赞赏有加，认为他："为文有奇气，又多发其所自得……师初不为书，既书而八法，俨然超洒自得……其治心之法，则曰息乱而不灭照，守静而不着空，行之有常，自得真见。"[2]即使他人在创作时有不足之处，但只要有"自得"的体现，王世贞就认为还是有可取之处的。如他在评价沈开子时，认为沈开子"于辞气雄劲骏发，虽未尽洗其师门语"[3]，但是他"有自得者，庶几文豹之一斑耳"[4]。

另外，王世贞在为官之时，注重实干，造福于民。他在追求"自足""自得"时，注重将这种"自足""自得"与社会现实相结合，从而使生活和创作融为一体，反对那种空谈、不切实际的自我自得。他认为：

> 大要诗人之累，多高旷少实，好怪奇而不更事，天下所必无而不可信者，彼以为必有，而至其所自得，以为断然而必可

卷四

---

[1] 王世贞：《弇州山人续稿》卷四十一《游宗谦诗稿序》。
[2] 王世贞：《弇州山人续稿》卷七十《霍先生传》。
[3] 王世贞：《弇州山人续稿》卷四十一《沈开子文稿小序》。
[4] 王世贞：《弇州山人续稿》卷四十一《沈开子文稿小序》。

行者，乃不可施之于举步。[1]

源于社会现实后的"自足""自得"，则是对自我自得的升华，有利于革除文人好奇和空想的毛病，这种"自足""自得"是王世贞对创作所进行的探索。因而王世贞认为"三百篇，诗之大宗也，盖豳风七月之章，其着于民事，何切也"[2]。因为李伯承的诗有这样的"自足""自得"，所以王世贞给予李伯承极大肯定，认为他"所为诗，其自为诗而已乎，李子之诗而已也，不足以重李子，李子而深于诗也"[3]。

"自足""自得"，说来容易，可是创作时，真要达到"出乎其表，而不受绳束"的境界，恐怕绝非易事，文章创作也并非说要创作时就一定有"自足""自得"的好文章。对于此，王世贞在肯定邹彦吉的文学创作时，则给出了相应的途径，他认为：

夫定格而后，侯感以御卑，精思而后，出辞以御易，积学而后，修藻以御陋，触机而后，成句以御凿，四者不备，非诗也……故获自致，其诣于四者，深造自得，久而逢源，乌能难彦吉哉。[4]

王世贞认为要达到"自足""自得"，定格、精思、积学、触

[1] 王世贞：《弇州山人四部稿》卷五十五《送李伯承之新喻令序》。
[2] 王世贞：《弇州山人四部稿》卷五十五《送李伯承之新喻令序》。
[3] 王世贞：《弇州山人四部稿》卷五十五《送李伯承之新喻令序》。
[4] 王世贞：《弇州山人续稿》卷五十四《邹彦吉羼提斋稿序》。

松间鸣玉：王世贞传

机，这四者缺一不可，并且要通过深造才能自得。

综上，如果跳出复古的系统，从另一个角度重新打量王世贞，不难发现，王世贞有着丰富的情感和一颗不断自我调适的内心，"自适""自足"是其达观、不断适应新景况的表现。刘勰认为文人有一个经常犯的毛病，即在品评他人作品时，"各执一隅之解，欲拟万端之变"，确实如此，在文学批评中，批评家对某一作家做高度概括、高度抽象时，往往会导致作家独特个性的缺失，从而使他人不能更加全面地认知作家本身，而将王世贞文学思想简单地认为"文必西汉，诗必盛唐"的文人，则是这个通病最好的体现。孙学堂认为王世贞"为 16 世纪的文学复古画上了一个重性灵的句号"[1]，这种认知肯定了王世贞复古之外对"自足""自得"的自我追求，是值得肯定的，并且王世贞的这种性灵，在"自足""自得"早年就已经有所体现了，只不过是被其复古思想暂时遮蔽罢了。王世贞的文学思想本来就具有多元性，抛却他人对其文学思想的误读，深入王世贞本身，我们才能够对他有比较全面的把握。

---

[1] 孙学堂：《崇古理念的淡退——王世贞与十六世纪文学思想》，第 278-279 页。

"四大奇书"首倡说之辨

　　"四大奇书"是小说领域中的一个常识性话题，指的是《三国演义》《水浒传》《西游记》《金瓶梅》，它们是长篇通俗小说的代表性著作。从当下读者和学界的认知来看，大多持王世贞首先提出了"四大奇书"之说的观点，这主要源自李渔之论，他曾说道："昔弇州先生有宇宙四大奇书之目，曰《史记》也，《南华》也，《水浒》与《西厢》也。冯犹龙亦有四大奇书之目，曰《三国》也，《水浒》也，《西游》与《金瓶梅》也。两人之论各异。愚谓书之奇当从其类。《水浒》在小说家，与经史不类；《西厢》系词曲，与小说又不类。今将从其类以配其奇，则冯说为近是。"[1]

　　通过其言可知，最初的"四大奇书"是《史记》《南华》《水浒传》《西厢记》，后来逐渐演化为《三国演义》《水浒传》《西游记》《金瓶梅》，这是两种不同的划分标准，李渔倾向于后一种划分之法，即以"类"作为依据，严格区分经史、词曲、小说之间的界限，不是同类则不能同归，"今将从其类以配其奇"，从而把"四大奇书"之名

松闻鸣玉：王世贞传

----

[1]　李渔：《四大奇书第一种》序，国家图书馆藏清康熙己未醉耕堂本。

直接定义于长篇通俗小说，并以冯梦龙的为准，剥夺了王世贞之论的合理性。不过后人谈及"四大奇书"时，终究绕不开王世贞。然而，通过文献梳理，可知王世贞首倡"四大奇书"说是李渔精心构建的伪论，并不是王世贞真有此论。主要原因有：

其一，王世贞"奇书"之论有其贬义。李渔所言的"奇书"是对《三国》《水浒》等书的肯定和推崇，认为他们是长篇章回小说的代表。而在王世贞文集中，与《史记》《南华》《水浒》《西厢》有关的"奇书"之论，只涉及《史记》一书，他说道："《史记》，千古之奇书也。"[1] 不过此处对《史记》的评论却是以批评为主，如他接着说道："（《史记》）非正史也，如游侠、刺客、货殖之类，或借驳事以见机，或发己意以伸好。今欲仿之则累体，削之则非故，且天官、礼乐、刑法之类，后几百倍于昔矣，窃恐未可继也。"[2] 意即《史记》为史书，应恪守客观叙事的规则，奉董狐之笔，不能凭个人情感的喜好，自由抒发，"游侠、刺客、货殖之类"的文章显然有悖于史书撰写要求，以至王世贞否认《史记》的正史地位，认为后世不应学习司马迁如此创作。因此，王世贞的"奇书"内涵和李渔所论是截然相反的。

其二，王世贞从未提及"四大奇书"一语。翻阅王世贞《弇州山人四部稿》《弇州山人续稿》等文集，在所有的篇章中，并没有发现"四大奇书"之论，《南华》《水浒》《西厢》这些书名出现的次数很少，《水浒》甚至是只出现过一次。而在扩大至与王世贞

---

[1] 王世贞：《弇州山人续稿》卷二百三《答况吉夫》。
[2] 王世贞：《弇州山人续稿》卷二百三《答况吉夫》。

相近时期的他人之论时，倒有多人之论与李渔相近。如李贽旗帜鲜明地将《水浒传》《史记》《杜子美集》《苏子瞻》《李献吉集》称之为"宇宙内有五大部文章"[1]，首次将个人文集融入宇宙大背景中考虑，提出宇宙说。笑花主人则言及："《水浒》《三国》，奇奇正正，河汉无极。论者以二集配伯喈、《西厢》传奇，号四大书，厥观伟矣。"明确提出"四大书"之说。西湖钓叟则认为："今天下小说如林，独推三大奇书曰《水浒》《西游》《金瓶梅》者，何以称乎？《西游》阐心而证道于魔，《水浒》戒侠而崇义于盗，《金瓶梅》惩淫而炫情于色：此皆显言之，夸言之，放言之，而其旨则在以隐，以刺，以止之间。"此三大奇书在李渔所论的四大奇书之内，但评论的角度不一样。陈忱更是直接将《南华》《西厢》《楞严》《离骚》并称为"四大奇书"。这些论断，多少与李渔之论有所不同，但不能完全否定他们之间的内在联系，这也说明，当时众人都注意到，在四书五经之外，通俗小说、戏剧、个人诗文等文集也具有其独特地位。可见，李渔认为的王世贞说，可能是综合了他人之论。

其三，"四大奇书"的部分书名非王世贞常用语。在书名的表达上，李渔所言的"四大奇书"与王世贞的不相吻合。如李渔言及王世贞的"四大奇书"为《史记》《南华》《水浒》《西厢》，而庄子因为被道教尊称为"南华真人"，以至《庄子》一书又有《南华》之称，不过王世贞在评论庄子著述时更多的是用《庄子》一语，他在《读书后》卷一中，即采用《庄子》一名，将其与《读墨子》《读

[1] 历代学人撰：《笔记小说大观》，新兴书局1985年版，第1483页。

伍子胥传后》等文章并列，翻阅王世贞文集，也可以发现《庄子》出现的次数明显多过《南华》。而用《南华》表示《庄子》的仅为六次，他说道："弇州者何，始余诵《南华》，而至所谓大荒之西，弇州之北，意慕之。"[1] 以及"《南华》之鹏，抟九万里而风斯在下"。这种引用只是偶尔提及。

其四，王世贞对"四大奇书"褒贬不一。王世贞对《史记》《南华》《水浒》《西厢》的评论有很大不同。如他认为《水浒》是："至稗官史家若传《水浒》者，以猥亵闻。"[2] 这是对《水浒》的全面否定，一来认为它是稗官野史之类，非正史，不登大雅之堂，二来认为它的最大特色是"猥亵"，充满低等、下流的行为，君子不齿。前面提及的《史记》，王世贞只是从史书写作方面进行的否定，其实他还是有所肯定的，如在指导后人学习时，《史记》是必读书目，同时也是他在进行考据时的重要佐证，其言及："郦道元云世人疑是项伯冢，按《史记》，项伯名缠，封射阳侯，子睢，封后以罪除平皋侯。"[3] 而对于《西厢记》，王世贞则给予高度肯定，他认为："北曲故当以《西厢》压卷。"[4] 并批判何良俊主张《倩女离魂》《王粲登楼》在《西厢记》之上。至于《庄子》，王世贞说道："庄子之为文，宏放驰逐，纵而不可羁，其辞高妙而有深味，然托名多怪诡，而转句或晦棘而难解，其下字或奥僻而不可识。"[5] 即肯定庄子行文境界开阔，意境深远有韵味，不过名物多诡怪，部分用字较

---

[1] 王世贞：《弇州山人续稿》卷五十九《弇山园记》。
[2] 王世贞：《弇州山人续稿》卷九十二《处士南野顾翁墓志铭》。
[3] 王世贞：《弇州山人四部稿》卷一百六十《宛委余编五》。
[4] 王世贞：《弇州山人四部稿》卷一百五十二。
[5] 王世贞：《读书后》卷一《读〈庄子〉三》，第 3 页。

为生僻，使人难读。因此从王世贞的态度来看，他对《史记》《南华》《水浒》《西厢》四书的褒贬程度不一，且此四书不属于同一层面，《史记》为史书类，《南华》为诸子类，《水浒》为通俗小说类，《西厢》为戏曲类，王世贞不太可能将四书放在一起比较分析。

其五，王世贞奉行小说以佐历史的观念。王世贞生活的中晚明时期，唐传奇、宋话本等文学性小说已有所发展，并深受民众的喜爱，而王世贞对此类小说则是嗤之以鼻，如他认为："《夷坚志》在诸说家中，尤为卑猥庸杂，即刻本览一过便舍之，不足留。"[1]他还怀疑《禹本纪》《山海经》中神话的真实性，他说道："惟司马子长亦云《禹本纪》《山海经》所有怪物，余不敢言，盖亦疑之，而未能决也。"[2]对于王世贞的小说观念，何诗海认为："王世贞编《弇州四部稿》时，早已完成《世说新语补》《剑侠传》的编纂工作。但这两部以写人叙事见长、更具文学性的著作，却未能入选《弇州四部稿》。"[3]因此，王世贞虽然从事过有关志人小说、唐传奇的编纂，但这不是他所认可的小说观念，他所奉行的是以佐历史的小说观，如他编纂其文集时遵循《七略》，言及："集所以名四部者，赋、诗、文、说为部四耳，亦《七略》遗例也。"《七略》虽已亡佚，但可以从班固的《艺文志》获知，他言及《艺文志》是"今删其（《七略》）要，以备篇籍。"其中提及的《伊尹说》《周考》《青史子》等书目，均以历史考证或历史评论见长，王世贞"说部"中的《札记内编》《艺苑卮言》《宛委余编》《燕语》《野

---

[1] 王世贞：《弇州山人续稿》卷一百六十三《祝京兆书〈夷坚志〉》。
[2] 王世贞：《弇州山人续稿》卷二十一《书曹世良手录山海经后》。
[3] 何诗海：《说部入集的文体学考察》，《中山大学学报》2015 年第 4 期，第 16 页。

史家乘考误》等就是对这种小说观念的继承，而不是李渔所言的小说类。

其六，部分书本在王世贞生前未曾刊刻。李渔最终将《三国》《水浒》《西游》《金瓶梅》并称"四大奇书"，是建立在对"王世贞之论"的否定之上，然而此四书在王世贞《四部稿》《续稿》中的出现情况不一，《水浒》之名好歹还出现过一次，而《西游记》《金瓶梅》就根本没有提及，《三国》虽多次言及，但指的是陈寿《三国志》，而不是通俗小说《三国演义》。如他说道："史称齐文宣在东山饮酒，投杯赫怒，召魏收于前，为书将西讨，周人震恐，常为度陇之计，《三国》《典略》载其全文曰：'朕历数在躬，志清四方，蕞尔秦陇，久阻风化，混一之事，期在今日。'""盖管宁亦字幼安，用修误以为宁，遂并其姓名改之耳。考宁，《三国志》注有《高士传》，传子诸书俱无银钩语。"[1] 再者，《西游记》最早的刻本为万历二十年（1592）金陵世德堂刊的《新刻出像官板大字西游记》，《三国志演义》为万历十九年（1591）金陵周曰校万卷楼《新刊校正古本大字音释三国志通俗演义》，《水浒传》为万历十七年（1589）天都外臣序新安刻本《忠义水浒传》，《金瓶梅》虽为万历四十五年（1617）苏州书坊刻东吴弄珠客序本《新刻金瓶梅词话》，但在此本之前，就已有抄本在社会上流传。王世贞于1590年去世，他的部分书本未曾见到，而到李渔时，这些都广为流传。王世贞和李渔的时代不同，他们的小说观不尽一样，李渔很可能就是以其时代观念，带有目的地去建构王世贞小说观。

---

[1] 王世贞：《弇州山人四部稿》卷一百五十三《艺苑卮言附录二》。

综上所述，李渔构建的王世贞首倡"四大奇书"说，更多的是借王世贞之名，来论证自己主张的合理性。后人不应该以李渔之论来阐释王世贞的小说观念及其文学思想，同时，对"四大奇书"之说的内涵也应该有所反思。

松间鸣玉：王世贞传

对苏轼的"再现"

宋代文学繁荣昌盛，涌现出欧阳修、王安石、苏轼、黄庭坚、柳永、李清照、陆游、辛弃疾等众多大家。然而，若要从中挑选一位最具代表性的标志性人物，苏轼无疑是一个难以逾越的选择。他在诗、词、文、书画等多个方面都取得了非凡成就，是宋代文学的光辉典范。然而，就是这样一位广受认可的人物，由于明代嘉万时期不同文学流派在选择效仿对象上的差异，竟使他遭到了忽视，致使他一度处于几乎被遗忘的境地。如今我们还能继续探讨苏轼，在很大程度上得益于王世贞当年对他的高度推崇，从而让他"再现"到大众的视野中。

在审视明代文学发展的全貌时，沈德潜从诗学视角出发，将宋元两朝与明代进行对比后认为："宋诗近腐，元诗近纤，明诗其复古也。"[1]复古，是明代文学的一个显著特征。以李梦阳、何景明为核心的前七子，掀起了明代文学史上的第一次复古思潮，不过他们为文标举秦汉，为诗则是古体学汉魏、近体学盛唐，这就直接跨越了宋元两

---

[1] 沈德潜等：《历代诗别裁集》，浙江古籍出版社 1998 年版，第 301 页。

代，更不用说将苏轼作为学习的典范了。

至嘉靖时期，以李攀龙、王世贞为代表的后七子，不仅继承了前七子的文学复古理论，还将其发扬光大，从而形成了明代文学史上的第二次复古思潮，然而，最早学习前七子理论的，却是王慎中、唐顺之等人。在嘉靖十四年以前，王慎中、唐顺之追随李梦阳，注重格调、法度，取法秦汉，如唐顺之是"素爱崆峒（按：李梦阳）诗文，篇篇成诵，且一一仿效之"[1]，拉开了嘉万文学发展的序幕。然而，后来他们转而推崇阳明心学，追求个体精神自由，于嘉靖十六年标榜唐宋文，并批判前七子之论。《明史》言曰："慎中为文，初主秦、汉，谓东京下无可取。已悟欧、曾作文之法，乃尽焚旧作，一意师仿。"[2] 虽然唐宋派学习的主要对象是韩愈、欧阳修、苏轼、曾巩等唐宋八大家，但他们在取法时的轻重上有所不同，李开先敏锐地察觉到王慎中"始尽发宋儒之书读之，觉其味长，而曾、王、欧氏文尤可喜，眉山兄弟犹以为过于豪而失之放。……但有应酬之作，悉出入曾、王之间"[3]，即指出唐宋派对曾巩、王安石、欧阳修的推崇远在苏轼父子之上，且对苏轼的豪放文风不以为意，这一倾向实则反映了唐宋八大家之间文风存在的差异性与多样性。确实如此，苏轼就曾对曾巩进行过批判，他说道："曾子固编《李太白集》，而有《赠僧怀素草书歌》及《笑已乎》数首，皆贯休以下，格调卑陋。"[4] 正如李开先所述，王慎中言及："由西汉而下，

[1] 李开先撰，卜键笺校：《李开先全集》，上海古籍出版社2014年版，第788页。
[2] 张廷玉等：《明史》，第7368页。
[3] 李开先撰，卜键笺校：《李开先全集》，第945页。
[4] 苏轼：《仇池笔记》卷上《论诗》，文渊阁《四库全书》第863册，上海古籍出版社1987年版，第5页。

莫盛于有宋庆历、嘉祐之间，而杰然自名其家者，南丰曾氏也。"[1]他极力推崇宋代庆历、嘉祐年间之文，而不是元祐年间的苏轼等人，这表明了整个唐宋派是以冲和平淡、温柔敦厚为主的文学取向。唐宋派在创作上不太注重辞藻的华丽，从而可能导致作品在某些方面显得格调不够高远，如王世贞说道："晋江诸公又变之为欧、曾，近实矣，其失衍而卑。"[2] 由于前后七子对宋文的批判态度，以及唐宋派对欧阳修、曾巩一脉的喜爱，苏轼并未成为众人争相效仿的对象，反而遭到了冷落，甚至有人避之唯恐不及。对此，王世贞感慨道："苏长公之诗，在当时天下争趣之，若诸侯王之求封于西楚，一转首而不能无异议，至其后，则若垓下之战，正统离而不再属，今虽有好之者，亦不敢公言于人，其厄亦甚矣。"[3] 一句"其厄亦甚矣"直接揭示了当时的困境。这种情况限制了苏轼的文学地位，且对苏轼在后世的传播和接受产生了不利影响。显然，唐宋派虽然反对前后七子的文学复古理论，推崇唐宋之文，但这并不意味着他们促进了苏轼之文的广泛传播。历史往往呈现出复杂多面性，其中的假象需要我们仔细甄别，不能仅凭主观臆断。

即使是明初朱右选编有《六先生文集》，提出韩、柳、欧、曾、王、三苏之论，其中三苏合为一家，隆庆年间陆粲有《唐宋四大家文钞》，直指韩、柳、欧、苏四家，以及茅坤在万历七年编订的《唐宋八大家文钞》，明确韩愈、柳宗元、欧阳修、曾巩、王安石、苏

---

[1] 王慎中：《遵岩集》，《景印文渊阁四库全书》第1274册，台湾商务印书馆1986年版，第192页。
[2] 王世贞：《弇州山人四部稿》卷一百二十七《答王贡士文禄》。
[3] 王世贞：《读书后》卷二《书苏诗后》。

洵、苏轼、苏辙八家，但是他们各自的努力都未能从根本上扭转唐宋派的整体文学取向，苏轼之文依旧处于被边缘化的境地。

历史确实常常展现出趣味性和戏剧性的一面，打破苏轼被边缘化困境的，竟是那位倡导秦汉文风的后七子领袖——王世贞。如前所言，根据后七子文学复古运动的整体主张，身为宋人的苏轼不在取法范围之内，且他们认为整个宋代文学的格调都不高。如王世贞就曾在回味宋诗的发展历程后指出："余所以抑宋者，为惜格也。"[1]他还指出："六朝以前所不论，少陵、昌黎而后，苏氏父子亦近之，惜为格所压，不得超也。"[2]不过这并不是王世贞的全部态度，私底下，他还是非常喜欢苏轼的。他曾说道："余于宋独喜此公才情，以为似不曾食宋粟人，而亦有不可晓者。"[3]并且他还认为："今天下以四姓目文章大家，独苏公之作最为便爽。……苏公才甚高，蓄甚博，而出之甚达，而又甚易；凡三氏之奇尽于集，而苏公之奇不尽于集。故夫天下而有能尽苏公奇者，亿且不得一也。"[4]这一做法巧妙地将苏轼从宋代文学的框架中独立出来，使他超越了前后七子文学复古主张的限制，而非简单地将其置于对立面。王世贞对苏轼的高度肯定，并非刻意地标新立异，而是源自内心的自主选择，如他晚年回忆道："余十四岁从大人所得《王文成公集》，读之，而昼夜不释卷，至忘寝食。其爱之出于三苏之上。"[5]虽然这更加说明了他推崇王阳明，但此时又反映出在这之前，他早就喜欢苏轼父

[1] 王世贞：《弇州山人续稿》卷四十一《宋诗选序》。
[2] 王世贞：《弇州山人续稿》卷一百八十一《答华孟达》。
[3] 王世贞：《弇州山人四部稿》卷一百二十九《书苏长公卿马长卿三跋后》。
[4] 王世贞：《弇州山人续稿》卷四十二《苏长公外纪序》。
[5] 王世贞：《读书后》卷四《书王文成集后》。

子了，且远早于他认识李攀龙之后所从事的文学复古运动。

可贵的是，在复古之时，王世贞对苏轼的这种喜爱没有被遮蔽，而是随着年龄的增长而愈加凸显，他甚至还编撰《苏长公外纪》一书，直接表达出自己对苏轼的尊崇，还说自己将此书"置之山房之几，暇日抽一卷佐一觞，其不贤于山胾海错者几希"[1]。刘凤曾在王世贞《弇州山人续稿序》中说道："（按：王世贞）以疾乞归，病遂大作。予往问焉，则见其犹恒手子瞻集。"[2]这从一侧面说明了王世贞对苏轼文集的喜爱。所以，在王世贞的《余游蓬莱阁睹弹子涡石因记苏长公一章歌之》《山行至虎跑泉庵次苏长公石刻韵》《和苏长公南华寺韵》《和苏长公妙高台韵》《题王晋卿〈烟江叠嶂图〉苏子瞻歌后仍用苏韵》《摹苏长公真迹》等诗文之作中，皆可见苏轼的身影。整体而言，王世贞对待苏轼的态度是"当吾之少壮时与于鳞习为古文辞，其于四家殊不能相入。晚而稍安之，毋论苏公文，即其诗最号为雅变杂揉者，虽不能为吾式，而亦足为吾用。其感赴节义，聪明之所溢散，而为风调才技，于余心时有当焉"。[3]也就是强调了苏轼为文之法的实用性，这已经是对文学复古运动取法的巨大突破了。

在众人对苏轼讳莫如深时，王世贞却不拘泥于秦汉、盛唐，在宋代文学中独推苏轼，他还在其文集中，多有仿效苏轼之作，从而使后人阅读其文集时，会直接或间接地接受到苏轼。作为当时文坛盟主的王世贞，他这种对苏轼的重新发现和广泛推广，具有示范性，

---

[1] 王世贞：《弇州山人续稿》卷四十二《苏长公外纪序》。
[2] 刘凤：《弇州山人续稿序》，王世贞《弇州山人续稿》。
[3] 王世贞：《弇州山人续稿》卷四十二《苏长公外纪序》。

极大地推动了苏轼的传播。如在后七子中，宗臣、吴国伦便直接受到王世贞的影响，对宋代诗文也有所肯定，宗臣认为苏轼文章畅达，吴国伦则认为以苏轼的才气风节，可以获得"有足雄一世而倡后来"[1]的历史地位。再如袁枚在阅读王世贞文集后，认为王世贞《短歌》《弃官》这类诗作同苏轼诗风非常相似，达到了"果似子瞻"[2]的效果，其《随园诗话》提及苏轼居然多达五十余次。

　　概而论之，简单地从文学流派出发，将唐宋古文和秦汉古文进行对立，而不去把握其内在联系，明晰关键人物的重要作用，就无法认知事情的本来面目。明代嘉万时期，由于各流派文学主张的差异性，苏轼被遮蔽了，唐宋古文的发展历程，特别是苏轼的"再现"，都不能忽视王世贞的影响。可以说，王世贞是在苏轼被遮蔽后，使之"再现"的第一人，从而进一步提升了苏轼在明清文学史中的地位，这是苏轼传播史上的一个关键转折点，值得我们深入关注和研究。

---

[1]　吴国伦：《甔甀洞稿》卷四十四《苏公寓黄集序》，上海图书馆藏明刻本。
[2]　袁枚：《随园诗话》，人民文学出版社 2006 年版，第 272 页。

再论"弇州晚年定论"

　　对王世贞复古行径的再思考，以及对其文学追求的探究，让我们更加意识到王世贞文学思想的复杂性，他的文学思想既不能以"文必秦汉、诗必盛唐"的笼统复古主张来概括，也不能以一味地追求源于内心真性情抒发的创作来拔高。

　　被王世贞寄予厚望的"末五子"之一李维桢，他在《读苏侍御诗》一文中曾言及："余友邹孚如尝言，王元美先生《艺苑卮言》抑白香山诗太过。余谓此少年未定之论。晚年服膺香山，自云有白家风味，其《续集》如白趣更深。"[1] 在《黄友上诗跋》中也曾论及："今言诗莫盛于吴，吴得一弇州先生名世，天下翕然宗之。余尝疑'杜子美不啻有十王摩诘'语，窃以为轩轾太过，后见先生晚年定论，殊服膺摩诘，又极称香山、眉山，非后人所可轻议。"[2] 李维桢作为复古后学的领袖，他对王世贞诗学的评论影响甚大，"少年未定之论""晚年定论"的判定，让他人更加注重王世贞文学思想早年和晚年的差异性。与之同时期的

---

[1]　李维桢：《大泌山房文集》，《四库全书存目丛书》集部，齐鲁书社 1997 年版，第 153 册，第 623 页。
[2]　李维桢：《大泌山房文集》，《四库全书存目丛书》集部，第 681 页。

焦弘，认为王世贞晚年皈依苏轼，一改对待宋文的态度，与早年写作《艺苑厄言》时不同。钱谦益更是在此基础之上，旗帜鲜明地提出"弇州晚年定论"之说。钱谦益认为王世贞中晚年的文论思想和早年不同，有其"自悔"，如他说道："弇州晚年赞熙甫画像曰：'千载有公，继韩、欧阳。余岂异趋，久而自伤。'识者谓先生之文至是始论定，而弇州之迟暮自悔，为不可及也。"[1] 而王世贞对归有光的评论如下：

> 先生于古文辞虽出之自《史》《汉》，而大较折衷于昌黎、庐陵。当其所得，意沛如也。不事雕饰，而自有风味，超然当名家矣。其晚达而终不得意，尤为识者所惜云。
>
> 赞曰：风行水上，涣为文章。当其风止，与水相忘，剪缀帖括，藻粉铺张。江左以还，极于陈、梁。千载有公，继韩、欧阳，余岂异趋，久而始伤。[2]

钱谦益所言为"久而自伤"，而王世贞所言为"久而始伤"，一字之差，语气不同，句意也相差甚远。王世贞所表达的是对归有光才华横溢的赞赏，和对其晚年还不能如意的境遇感到悲伤，而"自伤"表达的是对前论的幡然悔悟，两者截然不同。王世贞之前在《读书后》中认为归有光的文章"所不足者，起伏与结构"[3]。从王世

---

[1] 钱谦益撰，许逸民等点校：《列朝诗集》丁集十二《震川先生归有光》，中华书局2007年版，第5218页。
[2] 王世贞：《弇州山人续稿》卷一百五十《像赞》。
[3] 王世贞：《读书后》卷四《书归熙甫文集后》。

贞的本意出发，他肯定归有光的才华时也不过是在"当其所得"的条件之下，他对归有光的文章创作还是抱有微词，并没有折服于归有光门下，有其惋惜之情而已。

而围绕王世贞晚年文学是否"自悔"这一问题，历来争论不断，至今尚没有定论。如四库馆臣从王世贞晚年阅读苏轼文集的角度，认为王世贞论文主宋，突破了复古诗学的藩篱；陈田则从王世贞乐府诗创作着手，特别是强调王世贞晚年对李东阳乐府诗作态度的转变；今人魏宏远从王世贞早年文学主张及创作与早年之不同的角度入手，分析其中的变化。他们均肯定"弇州晚年定论"。钱锺书则批评钱谦益将"始伤"误改为"自伤"，人为地夸大王世贞晚年对早年文学思想的"悔悟"，因此"牧斋谈艺，舞文曲笔，每不足信"[1]；卓福安认为钱谦益有意树立复古文学和反复古流派之间的对立，并以王世贞作为事例说明复古之劣势；李光摩则从钱谦益的自身利益需求出发，认为王世贞晚年的"自我救赎"，更隐含着对陈子龙及追随者的批评和劝诫[2]。他们均否定"弇州晚年定论"。

由上可知，持"弇州晚年定论"者，大多从王世贞晚年手持苏轼文集着手，探究晚年论文主宋和早年主秦汉之间的差异，进而肯定宋文的价值，尤其是肯定苏轼的独特地位。而否定该说者，更多的是从钱谦益出发，探寻其提出该论的目的性，肯定王世贞文学思想的整体性。无论支持还是反对，其持论均有所不足。

其一，肯定者从苏轼入手研究，具有不确定性。持论者所持均

[1] 钱锺书：《谈艺录》，中华书局1984年版，第386页。
[2] 李光摩：《钱谦益"弇州晚年定论"考论》，《文学遗产》2010年02期，第110页。

263

为刘凤探病后所言，然而其所见是否真实，其叙述又是否真实，则是一个大的问号。诚如崔瑞德等所言："在王世贞病重期间，他的爱好被掐头去尾地收入对他也许是虚假的报道中，说他在虔诚地阅读北宋伟大的'文'的倡导者苏轼的著作。"[1]因此不能完全相信他人言语，更不能将此作为铁证。况且，王世贞对苏轼的批评之语也不在少数。

其二，否定者从钱谦益入手探究，偏离王世贞的实际。固然钱谦益明确地提出"弇州晚年定论"，不过在他之前，李维桢、焦弘等人早就注意到王世贞晚年文学的独特性，单独从钱谦益提出该论的目的性出发，而不深入地研究王世贞自身文学主张和创作实际，重心离开了研究对象本身，恐有不妥之处。

无论是支持者还是反对者，均注重王世贞早年和晚年，或者早中晚年思想的异同，其中，他们采取的早年标准都是王世贞从事复古运动时期的，这种论述恐失之偏颇。毕竟，王世贞的中晚年思想肯定是在早年思想基础之上的发展演变，过于强调它们之间的异同，很容易分割不同时期文学思想之间的联系，只见树木不见森林。况且，王世贞从事复古运动时已经是中进士后，虽然王世贞是年少成名，但是此时二十二岁了，其自身已有一定的文学造诣，将此时期定义为早年，也似乎有不妥之处。

基于此，"弇州晚年定论"还有很多有待商榷之处。该论事关王世贞的复古行径和文学追求，王世贞对苏轼的态度是其重要内容，

---

[1] ［美］牟复礼编、［英］崔瑞德，张书生等译：《剑桥中国明代史》，中国社会科学出版社 2006 年版，第 758 页。

但在这之外，王世贞的"慕白"行径，给了我们更多的文学启示和认知。

在"学苏"方面，除了前面提及王世贞对苏轼的态度外，王世贞对苏轼的认知，还体现在他对"以议论为诗"的评判上。严羽曾认为："盛唐诸人惟在兴趣，羚羊挂角，无迹可求……近代诸公乃作奇特解会，遂以文字为诗，以才学为诗，以议论为诗。夫岂不工，终非古人诗也，盖于一唱三叹之音，有所歉焉。"[1] 严羽已对"以议论为诗"的行为有所不满，其后在对此进行阐释时，他进一步指明了"近代诸公"的代表是苏轼和黄庭坚，严羽对苏、黄诗作特点的概括得十分准确，苏轼以议论为诗的创作之法也常常被后人批判，如张戒论及："自汉魏以来，诗妙于子建，成于李杜，而坏于苏黄……子瞻以议论作诗，鲁直又专以补缀奇字，学者未得其所长而先得其所短，诗人之意扫地矣。"[2] 诗歌主性情，以议论为诗会有损作者情性的表达，使行文缺少神情韵味，而对于以议论为诗，王世贞认为：

> 吾向者妄谓乐府发自性情，规沿风雅，大篇贵朴，天然浑成，小语虽巧，勿离本色，以故于李宾之《拟古乐府》，病其太涉论议过尔，抑剪以为十不得一。自今观之，亦何可少。夫其奇旨创造，名语迭出，纵不可被之管弦，自是天地间一种文字。[3]

言即王世贞刚开始对李东阳创作的咏史、乐府等议论常出之诗，

卷
四

---

[1] 严羽：《沧浪诗话》，何文焕辑《历代诗话》，中华书局2004年版，第688页。
[2] 张戒：《岁寒堂诗话》，丁福保辑《历代诗话续编》，中华书局2006年版，第455页。
[3] 王世贞：《读书后》卷四《书李西涯古乐府后》。

很是不满，后来王世贞的态度有所转变，肯定了李东阳创作诗歌时议论之处的价值，并赞赏这些议论是天地间的一种文字。但这是王世贞在肯定诗歌创作主性情之余，正视议论于诗的独特价值，不过他并没有深入分析，而后人沈德潜则做出了有益探索，他指出：

> 人谓诗主性情，不主议论，似也，而亦不尽然。试思二《雅》中何处无议论？老杜古诗中《奉先咏怀》《北征》《八哀》诸作，近体中《蜀相》《咏怀》《诸葛》诸作，纯乎议论。但议论须带情韵以行，勿近伧父面目耳。戎昱《和蕃》云："社稷依明主，安危托妇人。"亦议论之佳者。[1]

> 王维、李颀、崔曙、张谓、高适、岑参诸人，品格既高，复饶远韵，故为正声。老杜以宏才卓识，盛气大力胜之。读《秋兴》八首、《咏怀古迹》五首、《诸将》五首，不废议论，不弃藻缋，笼盖宇宙，铿戛韶钧，而横纵出没中，复合蕴藉微远之志。目为"大成"，非虚语也。[2]

沈德潜远追《诗经》、二《雅》，近看唐朝诗人，指出他们诗歌中或多或少具有议论之处，并以杜甫为代表，深入分析其诗歌的议论特点，如其《秋兴》等诗，都为议论之佳者，且行文时做到了情感、辞藻等因素的彬彬之态，可谓"大成"。

沈德潜在评论王维、杜甫等人时，也注意到王世贞对待议论入

---

[1] 沈德潜：《说诗晬语》，凤凰出版社2010年版，第127页。
[2] 沈德潜：《说诗晬语》，第108页。

诗的态度，并对王世贞的态度转变有所称赞，如他说道：

李西涯咏史、乐府，王凤洲病其太涉议论，既又称为奇旨创造，名语迭出，而以规模古格者，为西子之颦，邯郸之步，是初议之而终许之也。西堂明史乐府虽宗其体格，而音节古奥，别白是非，审断功罪，则又过之，诚天地间别开一种文字也。[1]

沈德潜在认识王世贞态度转变之时，将王世贞作为有力的佐证，意在说明议论之于诗歌创作的重要性。王世贞对以议论为诗的看法，亦符合其对苏轼的认知，非"式"只"用"也。

整体而言，王世贞并没有一味地推崇苏轼，在"格"这个师法的标准之下，苏轼只能屈尊到"用"的地位，王世贞言及："夫医师不以参苓而捐溲勃，大官不以八珍而捐胡禄障泥，为能善用之也。"[2] 故而即使刘凤真的看到了手握苏轼文集的王世贞，也是在情理之中，但这种情理，不能作为王世贞服膺苏轼的铁证。

在文学复古中，王世贞最终走向了白居易[3]，在"慕白"方面，他践行了"生平雅慕乐天"[4]的内心情性选择。这主要体现在：

首先，王世贞"慕白"是其崇尚情性之学的体现。《艺苑卮言》虽为复古而作，但是里面已经蕴含着性灵说和神韵说的影子，这体

[1] 沈德潜：《清诗别裁集》卷十一，上海古籍出版社 2013 年版，第 444 页。
[2] 王世贞：《弇州山人续稿》卷四十一《宋诗选序》。
[3] 贾飞：《王世贞雅慕白居易胜论》，《文学遗产》2018 年第 6 期，第 181—184 页。
[4] 王世贞：《弇州山人续稿》卷一百六十八《宋画香山九老图》。

267

现在众多方面，其对白居易的认知就是其中之一。在王世贞看来，白居易和苏轼实为一家，被王世贞称为广大化教主的有三位：白居易、苏轼、陆游，他们的最大特点恰恰是"为其情事景物之悉备也"[1]，其诗，亦情性之诗，对于诗作的功用，王世贞更是直言："诗以陶写性灵，抒纪志事而已。"[2] 如其所作《初春偶成自嘲》《岁暮家居有感》《漫兴八首》等，王世贞曾言"岁暮事稀，偶展白傅《长庆集》，不觉有入，戏作"，诗曰"亦知忧造物，衰怯未辞官。薄禄消无计，微名损甚难。书斋陶觉旧，灯火白诗残。依约中人业，青天可见宽"[3]。看似戏作，却是自身情性的无意喷发，性灵的陶写。且王世贞和白居易之情性有相通之处，如其言：

> 第所谓"女伴莫话高眠，六宫罗绮三千，一笑皆生百媚，宸游教在谁边"，亦有情语，余每诵之，及乐天绝句云：雨露由来一点恩，争能遍却及千门。三千宫女如花面，几个春来无泪痕。辄低回叹息，古之怨女弃才何限也。[4]

白居易诗作名为《后宫词》，王世贞也有感后宫的苦楚，曾大力创作《正德宫词》《西城宫词》等诗作以抒情怀。王世贞自我分析道："于诗质本不近，而意甚笃好之，然聊以自愉快而已。"[5] 以我手写我心，其对情性之学的推崇贯穿一生，只不过是不同时期

---

[1] 王世贞：《艺苑卮言》卷四。
[2] 王世贞：《弇州山人续稿》卷一百六十八《题刘松年大历十才子图》。
[3] 王世贞：《弇州山人四部稿》卷二十六。
[4] 王世贞：《艺苑卮言》附录一。
[5] 王世贞：《弇州山人四部稿》卷一百二十八《答周铤》。

所展现的程度有所不同罢了。

其次，王世贞"慕白"是一个持续的过程，并不是始于晚年。通过对王世贞文集中"慕白"诗作的相关考证便可知，如"风寒，济南道中"时所作"有论已乖养性"等三十首，即作于嘉靖三十五年岁末赴青州途中经济南[1]，王世贞时年三十一岁。"岁暮事稀，偶展白傅《长庆集》，不觉有入，戏作"篇，根据其在文集中的位置和王世贞诗作的编排顺序，此诗处在《移司顺义有作》（嘉靖三十五年察狱京畿事）与《将赴青州道别医友王昌年》（嘉靖三十五年岁末赴青州任事）之间，应作于嘉靖三十五年岁末，王世贞亦时年三十一岁。另外王世贞曾于秋日官舍无事，携《长庆集》，阅一遍后创作了"十口官贫不遣随"等两首诗，作于隆庆三年浙江作参政任上，该诗前有岘山游玩之作，王世贞隆庆三年同吴峻伯、范伯桢等友人游玩，后有《塘栖道中得转山西报自嘲》一诗，是写王世贞隆庆三年秋升山西按察使一事，且此卷诗作皆为隆庆三年所作，王世贞时年四十四岁。王世贞还用香山居士起语，寿骆广州先生的"九十不衰真地仙，五朝清晏即人天"篇应作于万历九年，依万历九年时骆居敬寿九十之语，王世贞时年五十六岁。另一个重要的参照是王世贞创作《艺苑卮言》的历程，通行的版本为万历四年《四部稿》中的十二卷本，即正文八卷，附录四卷。不过《艺苑卮言》的成书过程不是一蹴而就的，而是历经多次删减而成，嘉靖三十六年《艺苑卮言》六卷本初稿形成，王世贞时年三十二岁；隆庆元年

---

[1] 周颖：《王世贞年谱长编》，第196页。

《艺苑卮言》八卷本初稿形成，王世贞时年四十二岁[1]；然而王世贞创作的《艺苑卮言》是前后七子文学复古运动的代表性理论专著，通过对比我们可以发现，王世贞"慕白"时，亦与复古路径相吻合，复古并没有泯灭其对情性之学的追求，"慕白"之举伴随着他的一生，具有持续性，只不过早晚年的创作有所不同。

最后，王世贞"慕白"符合其诗学主张和批评。盛唐诗作是王世贞的取法之则，但他同时学习中晚唐之佳者的白居易，其在宣扬复古理论之时就主张"捃拾宜博"[2]，师法各家，至晚年仍未局限于盛唐诗学，很好地处理了"慕白"和复古之间的矛盾。王世贞生活的时代是复古之学再次走上高峰之际，然而"慕白"者举不胜举。王世贞从"慕白"之举对他们的诗作进行相关的评论，为我们理解他人诗作打开了一扇大门。如王世贞认为白坪高"晚节又似白香山，若谈儒理则言近而指远"[3]；言及沈封时，指出他将自我的郁闷之情寄托于诗作的吟咏，且"近师香山"[4]；在评论沈周之作时，直言他"喜为诗，其源出白香山、苏眉州，兼情事，杂雅俗"[5]，此类评论，符合他们各自的创作实际，如《明史》中评价沈周是"文摹左氏，诗拟白居易、苏轼、陆游"[6]。不仅如此，王世贞更是欣慰自己的孩子在阅读自己的书籍之时，能够自主地去研读白居易之诗，不落入他人俗套，如其叙述道："三儿大小俱能读父书，幸于

松间鸣玉：王世贞传

---

[1] 贾飞：《〈艺苑卮言〉成书考释》，《文献》2016年第6期，第148页。
[2] 王世贞：《艺苑卮言》卷一。
[3] 王世贞：《弇州山人续稿》卷四十三《白坪高先生诗集序》。
[4] 王世贞：《弇州山人续稿》卷一百五十三《祭沈封君铁山文》。
[5] 王世贞：《弇州山人续稿》卷一百四十七《像赞》。
[6] 张廷玉等撰：《明史》卷二百九十八《沈周传》，第7630页。

司马文园、白香山多矣，安能更遂人眉眼风尘自没耶。"[1]

可见，王世贞"慕白"是性情之学的体现，且是一生之举，并没有因为复古时倡导盛唐而放弃，诚如郑利华所论："综观王世贞的文学态度，前后不同时期固然发生过某些变化，反映出不断成熟的趋向，但其基本的立场并没有因此而改变。"[2]

许多学者在研究王世贞一生的文学思想时，通常将王世贞的"早年"文学思想定格到其为复古文学运动摇旗呐喊之时，特别是王世贞撰写《艺苑卮言》的时候。如孙学堂指出："对《艺苑卮言》的自我评价显示，王世贞否定了早年关注外在艺术风貌的审美视角。"[3]裴世俊认为："他（王世贞）的一些文学主张在晚年有较大的改变，逐步走出保守的文学意识，兼容并包，冲破复古束缚，符合其一生多变的实际。"[4]魏宏远论述道："一般而言，晚年心境与早年相比会有所不同。在经历人生诸多风雨之后，人的锐气会减弱，甚至消失，取而代之的则是一种旷达或心气平和，诗歌创作也会臻于不烦绳削、自然天成的境界……王世贞晚年诗歌写作较之早年有了很大转变。"[5]诚然，王世贞复古时期的文学思想是研究其整体文学思想的重要抓手，对其走上文坛，进而引领文坛有着关键性的作用。但细论之，王世贞嘉靖二十七年冬与李攀龙相遇时，就有了一定的文学积累，甚至是形成自己的文学主张，如王勃、李贺等诗人二十

卷
四

---

[1] 王世贞：《弇州山人续稿》卷一百八十三《林近夫》。
[2] 郑利华：《王世贞研究》，学林出版社 2002 年版，第 214 页。
[3] 孙学堂：《〈读书后〉与弇州晚年定论》，《南开学报》2000 年第 2 期，第 36 页。
[4] 裴世俊：《试析钱谦益的"弇州晚年定论"——兼及钱锺书对"定论"的评价》，《山东师范大学学报》2004 年第 2 期，第 54 页。
[5] 魏宏远：《论王世贞晚年诗歌写作的转变》，《浙江社会科学》2009 年第 11 期，第 98 页。

余岁就离世，但是留下不少名篇，并有自我的创作风格。翻阅王世贞文集，我们固然找不到王世贞在遇到李攀龙之前，有什么系统的文学理论主张，不过通过王世贞自述的少年时期，可以窥探一二。如：

> 吾生平无进取念，少年时，神厉志凌之病，亦或有之。今老矣，追思往事，可为扪舌。[1]
>
> 余少年时，称诗盖以盛唐为鹄云已，而不能无疑于五言古，及李于鳞氏之论曰："唐无古诗而有其古。"诗则洒然悟矣，进而求之。[2]
>
> 仆数奇自放，不能为人间完人，而又多少年偏嗜堕绮语障，今过五十，始知悔，然无及矣。[3]
>
> 陈公甫先生诗不入法，文不入体，又皆不入题，而其妙处有超乎法与体与题之外者。予少年学为古文辞，殊不能相契，晚节始自会心。偶然读之，或倦而跃然以醒，不饮而陶然以甘，不自知其所以然也。[4]

通过对以上材料的阅读，我们可知王世贞热爱文学创作，并且行文多少年意气、雄心壮志，喜欢华丽的辞藻，同时，王世贞对文学的追求有着自己的认知，在结识李攀龙之前，就推崇盛唐诗作，并且喜好王阳明、三苏之文，而王阳明是"心学"的代表，注重自

---

[1] 王世贞：《弇州山人四部稿》卷一百五十一。
[2] 王世贞：《弇州山人续稿》卷五十五《梅季豹居诸集序》。
[3] 王世贞：《弇州山人续稿》卷一百八十三《陆山人》。
[4] 王世贞：《读书后》卷四《书陈白沙集后》。

我主体性的存在，苏轼的行文创作无拘无束，如行云流水，尽情地展现内心情感，使"真我"得到自然流露。另外，需要注意的是，王世贞强调少年时期对文体与法度的疑惑，到"晚节始自会心"，或者认为自己早年追求绮语有所不对，这些都意味着王世贞晚年自成一家主盟文坛之时，仍然注重少年时期的文学之路。

由此可知，王世贞在复古之时所流露出的性灵说和神韵说等文学主张，其实是其少年文学思想的外在体现和发展，其晚年对少年文学之路的回顾和反思，也更说明了其少年文学思想之于自我整体文学思想的重要性。少年文学思想的突出，也更加否定了王世贞"早年"文学思想的模糊定义。王世贞从事复古文学运动，如果硬要进行分期划分的话，复古时期的王世贞应该属于"青年"时期，如前所论，其创作的《艺苑卮言》也不是一蹴而就的，该书屡经修改，初稿到定稿时花费近二十年，伴随着王世贞青年的成长过程。

通过对"弇州晚年定论"所涉概念的辨析可知，王世贞对苏轼是中肯态度，"雅慕"白居易是既定事实，以及王世贞对其少年文学思想的反思和注重，让所谓的"弇州晚年定论"之说，摇摇欲坠。王世贞的文学思想经历过少年、青年、中年和晚年这四个时期，存在内在的同一性，他从事的文学复古运动也并不是其文学思想的开端，更不存在早年和晚年文学思想的对立。

《金瓶梅》作者之问

在中国源远流长的文学长河中，《金瓶梅》宛如一颗神秘而璀璨的明珠，其作者究竟为何人，那隐匿于文字背后的"兰陵笑笑生"究竟是谁，至今仍是未解之谜，如同一团迷雾，萦绕在众多学者与读者的心头。多年来，无数研究者投身于这一谜题的探索之中，其中一种颇具影响力的观点认为，王世贞便是《金瓶梅》的真正作者。甚至有学者在深入研究后言之凿凿地指出，王世贞创作《金瓶梅》的时间大致在嘉靖四十年至四十五年之间。[1] 这一观点虽尚未得到学界的普遍认可，却也为《金瓶梅》作者之谜增添了一抹别样的色彩。

《金瓶梅》这部作品，在文学史上声名远扬，占据着举足轻重的地位。它被众多文学评论家誉为"第一奇书"，其独特之处不仅在于大胆的叙事风格与细腻的人物刻画，更在于它开创了中国世情小说的先河。它以现实生活为蓝本，生动地描绘了明代社会的众生相，将人性的复杂、社会的百态展现得淋漓尽致。

---

[1] 郭宝平：《明朝大书生：王世贞传》，现代出版社 2017 年版，第 258 页。

作为世情小说的开山之作,《金瓶梅》对后世文学的发展产生了深远的影响,其中尤以对《红楼梦》的影响最为显著。《红楼梦》在叙事结构、人物塑造、情节设置等方面,都能看到《金瓶梅》的影子。可以说,《金瓶梅》为《红楼梦》等后世经典世情小说的诞生奠定了坚实的基础,是中国文学史上不可忽视的重要里程碑。

在悠悠岁月里,民间一直流传着这样一个引人入胜的故事。故事的主角是王世贞与严嵩,相传二人之间有着血海深仇——杀父之仇。为了替父报仇雪恨,王世贞将复仇的目光紧紧锁定了严嵩之子严世蕃。他深知严世蕃为人放浪形骸、肆意妄为,且对风月之书情有独钟。于是,王世贞精心构思,创作了《金瓶梅》这部奇书。在书写成之后,他更是想出了一个"绝妙"的复仇计划:在每一页书页上都细细涂抹上慢性毒药。一切准备就绪,他便托人将这本看似普通实则暗藏杀机的《金瓶梅》送到了严世蕃手中。严世蕃拿到书后,如获至宝,每日沉浸其中。他看书时有个习惯,总是不自觉地沾着唾液去翻页。就这样,随着时间的推移,慢性毒药在他体内悄然发作,最终严世蕃竟因此而丢了性命。

然而当我们以理性的目光审视这个故事时,不难发现,它极有可能是后人为了博人眼球而瞎编出来的。翻开历史的厚重典籍,查阅那些确凿的史料记载,我们会清楚地看到,严世蕃并非如故事中所说那样是被毒死的。他是在朝廷经过公正的审判,被宣判死罪之后,才被依法处死的。这个流传已久的故事,终究只是人们茶余饭后的谈资,而非真实发生过的历史。

第一回

此書單重財色。故卷首一詩上解悲財下解悲色。

一部炎涼書乃開首一詩並無熱氣信乎作者注意

在下半部而看官益當知看下半部也。

二八佳人一絕色也借色說入則色的利害此財更

甚下文一朝馬死二句財也三杯茶作合二句酒也

三寸氣在二句氣也然而酒氣俱串入財色內講故

詩亦串入小小一詩句亦章法非非如其文章為

何如。

開講處幾句話頭乃一百回的主意一部書總不出

日本早稻田大学藏
《皋鹤堂批评第一
奇书金瓶梅》

和前文所述略有出入，清人顾公燮则在《销夏闲记》中记载了一个这样的故事：当年王忬家里藏有《清明上河图》，严世蕃想要抢夺，王忬不想给出真迹，就请人进行临摹，并让一个汤姓的装裱工装饰了一番。不过，严世蕃在展示画作时，恰巧那个姓汤的人在场，直接指出该画是赝品。严世蕃听后勃然大怒，自此憎恨王忬，并且也不重用汤姓小人。王忬后来因战事失利被捕，严世蕃落井下石，添油加醋，最终王忬被杀。这种杀父之仇，让王世贞愤懑不平，一心想找严世蕃报仇。有一日，王世贞偶然遇到严世蕃，严世蕃问道："这民间最近有好看的小说吗？"王世贞答道："有。"严世蕃顿时来了兴趣，接着问道："那叫什么名字呢？"王世贞正好看到一个金瓶中有梅花，于是就说书名是《金瓶梅》，并说抄好之后再奉上。回到家，王世贞便以《水浒传》中西门庆的故事为底本，因为这与严世蕃的"东楼"斋号、乳名庆儿恰好相互呼应，借此暗指严世蕃荒淫无度，穷奢极侈。严世蕃当然不知道其中的寓意，看后还非常高兴。在与严世蕃交好后，王世贞听闻他喜欢修脚，便花重金贿赂了一个修脚工，趁严世蕃专心看书时，让修脚工故意微伤其脚，然后涂上毒药，让其逐渐腐烂。当然，这个故事也只能博人一笑，小说家笔法，不能当作确论。

明人沈德符在《万历野获编》中只说是"嘉靖间大名士手笔"[1]，袁中道在《游居柿录》中也只说是"老儒无事"[2]，记载家庭琐事，以西门庆影射京师的西门千户，他们都没有明确指出作者是谁。然

[1] 沈德符：《万历野获编》，中华书局1989年版，第167页。
[2] 袁中道：《游居柿录》，青岛出版社2005年版，第113页。

而由于沈德符在《万历野获编》中记载了《金瓶梅》由手抄本到刻本的过程，指出手抄本是源于王世贞抄本，《山林经济籍》也有所提及，再加上清人宋起凤的《稗说》与清初的《〈玉娇梨〉缘起》都认为是王世贞，以至在明清两朝的多种《金瓶梅》刻本中，都直接写明作者就是王世贞。

王世贞之论似乎成为了定论，然而鲁迅、郑振铎、吴晗等人先后否定了此论，如鲁迅认为："《金瓶梅词话》被发见于北平，为通行至今的同书的祖本，文章虽比现行本粗率，对话却全用山东的方言所写，确切证明了这绝非江苏人王世贞所作的书。"[1] 这是从文本的写作语言考虑的，认为王世贞不是山东人，不可能用山东方言进行长篇小说的创作。郑振铎对此的认识和鲁迅相似，他指出《金瓶梅》"必出于山东人之手，那么许多的山东土白，决不是江南人所得措手于其间的"[2]。吴晗则发表《〈金瓶梅〉的著作时代及其社会背景》等文章，否定王世贞父子"伪画致祸"说、"孝子复仇"说，全盘否定"王世贞说"。

后来，学界关于《金瓶梅》作者问题的讨论越来越多，情况愈加复杂，有徐朔方、卜健的"李开先说"，黄霖的"屠隆说"，张远芬的"贾三近说"，鲁歌的"王稚登说"，潘承玉的"徐渭说"，张清吉、王夕河的"丁惟宁说"。陈晨还进一步统计后，认为除了那些学说，还有芮效卫的"汤显祖说"，陈毓罴、陈昌恒、赵伯英的"冯梦龙说"，许志强的"贾梦龙"说，高明诚的"金圣叹"说，

卷四

---

[1] 鲁迅：《且介亭杂文二集》，人民文学出版社1973年版，第108页。
[2] 郑振铎：《谈〈金瓶梅〉词话》，《文学》1933年第1期，第50页。

赵兴勤的"罗汝芳"说，王莹、王连洲的"谢榛"说，郑闰的"屠大年"说，王勉的"赵南星"说，姬乃军的"李攀龙"说，毛德彪的"胡忠"说，盛鸿郎的"萧鸣凤"说，刘宏的"丘长孺"说，徐永明的"白悦"说等等[1]。张进德曾做过一次估计，认为《金瓶梅》的作者涉及有名有姓的"近40人"[2]。另外，潘开沛、鸟居久情、夏志清、傅承洲、徐永斌等中外学者则认为《金瓶梅》是集体创作，不是由哪一个人独立完成的。

尽管鲁迅、郑振铎等知名学者对"王世贞说"予以否定，但这一学说并未因此而销声匿迹，反而如星火燎原般，在学术领域持续引发关注与探讨，支持"王世贞说"的学者及其研究成果如雨后春笋般层出不穷。

朱星便是其中的坚定支持者，他曾连续发表《〈金瓶梅〉的版本问题》《〈金瓶梅〉的作者究竟是谁》《〈金瓶梅〉被窜伪的经过》三篇极具分量的文章。在文章、中，朱星旁征博引、条分缕析，着重强调了王世贞在《金瓶梅》文本形成过程中所起到的重要作用，从文本的创作背景、情节架构到语言风格等多个维度，为"王世贞说"提供了有力的论据支撑，力倡此说，在学术界掀起了不小的波澜。周钧韬同样对"王世贞说"推崇备至。在《吴晗先生对〈金瓶梅〉作者王世贞的否定不能成立》一文中，周先生另辟蹊径，从太监失势、太仆寺马价银等独特视角切入，对吴晗否定"王世贞说"的观点进行了深入剖析与有力反驳。他以严谨的逻辑和详实的史料，

---

[1] 陈晨：《〈金瓶梅〉作者问题之我见——作者研究思维理路反思》，《文学与文化》2019年第1期，第64页。
[2] 张进德：《〈金瓶梅〉新视域》，中国社会科学出版社2014年版，第39页。

指出吴晗观点中存在的漏洞与不合理之处，进而旗帜鲜明地推崇"王世贞说"，为该学说在学术争议中争取了一席之地。许建平则在《金学考论》一书中，更是以详实的研究成果为"王世贞说"添砖加瓦。他运用独特的学术研究方法，精心梳理出7个内证和4个外证材料，这些材料涵盖了《金瓶梅》文本内部的情节关联、人物塑造以及外部的历史背景、文化环境等多个方面。许先生通过对这些材料的深入解读与分析，试图证明《金瓶梅》确为王世贞所作，为"王世贞说"提供了更为坚实的证据基础。霍现俊在《〈金瓶梅〉发微》一书中，则从更为细致和深入的层面探究"王世贞说"。他进一步挖掘"兰陵"这一地名的文化内涵与历史渊源，将其与王世贞的生平经历、家族背景相结合，同时深入剖析王世贞替父报仇的动机和目的，试图从情感与心理层面揭示王世贞创作《金瓶梅》的可能性。他们以其独特的学术视角和深入的研究，使"王世贞说"在学术界持续引发关注与讨论。

　　时至今日，在众多被推测为《金瓶梅》作者的名单里，"王世贞说"无疑占据着极为突出的地位，甚至可以说稳居首位，备受学界与读者的关注。这一说法历经数百年流传与讨论，在诸多观点中始终热度不减，其拥趸众多，论据也颇为繁杂。然而，笔者秉持着严谨的学术态度，仔细翻阅了王世贞现存的文集，如《四部稿》《续稿》《弇山堂别集》等。在浩如烟海的文字中，笔者反复寻觅，却始终未能发现王世贞提及《金瓶梅》的只言片语。要知道，若《金瓶梅》真为其所作，在文集里或多或少总会留下一些创作痕迹、相关记载或是创作意图的暗示，实际情况却是毫无踪迹可寻。

基于这一现状，在缺乏确凿的证据支撑下，笔者对各种关于《金瓶梅》作者的说法，都抱持着一定程度的怀疑态度。毕竟在学术研究领域，证据是判断观点正确与否的关键基石，没有确凿证据的观点，都只能是一种推测，令人难以完全信服。

　　考虑到本书的写作性质与主题范围，关于《金瓶梅》作者究竟是谁这一问题，在此不宜过多地展开深入论述。倘若有读者对这一充满神秘色彩与学术争议的话题怀有浓厚兴趣，不妨去阅读前文提及的相关论著。这些论著汇聚了众多学者的研究成果与智慧结晶，或许能为读者解开这一谜团提供一些有益的线索与思路。

结　语

一

　　万历十八年（1590）十一月二十七日，是令
人悲痛的一天。王世贞与家人作最后的告别。家
人满心不舍，怎忍他就这样离去，哭声如潮水般
此起彼伏，那哭声里，满是对他深深的眷恋与无
尽的哀伤。家人心疼他，纷纷劝他进食，以缓
解身体的虚弱，可他却只是缓缓摇手，坚决拒
绝，眼神中透着一种超脱的平静。他轻声宽慰家
人，莫要因他的离去而哭泣，他心中已无任何牵
挂，仿佛一切尘世纷扰都已随风消散。家人满心
悲戚，又恳请他留下遗言。王世贞目光坚定，
神色从容，告诫家人要自立自强，学会在风雨
中独自撑起一片天。他特意令人传话给长子王

士骐，言辞恳切地叮嘱他"去懒去偏，中立不倚"[1]，希望他能秉持正直，不偏不倚，在人生道路上稳步前行。同时，王世贞又要求次子王士骕辞去监生之荫，不依赖家族的庇护，凭借自己的努力去闯荡。

王世贞最终细心地和家人说道，待他离世之时，妇女们不要近前，以免被此时形容枯槁的自己吓到。于是妻子魏氏拖着病躯，远远地与他相望，泪水在眼眶中打转，却强忍着不哭出声，只是默默地与他含泪辞别，那画面，满是凄凉与无奈。或许王世贞早已感知到大限将至，他拼尽全身力气，努力抖擞精神，不慌不忙，脸上竟还带着一丝淡淡的微笑，就这样平静地与世长辞。在此之前，王世贞便已将后事安排得妥妥当当，他的棺椁四周布置极为简朴，没有奢华的装饰，只有一份对尘世的淡然。他特意告知家人，不要向朝廷请求恤典，也不必供奉荤腥之物，一切从简。他还指定后人将他安葬于太仓杨林塘南项泾，那里才是他心中最宁静的归宿，能让他在尘世之外，寻得一份永恒的安宁。

众多好友在知道王世贞去世后，都为之痛哭。王士骐立即向朝廷请谥，礼部认为要听公论后方能定夺。当时王士骐为之作行状，王锡爵作神道碑，屠隆作传，赵用贤、陈继儒作墓志铭，诸友用不同的方式来缅怀王世贞。

近些年来，浙江大学的徐永明教授主要从事明人文集的数据库建设，他将王世贞的人物关系进行了全面梳理，如图所示：

---

[1] 王士骐：《明故资政大夫南京刑部尚书赠太子少保先府君凤洲王公行状》。

徐永明教授赠图《王世贞的人物关系》

万历二十三年（1595），朝廷下诏，追赠王世贞为太子少保，并赐以祭葬之礼。这一举措，宛如给王世贞波澜壮阔的一生添上了一抹庄重而荣耀的色彩，也让后世得以窥见朝廷对其功绩与品德的高度认可。《明实录》载万历三十六年（1608）十一月，河南道掌道御史黄吉士等人，秉持朝廷旨意，开启了补谥遗贤这一意义重大的事务。他们精心筛选，从社会公认的贤才中挑选出值得补谥之人，并根据贤才的特质，将他们分为理学、勋望、节义、清介四类。在这"勋望"之列，王世贞的名字赫然在列[1]。后来在万历四十八年（1620），王世贞的后人怀着对先辈的崇敬与缅怀之情，采纳他人建议，在弇山园之前精心建造了一座祠堂。这座祠堂，宛如一座精神的丰碑，承载着后人对王世贞的追思与敬仰，"以春秋致祀焉"[2]。《明史》还曾记载天启元年（1621）周宗建"为顾存仁、王世贞、陶望龄、顾宪成请谥"[3]。这些来自朝廷的追赠、后人的祭祀以及同僚的请谥，无一不是对王世贞一生品性和成就的充分肯定，它们如同璀璨的星辰，交织成一幅辉煌的历史画卷，让王世贞的形象在历史的长河中愈发清晰、高大。

为了方便读者更好的认知，也是为了不让读者混淆，在王世贞之后，有一个人还要提及一下，此人是清朝人，也叫"Wang Shi Zhen"，且才学出众，在当时主盟文坛，最终也是官至刑部尚书，不过在不同的书籍中，其名字的写法不是唯一的，有的名为"王士

[1] 上海书店出版编：《明实录》之《明神宗实录》卷四百五十二，上海书店出版社2015年版，第8542页。
[2] 王瑞国：《琅琊凤麟两公年谱合编》，于浩辑：《明代名人年谱》第7册，北京图书馆出版社2006年版，第121页。
[3] （清）张廷玉等撰：《明史》卷二百四十五，中华书局1974年版，第6356页。

祯"，有的又名为"王士祯"，其实这些称呼均有其合理性，因为他去世后，到了雍正年间，要避皇帝胤禛的名讳，所以后人将其名改为"王士正"（"正"读平声）。到乾隆朝，由于他文名颇著，影响深远，朝廷下诏，赐其谥号为"文简"，后又直接赐名为"王士祯"。自那时起，直到二十世纪七八十年代，世间便多称呼其为"王士祯"。不过从近二三十年来看，学界本着尊重历史的原因，普遍恢复其本名，即为"王士禛"，此名是他本人生前使用过的唯一名字。王士禛（1634—1711），字贻上，号阮亭，别号渔洋山人，山东新城人。清顺治十四年（1657）进士，历任吏部考功司主事、礼部仪制司员外郎、户部左侍郎、都察院左都御史等职，累官至刑部尚书，著有《带经堂集》《居易录》《池北偶谈》等书。"王士禛"（王士祯）并不等同于"王世贞"，虽然他们都很优秀，而且有很多共同点，但他们确实是两个不同的人。

王世贞作为前后七子文学复古阵营中最后一位文坛主盟者，也是集大成者，他的落幕，曾让朝廷上下和文人士子都为之震惊，他的一生，后人评价不一。有人认为他的德业、文业都取得了巨大成就，可以达到不朽；有人认为他应该死于父难之时，以保全节义；还有人讥讽他临终时没有一语关乎国家大事和天下苍生，不是一个合格的士大夫形象等。

且不论这些评论正确与否，王世贞生前，与严嵩、徐阶、张居正、申时行、王锡爵、戚继光、文徵明、李时珍、李攀龙、昙阳子、归有光、胡应麟等人都有交集，关于他的话题自然就是层出不穷和争论不断了。对其评论，笔者认为四库馆臣的说法较为公允，他们

287

言及："然世贞才学富赡，规模终大。譬诸五都列肆，百货具陈，真伪骈罗，良楛淆杂，而名材瑰宝，亦未尝不错出其中。知末流之失可矣。以末流之失而尽废世贞之集，则非通论也。"[1] 虽然这是对王世贞文学成就的整体评价，但是将其放大到王世贞的整个人生历程，也是非常恰当的，即优劣皆有，不能执其一端而去过度评论。他的伟志，为官造福于民，立言引领文坛，传承琅琊王氏家族的优良传统，是令人钦佩的；他的闲逸，与众友享受园林、山水游玩之乐，潜心修道，是令人羡慕的；他的奇异，硬拒严嵩，义救杨继盛，带军打仗，巩固地方防卫，充满传奇性，是令人赞赏的；他的才华，下笔成章，赋、诗、文、词、曲、小说、考据，无所不通，是令人惊叹的。想当年，武则天去世后，立的就是无字碑，一切功过是非任由后人评论。至今，后人对武则天的评论，恐怕再立几块碑，也是不够写的。

王世贞，一个普通的少年，怀揣着懵懂与憧憬，踏上人生征途。他以笔为剑，以梦为马，凭借着自身不懈的努力，在求知路上披荆斩棘，一步一个脚印地向上攀登。成长的道路布满荆棘，社会这座大熔炉给予他无数磨炼。官场的勾心斗角、世态的炎凉冷暖，如狂风骤雨般向他袭来，却始终未能动摇他内心的坚守。他宛如一棵傲立山巅的青松，在风雨中愈发坚韧，永葆着"松间鸣玉"般高洁纯粹的品质，那清脆的"玉鸣"之声，是他对正义与良知的执着坚守，是他灵魂深处最动人的乐章。

[1]　（清）永瑢等撰：《四库全书总目》集部卷一百七十二，中华书局2003年版，第1508页。

松间鸣玉：王世贞传

凭借着卓越的才华与高尚的品格，王世贞最终在文坛崭露头角，成为一代盟主。他的文章如璀璨星辰，照亮了明代文坛的天空；他的思想如潺潺溪流，滋润着后世文人的心田。他的名字，如雷贯耳，名垂青史，为琅琊王氏家族增添了厚重感，让家族的荣耀在历史长河中熠熠生辉。

　　诚然，是时代赋予了他成长的土壤与机遇，成就了他的辉煌。然而，他又何尝不是时代的点睛之笔？他以笔墨为时代画像，以才情为时代立传，让那个时代因他而更加光彩夺目。他的志业与时代紧密相连，相互交融，共同谱写了一曲波澜壮阔的历史华章。这段交织着梦想、奋斗与荣耀的历史，值得我们停下匆忙的脚步，细细品味，用心感受其中的酸甜苦辣与壮志豪情。

结语

生平主要著述概览

一

　　王世贞著述繁多，明清文人虽然没有进行精确的统计，但有其实感，如王锡爵曾说道："明兴二百年，熏酿至嘉、隆中，文章始大阐。荐绅先生结轸而修竹素，乃其著述之富，体制之备，莫如吾友大司寇元美王公。"[1]《四库全书》的编纂馆臣在翻阅王世贞有关的文集后，也认为王世贞著述之巨，实为少见。据当代学者许建平教授计算，王世贞的《四部稿》《续稿》等基本著作五百多卷，单刻本和别人选编王世贞著作，有八百三十卷左右，将王世贞作品与历代名家的作品合编在一起的书，有四百余卷，王世贞校对、

[1]　王锡爵：《弇州山人续稿序》，《弇州山人续稿》本。

删定、编辑、评点他人著作的书，有七百卷左右，疑似为王世贞之作的有三百二十卷左右，托名王世贞的伪作有六百一十多卷，综合起来，与王世贞有关的书多达三千六百零九卷[1]，按《四部稿》中平均每卷约 7500 字来计算的话，三千六百零九卷的字数则多达2700 余万。与其文集卷数之多相适应的是，文集所涉内容非常广博，不仅有文学、史学、书画评论，还有考据之学、佛道思想、园林思想等诸多方面。王世贞《四部稿》《续稿》的编纂是按照赋部、诗部、文部和说部的四部体例，而内容涉及经、史、子、集，无所不有。汪道昆说道："元美上窥结绳，下穷掌故，于书无所不读，于体无所不谙。其取材也，若良冶之操炉鞴，五金已齐，无不可型。其运用也，若孙武、韩信之在军，即宫嫔、市人，无不可陈，无不可战。左之，左之无不宜之，右之，右之无不有之，则惟元美能耳。"[2]李维桢言及："（王世贞）囊括千古，研穷二氏，练解朝章，博综名物，令人耳口不暇应接……先生能以周汉诸君子之才精其学，而穷其变，文章家所应有者，无一不有。搴华咀腴，臻极妙境，上下三千年，纵横一万里，宁有二乎？呜呼，盛矣！欲观明世运之隆，不必启金匮石室之藏，问海宴河清之瑞，诵先生集而知。"[3] 陈田则推崇道："弇州道广……此又沧溟所无，即李、何亦无此声气之广也。盖弇州负沉博一世之才，下笔千言，波谲云诡，而又尚论古人，博综掌故，下逮书、画、词、曲、博、弈之属，无所不通，硕

[1] 许建平编著：《王世贞书目类纂》，凤凰出版社 2012 年版，第 3 页。
[2] 汪道昆：《弇州山人四部稿序》，《弇州山人四部稿》本。
[3] 李维桢：《弇州山人续稿序》，《弇州山人续稿》本。

附
录

望大年，主持海内风雅之柄者四十余年，吁云盛矣！"[1]这是众人在阅读王世贞文集之后的客观认知，具有高度一致性。

在众多著述中，属于王世贞编撰的主要有：

一、《世说新语补》

巡察莫州的刑狱之事后，王世贞京畿察访狱事的任务算是圆满完成，也意味着他刑部的工作告一段落了，即将赴任青州。他在巡察中除了之前完成的《大狱招拟》外，还重点关注了《世说新语》一书。王世贞在准备科举时，所看之书已经不局限于四书五经，他涉猎广泛，苏轼、王阳明的诗文是他非常喜欢的。其实在这之外，他还偶然获得过《世说新语》的善本，并且出于对当下通行修改本的不满，他以刘义庆的《世说新语》为基础，结合何良俊的《语林》，以及自己对时代之风的认知和理解，合编成《世说新语补》。《世说新语》不是诗文，是魏晋南北朝志人小说的杰出代表，可以说对《世说新语》的修订是王世贞私下的行为，和诸子之间的交游、唱和没有多大联系，然而这却是王世贞文学思想的重要组成部分，从中可以窥探其小说观念。在王世贞的诗文复古主张中，虽然不提倡魏晋文学，但对于魏晋风度之下的诸位君子，他还是有所肯定的，并学习《世说新语》之长，发挥其美刺功能，以警醒当下。《世说新语补》一出，《何氏语林》便少有人问津，且《世说新语补》还曾流传至东亚各国，深受人们的喜爱，掀起了一股"世说热"，对

松间鸣玉：王世贞传

---

[1] 陈田：《明诗纪事》第四册《己签卷一》，上海古籍出版社1993年版，第1867页。

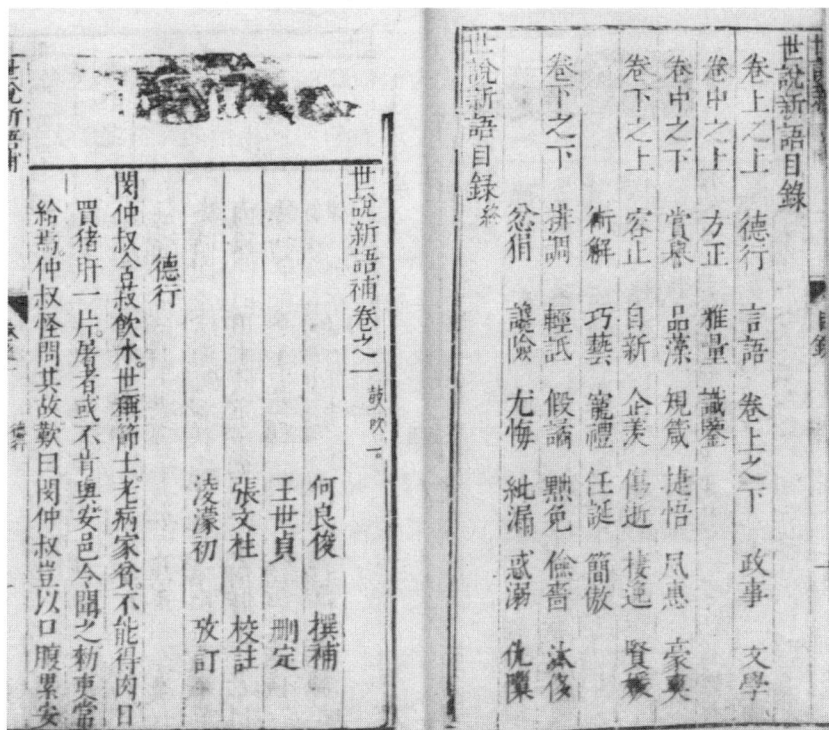

美国哈佛大学燕京图书馆藏明刻本《世说新语补》的内页

东亚文学的发展产生了重要影响。[1]

二、《艺苑卮言》

《艺苑卮言》是王世贞文学理论的代表作。他离开京城，赴任青州，一直都在为诗社的发展尽心尽力，在日常工作事务之余，

---

[1] 至于《世说新语补》的传播对东亚文学的影响，前人已经提及，在此不再赘述，详情可参见刘强《王世贞及其〈世说新语补〉》（《文史知识》2017 年第 3 期，第 121—127 页）。

松间鸣玉：王世贞传

他思索着怎么能更好地发展诗社，怎么能把诗社的主张广而告之。在看完前人的文学之论后，他认为徐祯卿的《谈艺录》持论过高，只有古体，没有涉及近体，不方便后人学习；杨慎的《升庵诗话》搜集前人之作非常多，内容翔实，却没有评点先哲，启发后进；严羽的《沧浪诗话》涉及先贤、体类较多，不过文中诸多论断只是停留在"相似"的认知层面，未能去核实所论的准确性，不便于后人理解。针对这些不足，再加上李攀龙的启发，他便创作出《艺苑卮言》。在青州任上的抗倭之前，他断断续续地写了很多，几乎满箱了，在战事之后，他又投入创作之中。在该书的序言中，明确写"余所以欲为一家言者，以补三氏之未备者而已"[1]的创作目的，这是其立言求不朽的正式宣言，明确提及欲成"一家言"。这是建立在他人不足的基础之上，具有填补历史空白的"一家言"，不是简单地重复前人言语。当他巡视完东牟后，他便将之前写的《艺苑卮言》散稿进行了重新整理，从而有了《艺苑卮言》六卷本的终稿。该书不是单就古文而言，还包括曲、词等内容。[2]虽然王世贞认为《艺苑卮言》整书之论有"溲漫散杂"[3]的特点，但他是基于文本之上的有感而发，并没有离开文本本身而过度阐释。

　　隆庆六年夏，王世贞之前对《艺苑卮言》进行的多次修订，现在终于脱稿，之前是词曲、诗文等诸多文体之论混在一起，现在则是彻底分开，并且词曲是放置在附录部分，其地位明显下降。由于

---

[1] 王世贞：《弇州山人四部稿》卷一百四十四《艺苑卮言一》。
[2] 通常所见的《艺苑卮言》是源自《弇州山人四部稿》中的十二卷本，至于《艺苑卮言》六卷本的内容组成，以及该文本的发展演变，在此不再赘述，具体可参见贾飞：《〈艺苑卮言〉成书考释》（《文献》2016 年 6 期，第 140—151 页）。
[3] 王世贞：《弇州山人四部稿》卷一百四十四《艺苑卮言一》第 1 页。

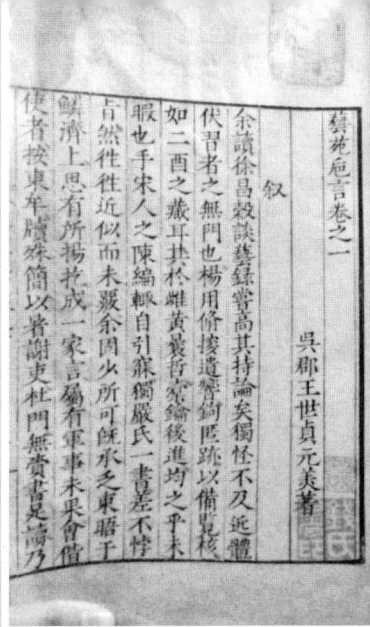

明刻本《艺苑卮言》（六卷本）的内页

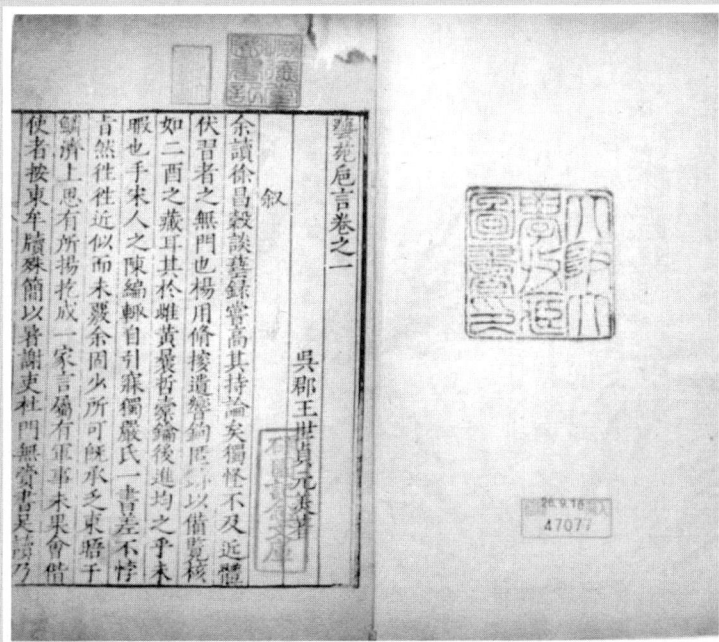

日本内阁文库藏明刻本《艺苑卮言》（八卷本）的内页

附　录

295

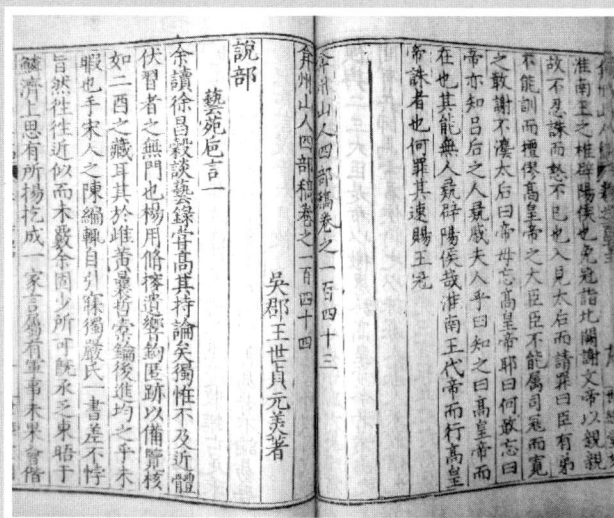

美国哈佛大学燕京图书馆藏
明刻本《弇州山人四部稿》中的《艺苑卮言》

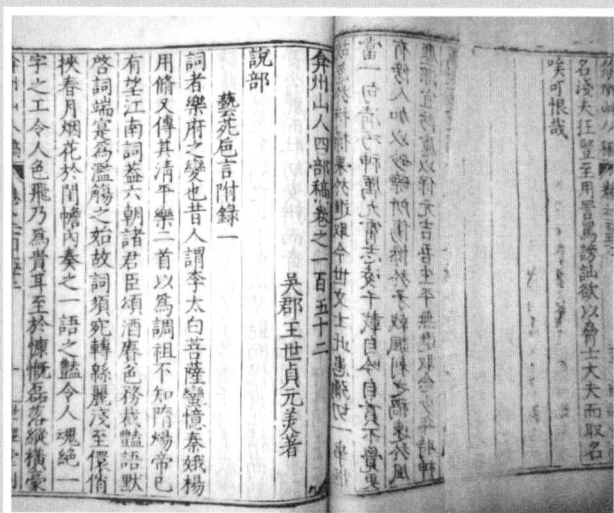

美国哈佛大学燕京图书馆藏
明刻本《弇州山人四部稿》中的《艺苑卮言附录》

多次编撰，《艺苑卮言》后来有八卷、十二卷等诸多版本，各版本之间有所差异[1]。

三、《尺牍清裁》

王世贞在青州任上的工作之余，更加注重对著述立言的践行。如他素来喜欢尺牍[2]一体，并且有感于杨慎《赤牍清裁》十一卷本的不足，于是在此基础上进行修订和创新，收录自唐朝以来的尺牍之作，共编辑成二十八卷[3]，以供他人阅读和学习。

隆庆年间，王世贞因母亲去世而丁忧，在历经人世浮沉之后，面对母亲因病去世，他虽然悲痛欲绝，但内心的自责，以及对事物的态度，比之前更加从容了，况且他不愿仕宦，更加坚定了立言以不朽的道路。他在以前的基础之上，继续修订《赤牍清裁》，增加了当下人的作品，特别是李攀龙的。所以后来李攀龙之子李驹来求他为亡父撰写墓碑时，他便展示书中所收集的李攀龙之文。渐渐地，该书正文的规模已经有了六十卷之巨，他还将之前杨慎所用的"赤牍"之名改为"尺牍"，因此该书最后命名为"尺牍清裁"。他在此书的序中全面地分析春秋、先秦两汉、三国、晋、齐梁、隋唐和明代的尺牍创作特点，各自有其长短优劣，并推崇先秦两汉的尺牍，

附录

---

[1] 想进一步了解《艺苑卮言》各版本之间的流变和差异，可参见贾飞：《王世贞〈艺苑卮言〉版本流变及其经典化》（《文献》2023 年第 4 期，第 56—71 页）。
[2] 尺牍、书牍之称，均是指古代书信，根据写作材料的不同，其具体名称也有所不同，如写在竹简或木板上的，称之为简、札、牍，写在木简或者绢帛上的称尺牍、尺素、尺翰，又因为传递书信时常常用封套加以包装，又有"函"之称。王世贞在编纂《尺牍清裁》时，采用的是"尺牍"之称，而在《弇州山人四部稿》《弇州山人续稿》中，却仅有"书牍"一体，无"尺牍"，此乃王世贞有意为之，特此说明。
[3] 还有一种说法是二十四卷，最终《尺牍清裁》正文多达六十卷，补遗一卷。

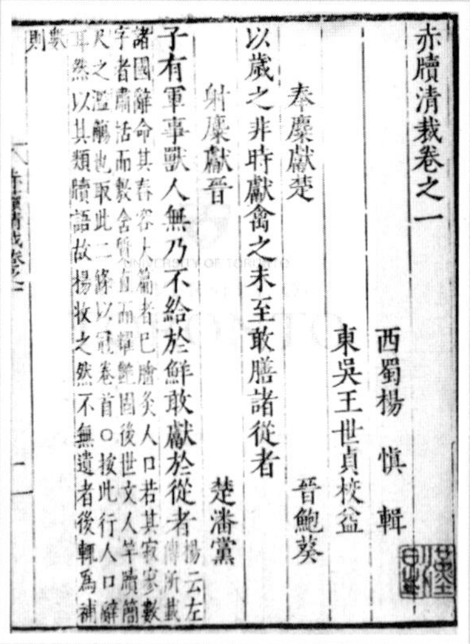

加拿大多伦多大学藏
明刻本《赤牍清裁》的内页

天津图书馆藏
明刻本《尺牍清裁》的内页

298

甚至在比较尺牍和序、记、跋等其他文体之后，他认为尺牍"最他文也"[1]，因为尺牍有以笔为面、以笔为口、创作灵活等特点，实用性强[2]。

四、《艳异编》

嘉靖四十五年（1566）十月前后，王世贞完成了《艳异编》[3]的编写工作，并请徐中行进一步审订此书。《艳异编》多采撷前代及当世的志怪、传奇、笔记小说等，分类编撰而成。全书分正续二编，正编四十卷，分星、神、水神、龙神、仙、官掖、戚里、幽期、冥感、梦游、义侠、徂异、幻术、妓女、男宠、妖怪、鬼等十七部，共计三百六十一篇；续编十九卷，分神、龙神、鸿象、宫掖、幽期、情感、妓女、义快、幻术、鳞介、器具、珍宝、禽、昆虫、兽、鬼、徂异、定数、冥迹、冤报、草木等二十三部，共计一百六十三篇。这是在诗文之外，王世贞小说创作的一项重要成果，有助于全面地认识其文学观念。

五、《弇州山人四部稿》

在郧阳任上，王世贞将之前的创作合编成集，专门修订，践行

---

[1]　王世贞：《弇州山人四部稿》卷六十八《凌玄昊赫蹄书序》，第5页。
[2]　关于王世贞的尺牍观念，具体可参见《王世贞诗文论资料补辑与新论》第四章第三节《文部（一）——以书牍为例》（社会科学文献出版社 2021 年版，第 188—197 页），在此不多展开论述。
[3]　现存《艳异编》版本众多，题名、卷数皆不一，作者也有一定的争议，但是学界的主流还是认定《艳异编》是王世贞所作，具体可参见宁稼雨《王世贞晚年为何赎回〈艳异编〉》（《明清小说研究》2018 年第 1 期，第 45—54 页）、赵素忍和宋菲《〈艳异编〉作者考辨》（《中国语言文学研究》2017 年第 2 期，第 91—97 页）等研究论文，本书从王世贞说，特此说明。

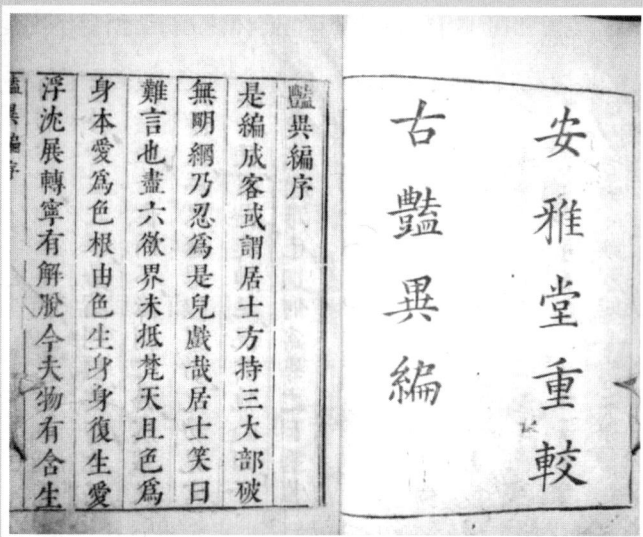

哈佛大学燕京图书馆藏
王世贞《艳异编》序

哈佛大学燕京图书馆藏
王世贞《艳异编》的内页

其立言不朽之志。由于创作繁多，新的文稿体量庞大，他将这些文稿分为赋、诗、文、说四部，整理编排后居然多达一百八十卷，这是王世贞五十一岁之前文学思想的集中体现，《艺苑卮言》被囊括其中，分为正文八卷，附录四卷，共十二卷，成为最流行的版本。《弇州山人四部稿》同时也是王世贞文坛盟主的地位体现，如其文集中认为在李攀龙、徐中行、梁有誉等七子之外，以余曰德、魏裳、汪道昆、张佳胤、张九一为"后五子"，以俞允文、卢柟、李先芳、吴维岳、欧大任为"广五子"，以王道行、石星、黎民表、朱多煃、赵用贤为"续五子"，这些人都是当时文坛上的俊杰，皆与王世贞有所往来，并推崇王世贞。后来王世贞还将《弇州山人四部稿》一百八十卷本给汪道昆审阅，希望他能够作序。汪道昆认为此书的体量远远超过韩愈、杜甫，其厚重超过杨慎，其广博超过李攀龙。该书一经刊刻，迅速流通起来，成为畅销书，天下士子争相购买，既一睹王世贞的才情，又将此作为学习的对象。

六、《弇山堂别集》

该书是王世贞的史学著作，它不同于经术、政体和文学类著作，其内容侧重对朝家故典和历史事件的考证，并希望补他人之不足，同时其创作是在王世贞有所见闻时的随手写作，然后集腋成裘。他在原有九十余卷《弇山堂别集》的基础上进一步编纂，最终为一百卷，有陈文烛的序，并在文后署"万历庚寅冬日"的字样，则标明了新本时间，即1590年。一百卷分别为《皇明盛世述》五卷、《皇明异典述》十卷、《皇明奇事述》四卷、《史乘考误》十一卷、《帝系》

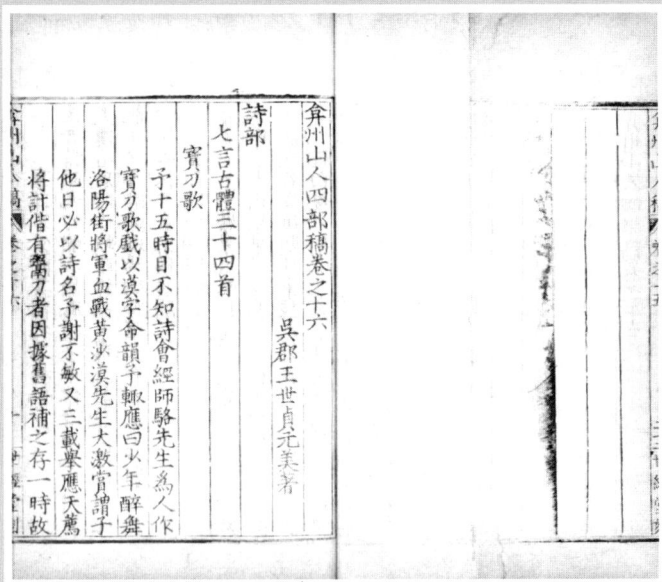

美国哈佛大学燕京图书馆藏
明刻本《弇州山人四部稿》的内页

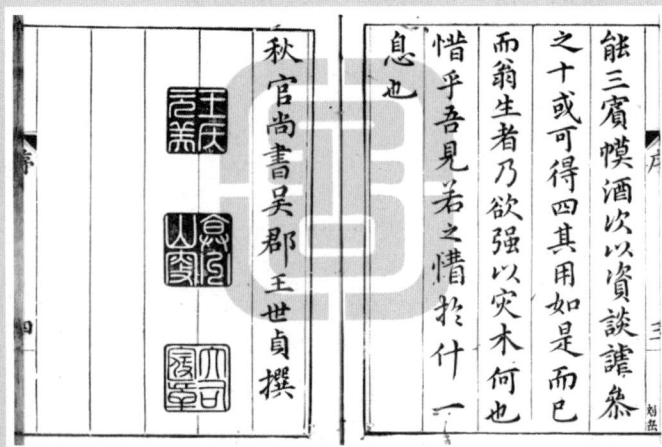

国家图书馆藏
明刻本《弇山堂别集》的内页

《帝统》《亲王》《郡王》六卷、《表》二十八卷、《考》三十六卷，其中《表》包括功臣公侯伯、追封王公侯伯、东宫三师、内阁辅臣、翰林诸学士、六部尚书、都察院左右都御史等内容，《考》包括亲征、巡幸、亲王禄赐、命将、谥法、赏功、科试、诏令、市马、中官等内容。这套书内容翔实，旁征博引，成为后人了解明代史料的主要参考书目之一，1985 年由魏连科先生点校后，中华书局出版，2017 年又由许建平、郑利华重新编撰后，上海古籍出版社出版。

七、《嘉靖以来首辅传》

王世贞晚年创作颇多，还有《嘉靖以来首辅传》一书，孙卫国曾对《首辅传》的内容进行分析，推论此书当成于万历十八年（1590）左右，且与《弇山堂别集》同为王世贞晚年定稿的两部代表性著作[1]。与《弇山堂别集》一样，《嘉靖以来首辅传》（以下简称《首辅传》）承载着王世贞希冀创作一部《明史》的梦想，流传很广，学界对其研究的主要依据有三：一是藏于上海图书馆和复旦图书馆的"明刻本"，二是藏于南京图书馆的丁跋本，三是刊于万历四十五年（1617）的茅元仪本，并认为诸如四库本、借月山房汇抄本、指海本、泽古斋重抄本、螺树山房丛书本等都是在这三种版本基础之上演变而成的，以上提及的版本皆为八卷。[2] 此书记录了明世宗、穆宗、神宗三朝内阁首辅的执政事迹，有杨廷和、蒋冕、

---

[1] 孙卫国：《王世贞〈嘉靖以来内阁首辅传〉考论》，《历史档案》2008 年第 1 期，第 25 页。
[2] 贾飞：《新见王世贞〈凤洲笔苑〉钞本及其价值探赜》，《经学文献研究集刊》2020 年第 1 期，第 135 页。

毛纪、费宏、杨一清、张孚敬、李时、夏言、翟銮、严嵩、徐阶、李春芳、高拱、张居正等十四人，并附以相关人物，旨在全面分析自成祖置阁臣至嘉靖以来改归内阁的发展趋势，同时还做出了相应的人物评判，成为后人编撰《明史》时的重要材料来源之一。

八、《弇州山人续稿》

万历十八年，王世贞在病中急切地等待胡应麟的到来，当胡应麟行至武林时，获悉王世贞重病后，便昼夜兼程赶至其病榻旁。王世贞叫胡应麟来是有重要事情恳请他帮助的，之前提及，胡应麟富有才学，王世贞也很看重他，寄托其文学复古运动的希望，此次，王世贞更是将《弇州山人续稿》初稿托付给他，请他校对书稿并书写一篇序。王世贞无法将此书直接交给自己的子孙，因为他们才学不高，书稿也还需要集中整理，"甫成编"[1]。胡应麟答应了王世贞的请求，一直为《续稿》尽心尽力，多亏胡应麟的帮助，王世贞才能在生前将编次好的《续稿》授予王士骏，进而我们后人才能见到这套丛书。该书刊刻后有二百零七卷，分为赋部、诗部、文部，没有说部。

除了以上已经面世的古籍，在王世贞文集中，他还多次提及相关文集的编撰，不过，这些文集目前还没有被发现存于何处。

嘉靖三十六年，王世贞整理了自己去年所编选的诗文三十二卷，并题名为"金虎集"，文集有"赋哀一卷，四言古诗一卷，古

[1]　胡应麟：《少室山房集》卷四十八《挽王元美先生二百四十韵》，上海古籍出版社1993年版，第305页。

松间鸣玉：王世贞传

国家图书馆藏

明刻本《嘉靖以来首辅传》的内页

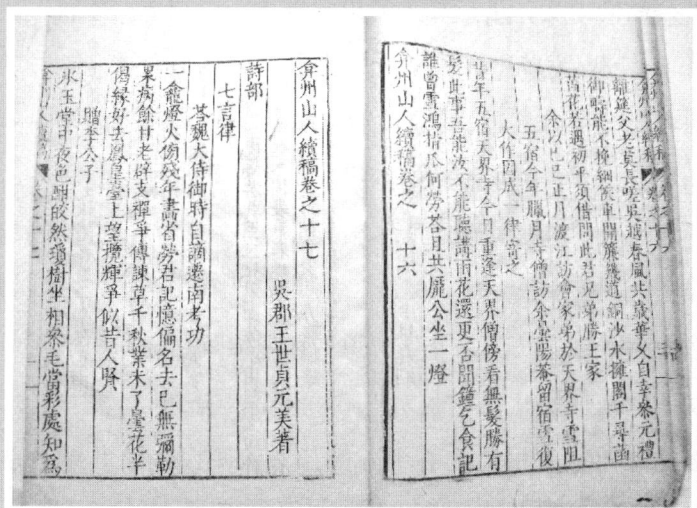

美国普林斯顿大学东亚图书馆藏

明刻本《弇州山人续稿》的内页

乐府三卷，五言古三卷，七言古二卷，五言律四卷，七言律三卷，五六七言排律二卷，五六言绝一卷，七言绝一卷，传一卷，序、记五卷，志铭、行状一卷，书、赞、诔、祭、杂着一卷，赤牍三卷"。[1]至于为何叫"金虎集"，王世贞给出了解释。他说金虎主西边，去年编好文集时是在秋季，金秋时节，且秋季时自己还是刑部郎中，正在西边巡察，文集是那时完成的，因此取这个名字。对于文集编撰，王世贞非常用心，经过多次删定后才定稿。

另外，除了诗文爱好，王世贞还喜欢谈史，并且认为当下所流行的明人史学类著作多有其不足之处。如他们阿谀奉承之辞多，个个都为圣贤所言，都是圣明之事；道听途说之论多，没有经过考证，多半为假；以职位或者依据子孙后代的成就定高低，缺少行之有效的标准。王世贞认为长此以往的话，史书恐怕都要绝迹了。王世贞想凭借自己的力量，进行相关的史学著述，以"成一家言"。[2]于是他将1547年至1558年间所见的史事进行统一记录，得书二十四卷，题名为"弇山堂识小录"。这是他当时史学观念的集中体现，也寄托着自己立言以求不朽的梦想。正因为有这种内心情怀，王世贞在青州任上，利用闲暇时间，将自己之前在京中所见进行了叙述，编纂成《少阳丛谈》一书，共二十卷。他认为该书有"志"和"辨"，在体例上有开创之功，是介于"识"和"传"之间的谈笔语，对史学的发展也是有积极意义的。

遭遇父难，王世贞内心十分痛苦，他便在文学世界中寻求慰

---

[1] 王世贞：《弇州山人四部稿》卷七十一《王氏金虎集序》。
[2] 王世贞：《弇州山人四部稿》卷七十一《弇山堂识小录》。

藉，将青州任上所作的诗文进行编撰，共得书稿十二卷，为了与之前的《金虎集》相区分，新文集名曰《海岱集》，里面还是包含了诸多文类，有四言古诗、拟乐府一卷，五言古诗和七言古诗各一卷，五七言律、排、绝句诗四卷，赋、七、记、序、表、志、辞、祭文、尺牍五卷。[1] 在这段时间，王世贞的创作确实是少了很多，后来整理时仅有两卷，他命名为"幽忧集"，这是他近几年内心轨迹的体现，整体基调是悲凉的。

附
录

---

[1] 王世贞：《弇州山人四部稿》卷七十一《王氏海岱集序》。

参考文献

一

一、古代典籍

（汉）司马迁撰：《史记》，中华书局，1982。

（汉）许慎：《说文解字》，中华书局，2013。

（汉）班固撰，颜师古注：《汉书》，中华书局，2002。

（南朝宋）范晔撰，李贤等注：《后汉书》，中华书局，2000。

（南朝梁）刘勰著，黄叔琳注：《文心雕龙》，浙江古籍出版社，2012。

（南朝梁）萧统编，李善注：《文选》，上海古籍出版社，2011。

（南朝梁）锺嵘著，陈延杰注：《诗品注》，人民文学出版社，2000。

（后晋）刘昫等撰：《旧唐书》，中华书局，1975。

（唐）李百药撰：《北齐书》，中华书局，1972。

（北宋）郭茂倩编撰，聂世美、仓阳卿校：《乐府诗集》，上海古籍出版社，2016。

（南宋）陈文中：《陈氏小儿痘源 痘疹方论》，上海科学技术出版社，2003。

（南宋）严羽著，郭绍虞校：《沧浪诗话校释》，人民文学出版社，2000。

（南宋）朱佐：《类编朱氏集验医方》，人民卫生出版社，1983。

（金）元好问著，狄宝心校注：《元好问诗编年校注》，中华书局，2011。

（明）陈子龙著，王英志辑校：《陈子龙全集》，人民文学出版社，2011。

（明）高棅：《唐诗品汇》，上海古籍出版社，2012。

（明）高启：《高青丘集》，上海古籍出版社，2013。

（明）何景明：《大复集》，文渊阁《四库全书》本。

（明）胡应麟：《少室山房集》，文渊阁《四库全书》本。

（明）胡应麟：《诗薮》，中华书局，1958。

（明）黄宗羲：《明儒学案》，中华书局，2008。

（明）李东阳著，周寅宾点校：《李东阳集》，岳麓书社，

1984。

（明）李东阳著，钱振明辑校：《李东阳续集》，岳麓书社，1997。

（明）李梦阳：《空同集》，文渊阁《四库全书》本。

（明）李攀龙著，包敬第标校：《沧溟先生集》，上海古籍出版社，2014。

（明）李时珍：《本草纲目》，国家图书馆藏明刻本。

（明）李维桢：《大泌山房集》，上海图书馆藏明刻本。

（明）李维桢：《凤洲文抄注释》，美国哈佛大学燕京图书馆藏明刻本。

（明）沈德符：《万历野获编》，中华书局，1989。

（明）唐寅：《唐伯虎全集》，中国美术学院出版社，2002。

（明）王鏊：《震泽集》，上海图书馆藏明刻本。

（明）汪道昆：《太函集》，黄山书社，2014。

（明）王世贞：《读书后》八卷，美国哈佛大学燕京图书馆藏明刻本。

（明）王世贞：《凤洲笔记》三十二卷，美国普林斯顿大学东亚图书馆藏明刻本。

（明）王世贞：《凤洲笔苑》八卷，南京图书馆藏明刻本。

（明）王世贞：《古今法书苑》七十六卷，美国哈佛大学燕京图书馆藏明刻本。

（明）王世贞：《嘉靖以来首辅传》八卷，国家图书馆藏明刻本。

（明）王世贞：《明诗评》四卷，美国哈佛大学燕京图书馆藏明刻本。

（明）王世贞：《弇州山人四部稿》一百八十卷，美国哈佛大学燕京图书馆藏明刻本。

（明）王世贞：《弇州山人续稿》二百零七卷，美国普林斯顿大学东亚图书馆藏明刻本。

（明）王世贞：《弇州山人续稿》三十二卷，上海图书馆藏明钞本。

（明）王世贞：《弇州山人续稿附》十一卷，浙江图书馆藏明刻本。

（明）王世贞：《弇州史料》一百一十卷，美国哈佛大学燕京图书馆藏明刻本。

（明）王世懋：《王奉常集》，国家图书馆藏明刻本。

（明）王锡爵：《王文肃公文集》，国家图书馆藏明刻本。

（明）吴讷：《文章辨体序说》，人民文学出版社，1998。

（明）徐师曾著，罗根泽点校：《文体明辨序说》，人民文学出版社，1982。

（明）徐祯卿：《迪功集》，文渊阁《四库全书》本。

（明）袁宏道著，钱伯城笺注：《袁宏道集笺校》，上海古籍出版社，2008。

（明）袁宗道：《白苏斋类集》，上海古籍出版社，2007。

（明）张居正著，张嗣修、张懋修等编纂：《张太岳集》，中国书店，2019。

（清）陈田辑：《明诗纪事》，上海古籍出版社，1993。

（清）丁福保：《历代诗话续编》，中华书局，2006。

（清）段玉裁注：《说文解字注》，上海古籍出版社，2011。

（清）方苞编，王同舟、李澜校注：《钦定四书文校注》，武汉大学出版社，2009。

（清）何文焕辑：《历代诗话》，中华书局，2004。

（清）李慈铭：《越缦堂读书记》，上海书店出版社，2000。

（清）梁维枢：《玉剑尊闻》，上海古籍出版社，1986。

（清）陆继辂：《合肥学舍札记》，国家图书馆藏清光绪四年刻本。

（清）钱谦益：《列朝诗集》，中华书局，2007。

（清）钱大昕撰，吕友仁校点：《潜研堂集》，上海古籍出版社，2009。

（清）阮葵生：《茶余客话》，中华书局，1959。

（清）阮元：《十三经注疏》，中华书局，2011。

（清）沈德潜著，孙之梅、周芳批注：《说诗晬语》，凤凰出版社，2010。

（清）沈德潜、周准编：《明诗别裁集》，上海古籍出版社，2008。

（清）沈德潜：《唐诗别裁》，上海古籍出版社，2013。

（清）沈德潜著，潘务正、李言点校：《沈德潜诗文集》，人民文学出版社，2011。

（清）王夫之：《明诗评选》，上海古籍出版社，2011。

（清）吴伟业撰，李学颖标校：《吴梅村全集》，上海古籍出版社，1990。

（清）夏燮撰，王日根、李一平、李挺、李承乾等校点：《明通鉴》，岳麓书社，1999。

（清）严可均：《全上古三代秦汉三国六朝文》，中华书局，2009。

（清）叶燮著，蒋寅笺注：《原诗笺注》，上海古籍出版社，2014。

（清）袁枚：《随园诗话》，人民文学出版社，2006。

（清）袁枚著，周本淳标校：《小仓山房诗文集》，上海古籍出版社，1988。

（清）永瑢等：《四库全书总目》，中华书局，2008。

（清）张廷玉等：《明史》，中华书局，1974。

（清）朱彝尊撰，黄君坦校点：《静居志诗话》，人民文学出版社，1990。

二、近人著述

陈大康：《明代商贾与世风》，上海文艺出版社，1996。

陈广宏：《竟陵派研究》，复旦大学出版社，2006。

陈广宏：《明人诗话要籍汇编》，复旦大学出版社，2017。

陈国球：《明代复古派唐诗论研究》，北京大学出版社，2007。

陈书录：《明代前后七子研究》，江西人民出版社，1994。

陈文新：《明代诗学的逻辑进程与主要理论问题》，武汉大学出版社，2007。

　　陈垣：《史讳举例》，中华书局，2004。

　　陈正宏：《明代诗文研究史》，上海文化出版社，2000。

　　褚斌杰：《中国古代文体概论》，北京大学出版社，1990。

　　杜惠月：《明代文臣出使朝鲜与〈皇华集〉》，人民出版社，2010。

　　郭绍虞：《照隅室古典文学论集》，上海古籍出版社，1983。

　　郭绍虞：《中国文学批评史》，商务印书馆，2010 年。

　　郭英德：《中国古代文人集团与文学风貌》，北京师范大学出版社，2005。

　　黄卓越：《明中后期文学思想研究》，北京大学出版社，2005。

　　何宗美：《文人结社与明代文学的演进》，人民出版社，2011。

　　何宗美、刘敬：《明代文学还原研究：以〈四库全书〉明人别集提要为中心》，人民出版社，2014。

　　郦波：《王世贞文学研究》，中华书局，2011。

　　李春祥：《乐府诗鉴赏辞典》，中州古籍出版社，1990。

　　李壮鹰主编：《中华古文论释林》，北京大学出版社，2011。

　　廖可斌：《明代文学复古运动研究》，上海古籍出版社，1994。

　　廖可斌：《明代文学思潮史》，人民文学出版社，2016。

　　鲁迅：《鲁迅全集》，人民文学出版社，1981。

蒋寅：《中国诗学的思路与实践》，广西师范大学出版社，2001。

蒋寅：《王渔洋事迹征略》，中国社会科学出版社，2014。

罗宗强：《明代后期士人心态研究》，南开大学出版社，2006。

罗宗强：《明代文学思想史》，中华书局，2013。

孙海洋：《明代辞赋述略》，中华书局，2007。

马积高主编：《历代辞赋总汇》，湖南文艺出版社，2014。

钱镜塘辑：《钱镜塘藏明代名人尺牍》，上海古籍出版社，2002。

钱仲联等主编：《中国文学大辞典》，上海辞书出版社，2000。

任继昉：《释名汇校》，齐鲁书社，2006。

商传：《明代文化史》，东方出版中心，2007。

上海书店出版社编：《天一阁藏明代方志选刊续编》，上海书店出版社，1990。

孙学堂：《崇古理念的淡退——王世贞与十六世纪文学思想》，天津古籍出版社，2004。

孙卫国：《王世贞史学研究》，人民文学出版社，2006。

谭其骧主编：《简明中国历史地图集》，中国地图出版社，1996。

王世伟、郑明主编：《上海图书馆藏明代尺牍》，上海科学技术文献出版社，2002。

王英志：《袁枚评传》，南京大学出版社，2002。

王运熙：《中国文学批评史新编》，复旦大学出版社，2007。

王运熙主编：《中国文学批评通史》，上海古籍出版社，1996。

汪涌豪：《范畴论》，复旦大学出版社，1999。

魏宏远：《王世贞文学与文献研究》，上海古籍出版社，2017。

吴承学：《中国古典文学风格学》，北京大学出版社，2011。

吴兆路：《性灵派研究》，甘肃教育出版社，2001。

许建昆：《李攀龙文学研究》，文史哲出版社，1987。

许建平：《李贽思想演变史》，人民出版社，2005。

许建平：《王世贞书目类纂》，凤凰出版社，2012。

许建平、郑利华主编：《弇山堂别集》，上海古籍出版社，2017。

徐朔方：《晚明曲家年谱·苏州卷》，浙江古籍出版社，1993。

杨恩品：《中医疮疡病学》，科学出版社，2017。

叶晔：《明代中央文官制度与文学》，浙江大学出版社，2011。

袁世硕等主编：《中国古代文学史》，高等教育出版社，2018。

袁震宇、刘明今：《明代文学批评史》，上海古籍出版社，1991。

章培恒、骆玉明：《中国文学史》，复旦大学出版社，1997。

詹福瑞：《中古文学理论范畴》，中华书局，2005。

詹福瑞：《论经典》，人民文学出版社，2016。

张伯伟：《全唐五代诗格汇考》，江苏古籍出版社，2002。

张岱年：《中国哲学史大纲》，中国社会科学出版社，1984。

张建业主编：《李贽文集》，社会科学文献出版社，2000。

郑利华：《王世贞年谱》，复旦大学出版社，1993。

郑利华：《王世贞研究》，学林出版社，2002。

郑利华：《前后七子研究》，上海古籍出版社，2015。

朱东润：《中国文学批评史大纲》，武汉大学出版社，2009。

周颖：《王世贞年谱长编》，上海三联书店，2016。

左东岭：《王学与中晚明士人心态》，人民文学出版社，2000。

〔德〕H．R．姚斯 R．C 霍拉勃著，周宁、金元浦译：《接受美学与接受理论》，辽宁人民出版社，1987。

〔美〕Kenneth James Hammond, History and Literati Culture: Towards an Intellectual Biography of Wang Shizhen(1526–90), Harvard University, May,1994.

〔美〕牟复礼、〔英〕崔瑞德编，张书生等译：《剑桥中国明代史》，中国社会科学出版社，2006。

三、期刊论文

陈俊堂、张晖：《王世贞文学理论与其书法理论的联系》，《山西大同大学学报（社会科学版）》2011 年第 1 期。

陈书录：《俚俗与性灵：王世贞的文学创作在士商契合中的转向》，《江海学刊》2003 年第 6 期。

陈书录：《王世贞散文简评》，《苏州大学学报（哲学社会科学版）》2001 年第 3 期。

陈永标、刘伟林：《王世贞美学思想平议》，《苏州大学学报（哲学社会科学版）》1985 年第 3 期。

邓新跃：《王世贞对前七子诗学辨体理论的发展》，《船山学刊》2006 年第 3 期。

杜鹃：《董其昌与太仓琅琊王氏交游考》，《中国国家博物馆馆刊》2020 年第 1 期。

杜鹃：《王世贞对赵孟頫绘画的鉴藏与品评》，《故宫博物院院刊》2018 年第 6 期。

韩东：《李攀龙、王世贞复古文风在朝鲜朝文坛的传播与影响》，《东疆学刊》2021 年第 4 期。

何诗海：《王世贞与吴中文坛之离合》，《文学评论》2018 年第 4 期。

胡传海：《神妙小品——读〈王世贞尺牍〉》，《书法》2005 年第 6 期。

金霞：《论"后王世贞"时代的复古派领袖之争》，《南昌大学学报（人文社会科学版）》2017 年第 2 期。

康琳悦：《"盛唐"与"自悔"的误区：王世贞诗论书写轨迹的再审视》，《中国诗歌研究》2022 年第 2 辑。

李树军：《王世贞"才、思、调、格"的文体意义》，《江汉论坛》2008 年第 3 期。

郦波：《"鲜华"与"腐套"——论王世贞的应用文创作》，《南京师范大学文学院学报》2006 年第 4 期。

郦波、丁晓昌：《从"文必秦汉"到"文盛于吴"——论王世贞的文章学观念实践》，《苏州大学学报（哲学社会科学版）》2007 年第 4 期。

鲁茜：《王世贞晚年"格调"的深化与坚守》，《河南师范大学学报（哲学社会科学版）》2016 年第 2 期。

罗仲鼎：《从〈艺苑卮言〉看王世贞的诗论》，《文史哲》1989 年第 2 期。

李桂奎：《明代士人的雅文化立场与文坛尚雅共谋》，《天津社会科学》2018 年第 6 期。

李新宇：《论晚明小品赋的发展变化》，《文学评论》2012 年第 3 期。

凌利中：《文徵明散考》，《上海博物馆集刊》2008 年第 11 期。

罗仲鼎：《从〈沧浪诗话〉到〈艺苑后言〉——严羽与王世贞诗论之比较》，《浙江学刊》1990 年第 3 期。

马昕：《明前期台阁诗学与〈诗经〉传统》，《清华大学学报（哲学社会科学版）》2021 年第 4 期。

欧阳珍：《王世贞词学思想论略》，《文学界》2011 年第 6 期。

孙卫国：《论王世贞〈弇山堂别集〉对〈史记〉的模拟》，《南开大学学报（哲学社会科学版）》1998 年第 2 期。

孙学堂：《王世贞才思格调说辨析》，《聊城师范学院学报（社会科学版）》2000 年第 1 期。

孙学堂：《王世贞与性灵文学思想》，《苏州大学学报（哲学社会科学版）》2002 年第 4 期。

涂育珍：《论王世贞诗乐相合的文体观》，《中南大学学报（社会科学版）》2018 年第 5 期。

王洪：《华察研究》，《上海师范大学硕士学位论文》，2012。

汪正章：《王世贞文学思想论析》，《广西大学学报（哲学社会科学版）》1995 年第 4 期。

王润英：《论王世贞书序文的书写策略》，《文学遗产》2016 年第 6 期。

吴晟：《王世贞对江西诗的批评》，《学术研究》2016 年第 5 期。

魏宏远：《王世贞晚年文学思想转变三说平议》，《浙江社会科学》2008 年第 4 期。

魏宏远：《王世贞〈弇州山人续稿附〉发覆》，《文献》2008 年第 2 期。

魏宏远：《上海图书馆明钞本〈弇州山人续稿〉考》，《图书馆杂志》2009 年第 11 期。

魏宏远：《论王世贞晚年诗歌写作的转变》，《浙江社会科学》2009 年第 11 期。

魏宏远：《王世贞为文的唐宋笔法及恬淡旨趣——以持论之文为例》，《文艺新论》2010 年第 1 期。

魏宏远：《王世贞〈艺苑卮言〉的文本生成及文学观之演进》，

《陕西师范大学学报（哲学社会科学版）》2016 年第 6 期。

魏宏远：《王世贞诗文集的文献学考察》，《文学遗产》2020 年第 1 期。

魏宏远、徐佳慧：《文本建构与历史重塑：王世贞传文体互渗论义》，《西北民族大学学报（哲学社会科学版）》2021 年第 4 期。

熊沛军：《论王世贞文论与书论的相似性联系》，《广西师范大学学报（哲学社会科学版）》2011 年第 3 期。

熊湘：《王世贞的"文人"身份认同及其意义》，《文艺理论研究》2021 年第 4 期。

郗文倩：《赞体的"正"与"变"——兼谈〈文心雕龙〉"赞"体源流论中存在的问题》，《文艺研究》2014 年第 8 期。

肖之兴：《清代的几个新疆》，《历史研究》1979 年第 8 期。

徐朔方：《论王世贞》，《浙江学刊》1988 年第 1 期。

许建平：《〈弇州山人四部稿〉的最早版本与编撰过程》，《文学遗产》2018 年第 2 期。

许结：《论小品赋》，《文学评论》1994 年第 3 期。

徐美洁：《明钞本〈弇州山人续稿〉的辑佚与校勘》，《中国典籍与文化》2014 年第 3 期。

薛欣欣、朱丽霞：《王世贞与唐宋派关系新辨》，《苏州大学学报（哲学社会科学版）》2017 年第 6 期。

姚蓉：《太仓两王氏诗人与晚明清初的诗坛流风》，《上海大学学报（社会科学版）》2006 年第 5 期。

叶晔：《"五子"诗人群列与王世贞的文学排名观》，《文学遗产》2016 年第 6 期。

叶晔：《"诗史"传统与晚明清初的乐府变运动》，《文史哲》2019 年第 1 期。

叶晔：《外少陵而内元白——晚明乐府变中"诗史"知识的隐显》，《文学遗产》2020 年第 5 期。

岳进：《以幻为真：文人山水画的镜像观看——以王世贞的山水画题跋为中心》，《美术学报》2020 年第 1 期。

岳淑珍：《王世贞的词学观及其对明代词学的影响》，《南京师大学报（社会科学版）》2011 年第 5 期。

曾枣庄：《文星璀璨的嘉祐二年贡举》，《北京大学学报（哲学社会科学版）》2010 年第 1 期。

张晨：《近三十年王世贞诗歌研究述评》，《古代文学前沿与评论》2019 年第 1 期。

张世宏：《王世贞述评〈西厢记〉之价值》，《文献》1999 年第 1 期。

张仲谋：《论〈艺苑卮言〉的词学史意义》，《中山大学学报（社会科学版）》2018 年第 6 期。

赵永纪：《王世贞的文学批评》，《苏州大学学报（哲学社会科学版）》1984 年第 4 期。

郑静芳：《论王世贞折衷调剂的审美观念》，《北京化工大学学报（社会科学版）》2010 年第 2 期。

郑利华：《论王世贞的文学批评》，《复旦学报（社会科学版）》1989 年第 1 期。

郑利华：《后七子诗法理论探析——以王世贞、谢榛相关论说考察为中心》，《中国韵文学刊》2009 年第 3 期。

郑利华：《王世贞与明代七子派诗学的调协与变向》，《文学遗产》2016 年第 6 期。

郑利华：《明代复古派研究的省思与展望》，《文学遗产》2023 年第 1 期。

周锡山：《杰出的晚明文坛领袖王世贞及其文艺观述论》，《江苏大学学报（社会科学版）》2017 年第 4 期。

周颖：《王世贞创作实践与文学思想的演进历程及分期问题新议》，《上海交通大学学报（哲学社会科学版）》2016 年第 2 期。

朱丽霞、薛欣欣：《从文学到经学：荻生徂徕对王世贞的发现与接受》，《苏州大学学报（哲学社会科学版）》2022 年第 2 期。

朱燕楠：《从离薋园到弇山园：王世贞的艺术交游与园居图景之形塑》，《南京艺术学院学报（美术与设计）》2018 年第 5 期。

后 记

一

　　本书的写作设想有些偶然，源于 2024 年 1 月 16 日下午我和上海交通大学出版社张呈瑞编辑的一次谈话，她说你做王世贞研究有些年了，对他的一生也很熟悉，是否考虑写一本适合大众的书稿，以便让更多的读者认识王世贞及其时代。说实在的，刚开始提及此事时，我是没有认真思考的，毕竟自己的《江苏历代文化名人传·王世贞》刚由江苏人民出版社出版。后来到 3 月份时，她又与我提及此事，问考虑的如何，她的这份执着，让我开始全面思考此事。虽然有清人王瑞国的《琅琊凤麟两公年谱合编》和钱大昕的《弇州山人年谱》，徐朔方在撰写晚明曲家年谱时有《王世贞年谱》，郑利华的《王世贞年谱》,周颖的《王世贞年谱长编》,

以及本人的拙著，这些著作对王世贞一生的事迹已经有了较为细致的梳理，但是这些专著多以学术语言写就，偏重学理研究、事实考证，甚至部分全为文言文形式，而当下的普通读者更加习惯于白话文的文本阅读模式，获取有趣的故事，因此，如果要让更多的读者认识王世贞，那学术通俗化的书稿写作就有其必要性了。

当然，由于之前没有系统写过学术通俗化读物，自己忐忑不安。在正式开始写作后，我愈发认识到写作的难度了，之前的学术研究是搜集文献，阅读文献，然后客观地阐释研究对象，而学术通俗化的写作不仅要求作者熟悉文献，还要走进写作对象的日常生活，以及把握其内心活动。所以最初的写作非常慢，即使集中一天的精力，也写不到五百字，不过，在这种煎熬中，我逐渐尝试着与王世贞对话，并进行换位思考，苦想他行为背后的小心思，如王世贞在学习科举知识时，会在厕所等地偷偷地看自己喜欢的古文书籍，如此举动，和我们在日常学习之余，瞒着大人，私下打着手电筒在被窝里看小说的情形简直如出一辙，这样一想，时间上的古今隔阂感少了不少，王世贞的形象也鲜活起来，写作更加顺畅了。另外，我还将部分以前发表过的文章，进行修改，放到书稿中，以增加学术含量。

完成书稿的部分章节后，我积极联系太仓市文体广电和旅游局，并和张呈瑞一同拜访他们的领导，严浩局长、张海华副局长在翻阅文稿后，一致认为学术通俗化的王世贞传记更有利于太仓市王世贞文化品牌的塑造和传播，他们可以组织编写，提供相关资料，一起完善书稿，并进行部分出版资助。在此，非常感谢太仓市文体广电和旅游局的肯定和支持，这更加坚定了我的写作信心。

在以后的写作中，我多次向郑利华先生请教，并请他做本书的审订专家，他在审订时，提出了不少优化书稿质量的建议，如他要求在写作中始终坚持学术本位，特别是对于学界争议不断的敏感话题，更不能妄下结论，《金瓶梅》作者问题就是其中的典型之一。他还认为可以根据文本内容，适当增加部分高清图片，以做到图文并茂。正是得益于郑利华先生的审订，书稿的质量得到提升。

书稿的完成，使我重新认识了王世贞及明代社会风貌，如从王世贞选择的科举方向，发现他的祖父王倬、父亲王忬都是学《易》的，且这个现象具有普遍性，明代不少家族都是学《易》的，宁波杨氏家族更是凭借《易》经屡屡中举，成为佳话。同时，也让我对某些问题进行了更加深入的思考，如对于王世贞与张居正的交往情况，历来众说纷纭，通过对文献的梳理、王世贞心态的揭示、时代环境的了解，可以发现王世贞主动结交张居正是为亡父申冤，他从来没有想要攀附张居正，涉及张居正的家事时，他是以朋友的身份多有安慰，或者祝贺，涉及政事时，他是从本职出发陈述己见，不附和张居正，有时还批评他。政事与家事分开，对事不对人，让王世贞对张居正有着全面客观的认知和评判，所以在众人对张居正进行清算时，王世贞能够以"国体"护之，堪称张居正的真"知己"。这些新的认知和思考，不仅充实了书稿内容，还丰富了王世贞的整体人物形象，同时也是书稿的创新之处。

作为文坛盟主，王世贞有着很高的知名度和优质交友圈。严嵩、徐阶、张居正、高拱、申时行、王锡爵、戚继光、李时珍、文徵明、李攀龙、李开先、范钦、归有光、汪道昆、钱穀、陆治、屠隆、胡应麟、陈继儒、汤显祖等人都与他有往来，《金瓶梅》《鸣凤记》等书都与他有着千丝万缕、或多或少的联系，《兰亭序》《清明上河图》等稀世珍品的流传与妥善保存，或许也与他有着不解之缘。鉴于王世贞在历史长河中的重要地位，以及其文化品牌所蕴含的巨大传播潜力，上海交通大学出版社在开展 2025 年度重大市场选题论证工作时，独具慧眼地将本书纳入其中。在此，我们向出版社给予的支持与提携，致以最诚挚、最由衷的感谢！

从某种程度上来说，本书犹如一把钥匙，能为读者开启一扇深入探寻王世贞及其所处时代的大门，助力大家进一步熟悉这位文坛巨擘与那个风云变幻的时代。然而我们不得不承认，尽管王世贞贵为文坛盟主，在学界已有一定研究成果，但在大众认知层面，他的影响力尚显不足，远未达到耳熟能详的程度。许多人对他的了解，仍停留在较为浅显的层面，其丰富的人生经历、卓越的文学成就以及在文化传承中的关键作用，还未被广泛认知。

"路漫漫其修远兮，吾将上下而求索"，未来的道路依旧漫长且充满挑战，但我不会退缩。在后续的工作中，我将以更坚定的决心、更严谨的态度，深入挖掘王世贞研究的宝藏，力求在学术探索上取得新突破。同时我也会全力以赴做好相关推广工作，让更多人了解王世贞、走近王世贞，感受他独特的文化魅力与历史价值。

贾飞

2025 年 5 月书于"勉斋"